新时代的复合经济学

经济学范式革命　从单极到复合

张孝德　等——著

·北　京·
国家行政学院出版社
NATIONAL ACADEMY OF GOVERNANCE PRESS

图书在版编目（CIP）数据

新时代的复合经济学：经济学范式革命：从单极到复合／张孝德等著．—北京：国家行政学院出版社，2020.4（2022.7重印）
ISBN 978-7-5150-2370-0

Ⅰ.①新…　Ⅱ.①张…　Ⅲ.①经济学—研究　Ⅳ.①F0

中国版本图书馆CIP数据核字（2022）第038529号

书　　名	新时代的复合经济学——经济学范式革命：从单极到复合 XINSHIDAI DE FUHE JINGJIXUE——JINGJIXUE FANSHI GEMING：CONG DANJI DAO FUHE
著　　者	张孝德　等
责任编辑	王　莹　马文涛
出版发行	国家行政学院出版社 （北京市海淀区长春桥路6号　100089）
综 合 办	（010）68928903
发 行 部	（010）68928866
经　　销	新华书店
印　　刷	北京虎彩文化传播有限公司
版　　次	2020年4月北京第1版
印　　次	2022年7月北京第2次印刷
开　　本	185毫米×260毫米　16开
印　　张	22.75
字　　数	327千字
书　　号	ISBN 978-7-5150-2370-0
定　　价	68.00元

序 言

新时代，是使用频率很高的一个词，大部分是作为形容词来用的。但党的十九大提出的“新时代”不是一个形容词，而是一个有具体内容的名词。这个新时代就是党的十八大提出的生态文明新时代，虽然目前主流理论尚未这样认识。但是在任何一个大转型时期，新思想、新理念总是从小众和边缘开始的。正在兴起的生态新时代，是人类500年来又一次重大文明形态的转型。

按照马克思关于经济基础决定上层建筑的社会演化规律，判断生态文明是否是新时代，一个重要的标志就是支持新时代的新经济是否出现。我对生态文明跟踪研究了20多年，按照文明演化的规律，在对2008年世界金融危机进行研究之后，提出了2008年是世界从工业经济走向生态经济新时代元年的判断。在2008年金融危机的倒逼作用下，一场静悄悄的新经济革命开始发生。我将这个新经济革命概括为八个方面。

第一，“可再生能源＋所有领域”的新能源革命。

第二，“文化＋技术”推动新产业革命。工业经济是技术为王的时代，生态经济将是文化为王的时代。文化将成为经济增长的新要素。

第三，“互联网＋传统业态”的新业态革命。

第四，“传统农业＋新能源＋选择技术”的生态农业革命。

第五，“乡村＋城市”催发乡村生态经济的复兴。

第六，“生活＋生产”推动生活方式革命。工业文明时代是生产方式决定生活方式的时代，生态文明时代将是低碳、健康、幸福最大化的生活方式推动生产方式变革的时代。如何以最低能耗实现幸福最大化的生活经济学将成为未来经济学研究的重要内容。

第七，“东方智慧＋西方智能”引发的新科技范式革命。

第八，从单极、线性走向系统复合的经济学哲学的革命。

近代以来，源于西方的经济学经历了多次革命。无论是从古典经济学到新古典经济学，还是从边际分析的微观经济学到凯恩斯的宏观经济学，以及后来的弗里德曼的货币理论、制度经济学等。所有这些经济学革命，都是研究方法和工具的革命，都没有超出西方经济学哲学的范畴。而目前正在兴起的经济学革命之所以是迈向生态文明新时代的经济学革命，就是因为新时代的经济学革命，首先是经济学哲学层面的改革，或者说是经济学研究范式的革命。本书提出的从单极到复合就是从哲学层面对经济学研究范式的探索。

从哲学角度探索适应新时代的经济学研究范式，是我长期关注的一个领域。我在 2000 年撰写的博士论文，就开始尝试以系统综合的思维研究中国市场经济。博士论文的选题是《模式经济学新探：中国市场模式的选择与创新》。在这篇博士论文中，首次提出“模式经济学”概念。因为单纯的西方经济学无法解读中国特色的市场经济模式，需要有相应的研究范式，这个范式就是博士论文研究的模式经济学。2000 年毕业后，我到国家行政学院经济学部工作，所跟踪的新经济范式研究在 2005 年获得国家社科基金的赞助。该研究成果于 2012 年出版，名为《经济范式革命与中国模式解读——基于社会原组织理论的模式经济学》。西方经济学对经济的研究主要基于供给和需求。其实市场经济在现实社会中更是一种组织形态。不同模式的市场经济，其源头因素是不同的组织方式。本书用社会组织理论，不仅解读了为什么中国的经济模式与西方不同，同时也解读了西方市场经济演化的过程，其实就是支撑经济的组织研究过程。

如果说在此之前，我对经济范式的研究主要是依据对中国特色发展模式的解读，那么 2008 年金融危机之后，世界进入“＋经济”创新的时代，则将我的研究视野从中国拓展到世界。从正在兴起的一系列“＋经济”的革命中，我们可以发现，从工业经济到生态经济的转型里最具有革命性的变化就是在“物联网+技术”的作用下使世界经济系统出现三个方面的革命性变化：一是社会资源配置出现的跨界再配置，使原来传统的经济边界彻底打破，从分工、分割走向协同整合；二是随着物理形态的跨界整合，在大数据、云计算的作用下，出现了人类思维、知识、科研等信息资源的协同整合；三是随着“物联网+科技”给原来的经济系统置入神经系统的同时，使整个经济系统发生了革命性的变化，这就是整个经济系统从机械态向生命态转型。生态文明时代的经济就像人一样，不仅有自己物质形态上的四肢，也有能够自我调节的神经系统，还有能够计算、分析、思考的脑系统。

在这样一种新经济背景下，原有源于工业经济时代的经济学范式已无法适应新经济革命的需要，经济学研究范式的革命势在必行。本书所提出的从单极到复合的经济学研究范式，正是对这个迈向生态文明时代革命的回应。由于支持生态文明时代的新经济革命才刚刚浮出水面，由此决定了此书对未来新时代经济学范式革命的研究只能是粗线条的。对未来的研究只能抛砖引玉，希望有更多的经济学者参加到这个研究中，并真诚欢迎对本书的批评指正。

此书是原国家行政学院的重大招标课题资助项目，在此感谢原国家行政学院的支持。我多年的研究积累，帮助我对本书写作大纲进行了总体设计。此后与参加本项目的团队进行了多次讨论，最后才形成本书的写作大纲。在此对参加本课题和本书撰写的同志表示感谢。

本书撰写的分工如下。张孝德负责第一章、第六章，蔡之斌负责第二章、第七章、第八章，邓慧博负责第三章、第十章，黄锟负责第四章、第五章，张文明负责第九章、第十一章，许军涛负责第十二章、第十三章。

张孝德
中央党校北校区
2019 年 12 月 29 日

目 录

第一章　导论——21世纪新经济革命：迈向生态文明时代的复合经济

第二章　2008金融危机：世界迈向复合经济的元年

第三章　迈向“十时代”的多元复合的生态经济

第四章　中国迈向复合转型的新常态经济

第五章　新思维：习近平的复合经济思想

第六章　跨界整合的新经济：基于“互联网＋”的分享经济

第七章　“三＋龙头”复合科技体系：中国复合引领发展战略

第八章　复合开放：新时代全球化战略

第九章　复合共生：城乡两元共生新型城镇化

第十章　资本与人本：效率与公平的复合社会主义经济

第十一章　经济学范式革命：从线性到多元复合

第十二章　中国迈向复合新经济时代新优势

第十三章　多元复合改革：全面激活的经济改革

第一章

导论——21世纪新经济革命：迈向生态文明时代的复合经济

常态是事物演化的稳态表现，而新常态顾名思义，就是事物演化从一种状态到另一种状态的变化。基于这个内涵，经济学对新常态经济的解读，就是从经济发展新阶段、经济转型之后可能出现的新经济态势进行的研究。而本课题对新常态的研究，则是把新常态放在一个更高、更广的视野中进行。笔者自2008年世界金融危机以来，就把2009年的世界金融认定为世界进入新经济时代的元年并围绕此发布了一系列文章。从时代转变的高度来解读2008年之后世界发生的大事件，成为研究的一个视角。令人感到欣慰的是党的十八大提出了中国将迈向生态文明新时代。而党的十九大报告则再度升级，把新时代立意为覆盖中国经济社会整体迈向未来的新时代。尽管如此，这种研究还是有风险的，因为能够支持新时代是小概率事件，不足以满足现代经济要求的大概率统计研究的要求。

特别是在经济学被冠以科学的背景下，无法获得满足数量的统计要求，这种带有哲学方法论的判断，是不符合经济学标准的。但要感谢原国家行政学院对这种不是很规范的研究给予的资助。

党的十九大报告的关键词是“新时代”。从马克思主义经济基础决定上层建筑的社会演化论观点来看，判断一个新时代是否到来的重要标志就是支持这个新时代的新经济模式是否发生。要对已经浮出水面的新经济模式进行解读，就必须关注自2008年以来在世界范围正在发生的新经济革命。

近代以来，伴随一次又一次的科技革命，发生了一次又一次与之相应的经济革命。但这次新经济革命与历次经济革命不同，自2008年以来的新经济革命是属于新时代的。近代以来的历次经济革命无论其意义如何深刻，变化如何之大，都是属于工业文明时代的革命，而目前发生的新经济革命显示出的种种迹象，却是超出了工业文明范围的新经济革命，这是值得我们关注与研究的。这也是本课题把对新常态经济的研究上升为新时代经济研究的原因所在。

面对近代以来在一次又一次创新中形成的庞大而稳定的现代经济学大厦，要建构另一个新经济学研究框架是一种巨大的冒险。鉴于时势比人强，我们面对已经浮出水面的新时代、新经济，仍然愿意去探索、去尝试。已经浮出水面的新经济革命虽然尚未成为现代经济的主流，却是能够影响未来发展趋势的新经济。

我们之所以判断正在发生的新经济革命是属于超越工业文明时代的新经济模式，是因为在新经济系统中存在对传统经济模式具有颠覆性变革的新因素，这些因素可以概括为八个方面。这八个方面的要素，不是对传统经济的局部改变，而是全局性的改变。

一、从人造到自然：迈向新时代的绿色经济

（一）自然资本是新经济基因的携带者

马克思穷其一生以资本主义为研究对象完成的巨著《资本论》，就是因为他认为资本是构成资本主义经济形态的细胞。资本携带着近代以来诞生于西方的工业经济形态的基因。无论现代世界对马克思主义经济学的接受程度如何，有一点是必须肯定的，这就是马克思从资本角度对资本主义体系进行研究，是非常科学的选择。就像现代生物学通过基因来揭秘生命演化的秘密一样，资本也是解读资本主义经济秘密的重要对象。按

照这个思路，要判断正在发生的新经济革命是否对现代工业经济模式具有颠覆作用，就必须研究影响携带着未来新经济基因的新资本是否出现。令我们感到惊喜的是，这个新资本已经出现，这就是正在成长中的自然资本。

2011年11月，联合国环境署发布了《迈向绿色经济——实现可持续发展和消除贫困的各种途径》（以下简称《迈向绿色经济》）报告。该报告凝聚了全球数百位专家为期3年的研究成果，并接受了3个月的公开评审。如果说1972年在瑞典斯德哥尔摩举行的联合国人类环境研讨会上，首次提出的可持续发展概念是具有里程碑意义的思想，那么事隔39年之后，联合国环境署在《迈向绿色经济》的报告中首次提出的自然资本概念，也是具有里程碑意义的。可持续发展是对传统工业文明时代发展观的反思与矫正，而支持绿色经济发展的自然资本，则意味着当代人类找到了培育未来新经济的新细胞、新基因。《迈向绿色经济》报告提出自然资本，尤其是“活的”自然资本（地球的生态系统和生物多样性）在未来经济增长的作用，并对此寄予很高的期待。该报告认为依靠自然资本的绿色经济可以支撑经济增长、收入和就业机会，无论是按传统的衡量方式，还是用更全面的衡量方式，绿色经济的表现均会超越常规情景。

该报告证实，在绿色经济情景下，经济增长与环境可持续性并不矛盾。相反，绿色经济可以创造就业机会并促进经济进步，并且可以避免大的负面风险，如气候变化的影响、水资源短缺和生态系统服务的丧失等。绿色经济不仅会促进经济增长，特别是自然资本方面的增长，而且也会推动国内生产总值包括人均生产总值的增加。①

（二）人造资本与自然资本的区别

与自然资本相对应的就是人造资本。支撑近代以来创造财富的资本，它有一个最大的特征是人造资本。马克思对资本的定义，是能够创造价值的价值，而能够创造这个价值的源泉就是人的劳动。所以从这个意义上

① 联合国环境署：2011年《迈向绿色经济——实现可持续发展和消除贫困的各种途径》。

讲，也可以将其称为人造资本。当然，作为人造资本的物化形态，土地、生产资料、劳动力也是自然的一部分，或者说，自然也参与了财富创造，但其中发挥主导作用的还是人造资本。自然资本与人造资本有以下不同。

1. 存在形态不同

自然资本的物化形态是地球上多元化生命系统和满足生命成长的生态化系统。满足生命成长的生态化系统，主要有大气系统、水系统、土壤系统等。当然，作为生命系统的人类，既属于多元化生态系统的一员，同时又以人类特有的智慧，形成不同于自然形态的人类社会系统。总之，这里所讲的自然资本的本质是生态资本，这是自然资本与人造资本的最大不同。

作为人造资本的物理存在形态——固定资本与流动资本，其存在表现为被人控制的非生命物质。虽然作为劳动力的人是生命，但在资本系统中的人类，是隶属和服务于非生命物质而存在的，这正是马克思所讲的人的异化问题。因为在人造资本运行的经济系统不是按照满足生命成长的规律来设计与管理生产的，而是按照非生命物质的规律设计了现代生产体系与管理体系。正是从这个意义看，我们把自然资本与人造资本存在形态的最大区别定义为生命物质与非生命物质的区别。生命形态的资本与非生命形态的资本，这是我们认识自然资本与人造资本区别的最本质的东西，也是我们认识现代经济革命最基本的逻辑起点。

2. 创造财富的组织机制不同

人造资本创造财富的组织机制，是一个严格受人控制的他组织机制，即使现代工业制造业发展到自动化程度，但其背后仍然是受人控制的。不可否认，在现代工业系统中，自然力也在发挥着作用，但这个自然力不是来自自然系统中具有自组织特性的生命力，而是利用现代科学对自然系统中物理力和化学力的运用。

所以，我们把人造资本创造财富的组织机制，界定为受人控制的他组织机制。而自然资本是一个可以被人认识利用，但不能被人控制的对象。山川河流、云雾化雨、万物的生死兴衰、一年的四季轮回、一天的日出日落和生态、生命系统等是运行于天地之间的自然资本，具有生生不息的自我运行力。当然，纳入现代绿色经济的自然资本还不能等同于整个生命与生态系统，它只是生命、生态系统的一部分。同时，在自然资本的背后，仍然受到人的设计和管理的影响，也有人造物的参与。但人的这种参与并不是对自然和生命力的替代，而是顺势而为的。只能如此才能达到对这种自组织生命力的最有效利用。所以，具有生命的自组织系统机制与非生命的他组织机制，是这两种不同资本创造财富的不同机制。

3. 财富的持续性不同

当代人类之所以从人造系统进入生命与生态系统，寻找创造财富的新资源、新资本，就是因为现代的人造资本所创造的财富出现了危及人类生存的负外部效应，也就是目前存在的环境危机。100 多年前，马克思撰写的《资本论》发现了资本主义经济有一个无法解决的矛盾，就是资本对财富最大化的无休止追求导致社会财富两极化的问题。

其实，在人造资本中还潜藏有另外一个无法化解的两极对立的矛盾，这就是造成环境危机的威胁与当代人类生存的天人对立的矛盾。造成这个矛盾的深层原因是资本对财富的无限制追求与支持经济增长的有限资源之间的矛盾，是资本的外部负效应导致威胁人类生存的矛盾。

最先对这个问题进行反思进而上升到对现代经济评判的，是 1972 年敢冒天下之大不韪的环境保护运动的先驱组织、著名的罗马俱乐部发布的第一个报告《增长的极限》。这份报告，虽然给传统经济增长模式敲响了第一声警钟并掀起了世界性的环境保护热潮，但在理论上并没有取得决定性的胜利。20 世纪 80 年代后兴起的信息技术革命，被认为是对罗马俱乐部增长极限观点的破解。因为信息技术带来的知识经济，被认为是从根本上改造了传统的工业经济模式的革命。信息可以替代化石能源成为经济增长的新要素，由此就可以化解有限化石资源与无限接近增长的矛盾。

在 20 世纪 80 年代之后，西方发达国家纷纷宣布进入新经济时代。因为在发达国家，支撑其财富增长的不再是庞大的制造业，经济增长从化石能源转向高科技的知识经济、信息经济。1996 年，经济合作与发展组织

(OECD) 发表的《以知识为基础的经济》认为，以知识为核心的新经济将改变全球经济发展的形态。该报告还认为，发达国家财富 70%以上来自知识创造。

当我们把这个事实放在一个更大空间时可以发现，虽然发达国家的经济成为“知识喂养”的经济，但发达国家的消费者的生活却不是只有“知识喂养”的生活。目前，中国单位国内生产总值（GDP）能耗是世界平均水平的 2.2 倍，而发达国家的人均能耗却是中国的 2.4 倍。这两个数据说明，从局部看，发达国家用“知识喂养”的经济污染度是很低的。但从世界范围看，发达国家进入知识经济背后的秘密是把污染制造业转移到发展中国家。而中国就是这种被转移的对象，中国为发达国家承担着满足发达国家高能耗生活的生产。发达国家通过高科技和高度化产业与发展中国家的高能耗污染产品进行交换。不可否认，信息技术进步对于降低能耗有作用，但并没有从根本上实现对化石能源的替代。

我们之所以认为自然资本携带着新经济的基因，就是因为支持自然资本创造财富的生态资源是可以不断再生的现量资源。太阳每天都会给地球带来能量，但太阳每天给地球的能量是一个常量。无论人类的科技如何强大，也无法改变这个常量。由此决定了依靠自然资本的财富生产是有限增长的财富。现代科学技术对可再生存量自然资源所能做的只能是对原有存量的最大利用。比如农业生产，在宏观尺度的太阳能量没有改变的前提下，无论科学如何进步，对农业生产的影响都是一个有限的变化。但是自然资本的这种特性，恰恰是对人造资本满足无休止追求利润最大化的遏止。中国古老的“知足常乐”的生活哲学，可以说其根源于农耕文明时代，就是自然资源对生产的约束。

当然，进入新时代的自然资本，并不是回到古代自足的经济时代，但自然资本经济所进入的生命与生态的时空，确实是古代农耕经济时代所存在的时空。但这次是在更高起点上、在螺旋式上升中的人类文明再度进入古代农耕经济时代的时空。在这个“古代时空”中，通向的是另一个新时代，是绿色经济发展的新时代。

（三）习近平的“两山”理论与绿色经济的新时代实践

如果沿着绿色经济追本溯源，在世界范围内，首先开启绿色经济新时代的新起点，不是2011年联合国发表的《迈向绿色经济》的报告，而是2005年时任浙江省委书记的习近平在浙江省湖州市安吉县余村调研时，提出的老百姓能听得懂的绿水青山就是金山银山的“两山”理论。其实习近平总书记对绿色经济发展的贡献，不仅仅是提出了“两山”理论，而是在中国乃至在世界启动了“两山”理论的实践。十多年过去了，一个面向新时代的绿色经济模板已经在浙江浮出水面。党的十八大之后，习近平总书记再度把“两山”理论，上升为中国迈向未来发展的新理念。可以说，从绿色经济发展思路出发，破解发展与保护的矛盾已成为一个独特的中国方案。中国绿色发展创新之路，受到联合国环境署的高度认可。2016年5月，联合国环境规划署根据习近平总书记的“两山”理论发表了《绿水青山就是金山银山：中国生态文明战略与行动》报告。该报告对习近平总书记的绿色发展思想和中国的生态文明理念给予了高度评价。从这个意义上讲，习近平总书记的“两山”理论不仅为指导中国绿色发展做出了贡献，也开始成为影响世界绿色经济发展的新经济思想。

二、从垄断到普惠：新能源革命背后的新经济

从人造资本到自然资本，意味着携带新基因的新经济细胞已经出现在现代经济中。2008年金融危机之后，在世界范围内出现的新能源革命是为自然资本这个新细胞的快速裂变与成长提供新营养的革命。

（一）不同能源类型决定着不同的经济形态

在传统的经济学中，把煤炭、石油等能源看成属于自然科学领域研究的对象。面对2008年发生的新能源革命，需要一种跨界的思维，也就是需要以经济学思维研究长期以来属于自然科学研究的能源。

从经济学研究新能源可以发现，不同的能源形态喂养了不同的经济形态。在马克思关于生产力决定生产方式的理论框架中存在着这样一个逻辑：生产力决定生产关系是决定社会形态变迁的根本原因。如果将这个理论分析逻辑向下深入，则会发现决定人类采取什么生产力和生产方式最初始的原因，是来自满足人类生产与生活所需要的自然资源类型。在生产活动中，人类以什么知识、用什么工具作用于生产对象的活动，取决于在当时条件下人类所能最大限度利用的资源类型。

从这个意义上看，不同资源类型就像不同动物吃不同食物一样，决定与影响着不同的经济形态，由此也发挥了决定不同经济形态演化的重要作用。

构成古代农业经济的逻辑起点是土地资源、太阳能资源和劳动力。围绕对土地资源和太阳能资源的开发和利用，形成了三种知识和技术：一是满足适时下种与收获的关于农时的古代天文学；二是满足优化种子、利用地力的农学技术；三是满足耕种土地需要的工具制造技术。为了获得足够的劳动力资源，多子多福成为古代社会的生育文化与理念。由这三种资源决定农业生产，是一种分工简单、以家庭为单位的生产，所以自给自足就成为农业经济时代最基本的生产方式。

不可再生的矿产资源是构成近代以来工业经济的逻辑起点。以欧洲开辟的国际贸易为历史起点，大规模纺织品生产形成对机器的需求。蒸汽机的发明与制造形成对铁矿、煤等矿产资源的需求。围绕对矿产资源的利用与开发形成工业经济时代特有的知识、科技与生产体系：一是围绕认识矿物质结构与成分形成工业经济时代最基本的三大学科——物理学、化学与数学；二是围绕加工与利用矿物质形成工业经济的三大基础产业——原材料加工业、重化工业和机械制造业；三是为适应这样一种大规模、长分工链条的生产，形成建立在分工协作基础上的工厂化与市场化相结合的生产方式。在工业经济时代形成的人与自然的关系，表现为人与可控制的微观世界的关系，这是一个人力远大于自然力的关系，由此形成工业经济时代特有的人为自然立法的“天人对立”的自然观。

（二）可再生能源革命对经济内在机制的影响

新能源革命是在现代工业经济的框架内无法解决不可再生资源与环境危机而发生的。从不可再生能源到可再生能源的转换，这不仅仅是能源形态的转换，其中还包含了导致整个经济形态变革的新逻辑起点。从传统能源到可再生能源的转换，从非生命物质到生命物质的转换，这是当代人类面临的最深刻变革。到目前为止，以太阳能为主导能源的新能源革命，对未来的经济将形成以下影响。

第一，覆盖地球的太阳能是一种共享的普惠能源，由此也决定了太阳能时代是一个让世界普惠共享的经济时代。有人的地方就有太阳能、风能等，太阳能在不同地区只有分布的强弱程度不同，而没有有无的差别。

传统石油、煤炭能源是不均衡分布的能源，属于独享、可以垄断的能源。正是化石能源的这种特性，成为工业化时代形成大批垄断大资本的原因所在。从《财富》杂志公布的世界500强可以发现，占据世界500强的企业大部分是能源、化工、电力、银行等行业的企业。

第二，可再生能源是可以直接使用的分布式能源，是一种让乡村、小镇更具有使用优势的能源。传统化石能源属于集中开发、集中使用效率最高的能源。这种特性使大城市使用具有优势，乡村与小城镇处于劣势。传统能源的这种特性，也是造成现代追求城市替代乡村的单极城市化的物质基础。特别是“二战”以来，受传统能源的约束，不断膨胀的城市带来的污染、噪声、拥挤、高成本生活的诸多弊端，使城市陷入不可持续发展之中。而具有分布式、普惠共享的新能源，能够有效矫正单极化城市发展模式。因为，具有分布式、普惠共享特性的新能源，可以影响未来的人口分布，所以小规模城市、乡村、小城镇将成为更有优势的地方。与太阳能、自然资源相匹配的均衡的人口分布、生态化的居住方式是新时代的主导潮流。

第三，围绕再生能源的开发将推动新科技方式的变革。工业经济时代的科学与理论体系是围绕如何认识与利用化合物（石油、煤炭、矿产）等形成的以数理化为基础的现代科学理论。由于太阳能、植物能、风能、潮汐能等可再生能源是一种具有生命的流动性、宏观性等特性，可以认识而不能完全控制的存在，所以对可再生新能源的开发需要一种宏观、系统、生态、生物、信息、智能学等新兴学科与知识体系的支持。

三、从机械到生命：赋予经济生命的“互联网＋”

如果自然资本给新经济模式提供新细胞，新能源给新经济模式提供新物质营养，那么“互联网＋”给成长中的新经济带来的是精神营养，植入的是一个让常态经济具有生命形态的神经系统。

（一）分享经济兴起的原因与内涵

除精神营养神经系统之外，“互联网＋”经济还会给经济运行机制带来另一种新形态：分享经济。什么是分享经济？综合国内外对分享经济的定义，本书将分享经济定义为：分享经济是源于新消费方式与互联网信息技术相互作用下对社会与公众的闲置资源进行再配置与分享的新经济形态。该经济形态具有以下四个特征。

第一，分享经济的兴起动力是源于“不求拥有，但求所用”的新消费观。在“闲置就是浪费，使用但不购买”的环保自觉消费的作用下兴起了一种新消费经济。这种新消费方式背后，标志着未来经济演化的动力面临着从生产方式变革向消费方式变革方向发展的趋势。这是现代分享经济兴起的新动力。

第二，分享经济是基于互联网信息技术，实现跨界资源低成本、高效率再配置的新信息经济。使信息技术成为现代经济增长的新要素，是分享经济不同于传统工业经济的新增长机制。

第三，分享经济是将闲置的物质资源、精神资源、文化资源与多元化生活资源进行分享的新财富经济。从物质与生产端主导的财富增值经济转向消费端主导的物质与精神复合增值的新财富经济是分享经济的新内涵。

第四，分享经济是在“利他中利己”的人人可以参与的“人尽其能，物尽其用”的新人本经济。从少数人控制的资本经济转向人人参与的人本经济是分享经济的本质内涵。

总之，分享经济是基于新动力、新要素、新财富、新目标引领未来经济社会发展的新经济形态。

（二）分享经济是从机械升级为生命形态的新经济

从目前已经浮出水面的分享经济作用来看，基于“互联网＋”的分享经济对未来的经济形态将产生革命性改变。

第一，跨界资源再配置形成新市场机制。“互联网＋”对社会资源形成全覆盖的信息链接，将大幅度降低原有市场调节因信息不对称导致的交易成本高和市场失灵的问题。“互联网＋”的背后孕育着一个新市场经济。由于市场信息不对称，使传统市场经济充满了高度不确定性，对于这种不确定性的解决，是通过频繁博弈、试错与竞争来解决市场均衡问题的，这种解决方式成本很大。而“互联网＋”的市场经济，则为解决信息不对称带来新的解决机制。特别是正在成长中的云计算和大数据的使用，将大幅度降低传统市场调节的失灵问题。

第二，“互联网＋”带来的协同整合机制，使智慧成为经济增长要素成为可能。“互联网＋”对跨界资源的联系，带来的不仅仅是物理层面的变革，而且是生理和精神层面的变革。互联网整合的也不仅仅是物质，还有处在各个领域的人力资源，分布在各个行业的文化资源、思想资源和精神资源。“互联网＋”对知识、思想、精神等社会资源的跨界联系，将带来一个新的社会创新机制，这就是协同创新。

协同论（synergetics）亦称“协同学”或“协和学”，是20世纪70年代以来在多学科研究基础上逐渐形成和发展起来的一门具有方法论意义的新兴学科。协同论认为，千差万别的系统，尽管其属性不同，但在整个环境中，各个系统间存在着相互影响而又相互合作的关系。这个复杂的多元化共生的系统可以形成一种新的频率共振的协同创新效应。

“互联网+”将不同的子系统链接在一起形成的跨界新系统，就是一个典型的协同系统。由此决定了未来的经济增长，需要一种能够驾驭协同创新规律的能力。从目前已形成的大量互联网企业来看，互联网时代的企业财富，不是在企业内部通过对土地、资本、劳动力的管理来创造财富，而是对跨界整合信息资源进行运用所创造的财富。要驾驭这个新创新模式，需要一种协同整合力。这种驾驭协同创新的能力，就是今天流行的使用频率很高的一个词：智慧。智慧源于大乘佛学所讲的“般若”，翻译为中文称智慧。按照智慧的内涵，中国人把老子的《道德经》认为是智慧之经。按照佛学和老子对智慧的使用，智慧就是人对宇宙人生感悟的能力。老子认为宇宙生生不息的力量来自无中生有。按照老子的这个定义，看“互联网+”所创造的财富，就是属于无中生有的财富。马云的阿里巴巴创造的财富，不是投资了大量土地、生产资料等物质形态创造的财富，而是对原有物质资源关系和交易机制改变之后创造了新的财富。从这个意义上讲，工业经济的财富创造是“有中生有”的财富，而“互联网+”时代的财富是“无中生有”的财富。

未来新经济是在智慧主导的时代，这也可以从近代以来支持经济发展的主导要素的变化逻辑来看。第一次科技革命，瓦特发明了蒸汽机，主要是技术的力量；第二次科技革命，电的发明则是科学主导的力量；第三次科技革命，信息技术所使用的是知识的力量。目前正在发生的新经济革命，将是智慧主导的时代。

我们可以看到这样一个演化序列：第一次科技革命，是工程师用技术创新推动了物质使用效率提高的革命；第二次科技革命，是科学家用科学创新推动了以电为主导能量的高效率使用的革命；第三次科技革命，是大学教授用知识的力量，以信息技术推动了人类交往信息传递效率的革命；

第四次科技革命，是现代人类将用发展智慧（协同整合、无中生有）的作用，在物质、能量与信息的协调整合中创造新财富。

第三，“互联网＋”使经济系统有了自己的神经，大数据和云计算使经济系统有了自己的“智能脑”。这将促使整个经济系统实现从机械形态向生命形态的跃变。近代以来，经济系统演化就像生命进化一样。第一次和第二次科技革命制造了人的四肢；当代“互联网＋”的革命，给整个原本只能按照机械运行的人体植入了神经系统；而目前的云计算等又使这个生命系统有了自己的“智能脑”。未来的经济系统运行中，人类与这个具有生命形态的经济系统的关系，是一种生命与另一种生命的关系。人类要能够驾驭这个系统，依靠单纯的技术、科学与知识已经不够，还需要智慧。这是我们今天必须要研究的东西。

四、从资本到人本：生活方式变革引领的新经济革命

（一）影响未来的新经济：幸福生活最大化

追求幸福生活最大化，是任何时代的人类经济活动共同追求的终极目标。近代以来兴起的工业化经济对人类文明的最大贡献，就是解决了满足人类幸福生活的物质财富需求。在物质供给短缺的背景下，影响人类幸福度提高的最大障碍是如何提高物质财富的生产效率。所以工业化经济时代，人类将智慧和社会资源主要集中在如何高效率生产上。但在20世纪40年代之后，生产过剩导致经济危机频繁爆发。经济学家发现导致经济增长的问题是需求不足，于是就有了凯恩斯刺激需求的经济理论。但随着时间的推移，特别是进入21世纪以来，我们越来越发现，阻碍人类幸福度提高的主要矛盾不是财富供给不足，而是过度消费、不合理消费带来的

慢性疾病和精神疾病。当经济学家还在设计如何刺激消费带动经济增长时，被誉为“世界营养学界的爱因斯坦”的世界营养学权威柯林·坎贝尔博士发布的健康调查报告得出的结论是，威胁人类死亡率最高的疾病是吃得过多造成的疾病。

坎贝尔博士的研究说明，影响人们幸福度提升的关键因素不是如何提高生产方式的效率，而是如何科学健康地生活。经济增长等于国民福利增长的经济学假定前提将不能成立。除了过度消费造成疾病蔓延外，不断加剧的环境污染、过度消费的电子信息产品带来的各种疾病也成为危及健康生活的重要原因。20 世纪 80 年代以来，因环境污染导致北京、上海、广州等大城市的肺癌发病率提高了近 10 倍。

关于经济增长给生活带来负效应的研究，早在 20 世纪 70 年代就被西方非主流的经济学家所关注。著名的反传统英国经济学家 E. J. 米香所著的《经济增长的代价》一书是对这个问题最早的系统反思与研究。1967 年，英国经济学家 E. J. 米香就针对西方社会紧盯 GDP 增长的现象提出了尖锐的质疑。时隔 25 年，他再次呼吁国家和社会要重新审视经济增长与人民福利的关系。人口的密集、城市的拥堵、环境的污染、资源的消耗……在人均收入增长的同时，人类的福利正在下降，过度强调单一的经济增长将付出巨大的代价。

专栏 1-1

疾病与死亡是由过量食物造成的

美国康奈尔大学终身教授、曾任美国食物与药物管理局科学家委员会主席、美国营养科学学会会员、美国癌症研究所高级科学顾问和主要负责人 T. 柯林·坎贝尔（T. Colin Campbell），由他主持的中国健康调查，是流行病学研究史上规模最大的关于营养、饮食与疾病的调查研究，得出的结论是：

（1）罹患肝癌的孩子，大多来自吃得最好的家庭。

（2）只要改变饮食习惯，不吃动物性蛋白质，肾结石复发的病患就能不药而愈。

(3) 以肉食为主的美国男性，死于心脏病的比例是以素食为主的中国男性的17倍！

(4) 摄取最多牛乳和乳制品的国家，骨折率最高，骨骼也最差。

(5) 造成第一型糖尿病的最大祸首，可能就是牛奶蛋白质。

(6) 研究统计，饮食中饱和脂肪含量较高的初期多发性硬化症病患，有80%会死亡。

(7) 无论科学研究人员、医师或制定政策的官员怎么说，外行人一定要知道，全食物蔬食绝对是最健康的饮食。

(8) 有的医生让病人吃了许多苦，花了很多冤枉钱，甚至导致病人即将死亡，但其实只要吃燕麦片等普通食品就可以痊愈！

(9) 医师会动手术和开药，却不懂营养，因为他们根本没受过营养学的训练。

(10) 没有任何手术或药丸可以有效预防或治疗任何慢性疾病。

“死亡，是食物造成的！”柯林·坎贝尔博士如是说。如果你想活得健康，请务必立刻身体力行，改变你的饮食吧！

E. J. 米香尖锐地指出：“人类福利的重要源泉正在被直接或间接地腐蚀殆尽，通过发达国家持续的经济和技术增长，正在更直接地被一种规模上的倍增效应所侵蚀。总而言之，西方世界第二次世界大战之后快速的经济增长未能向人民提供真正重要的提升福利的选择。”

(二) 生活方式变革已纳入中国经济发展战略

令我们感到欣慰的是，对于生产方式与社会关系失衡成为国民福利增长障碍的关注，成为党的十九大报告的重要内容之一。党的十九大报告提出，中国迈入新时代的重要判断依据就是：新时代我国社会主要矛盾是人民日益增长的美好生活需要和不平衡不充分的发展之间的矛盾。与此同时，党的十九大首次提出“健康中国”战略，以应对日益增长的各种慢性病。

自改革开放以来，人民生活质量显著提高。但与此同时，富足的物质生活导致肥胖问题日益凸显，这一健康隐患引发了社会各界的担忧。2016 年，英国著名医学杂志《柳叶刀》发表全球成年人体重调查报告。调查发现：一方面，全球成人肥胖人口已经超过瘦人，而中国超越美国，成为全球肥胖人口最多的国家。其中，中国男性肥胖人数 4 320 万，女性肥胖人数 4 640 万，总人数高居世界第一。另一方面，根据国家统计局和国家卫计委的数据显示，中国人的超重率和肥胖率均在不断上升。从 1992 年到 2015 年，超重率从 13％上升到 30％，肥胖率从 3％上升到 12％。

同时中国儿童和青少年的肥胖率也在快速增加，从 2002 年到 2015 年，儿童和青少年超重率从 4.5％上升到 9.6％，肥胖率从 2.1％上升到6.4％。

也许经济学家认为，这是属于医学科学研究的事，与经济学没有关系，经济学只关心经济增长效应。在新时代，这恰恰是需要经济学研究思维进行变革的所在。在新时代，经济学研究也需要“互联网＋”的跨界思维。我们面对的社会发展主要矛盾变化需要一种新经济学思维，这就是经济学要顺应时代的变化，经济研究对象要从单一的生产方式转向生活方式的研究。

（三）影响未来新经济、新产业发展的五种新消费、新生活

适应新时代生活方式的变革中，新消费将成为未来经济增长的新趋势。从目前来看，五种新消费趋势将成为新时代、新经济变革的方向。

第一，满足健康需要的节俭、绿色消费方式成为未来新趋势。这种消费一方面会使生活中的物质能耗大幅度下降，另一方面满足绿色消费的有机食品、有机用品成为未来经济增长的新趋势。

第二，满足健康预防为主的保健、康复消费成为新趋势。随着时间的推移，以具有治未病优势的中医会复兴，满足各种康复和健康的服务类健康产业将成为未来的新产业，也就是指今天被社会投资所关注的健康产业。

第三，满足精神健康的文化消费、生态旅游、回归自然的游学等成为

消费的新趋势。这个消费会对服务工业化时代的大学功利教育提出新的挑战。满足生命价值和满足精神需要的社会教育、自然教育、游学教育、信仰教育等将成为未来的新趋势，这也是未来的新经济、新产业。

第四，满足自我价值实现的志愿者、义工、公益的消费成为新趋势。作为新生活方式的一部分，志愿者体验生活是未来新生活的重要内容。这种新生活方式将带动一个庞大的社会公益事业的发展。

第五，回归乡村社会、小规模的熟人社会的生活方式，将成为未来的新趋势。在生态文明时代的分布式新能源、互联网技术、高铁技术的支撑下，使工业化带来具有诸多弊端的现代城市生活方式受到冲击。而且与此同时归根乡村、小城镇的健康、互利、节俭、自然的生活方式成为新趋势。现代社会人们对有机、健康、互利互助、更加贴近自然、有文化的高品质生活的追求，使成本最低的地方——乡村和小城镇成为未来经济社会发展的新热点。目前在西方发达国家，具有共同偏好的人选择过一种“共同体”的生活，已经成为一种新趋势。

（四）生活方式革命：从资本经济向人本经济转型

对于正在发生的生活方式变革的新趋势，从经济学角度看是一次具有深度的革命，这是从资本主导的经济向人本主导的经济转型。近代以来，为解决物质供给短缺形成的生产方式使资本成为经济发展的主角。在工业化的经济中，能够拥有资本获得参与生产权利的只能是少数人。由此决定了资本主导经济的社会是少数精英主导的社会。无论西方发达国家如何推进公平民主，在资本决定的少数精英主导的社会中，只能是有限的公平与民主。但生活方式革命引领的未来新经济革命，是人人可以参加的社会变革。

人人可以参加的生活方式革命，将从根本上矫正资本主义社会的诸多弊端。追求高品质幸福最大化的生活方式，而不是物质享受最大化的生活方式。衡量未来幸福生活质量的标准，是在满足物质需要基础上的精神生活、文化生活与信仰生活的高度。当经济社会的发展方向一旦导入这个轨道时，我们就会发现，100多年前马克思所憧憬的“自由人共同体”的生活，就是21世纪生态文明新时代的新生活方式。党的十九大提出面向社会主义新时代不是一个概念，而是正在悄悄发生的事实。

生活方式的革命对现代经济提出的挑战是经济学研究要关注的问题。工业化时代的经济学属于研究生产最优的经济学，而新时代的经济学要重点研究生活最优的经济学。对于未来中国与世界经济发展的趋势，应该从生产方式变革来研究未来经济发展的新趋势，而不是相反。

五、从竞争到共生：利他共赢的分享经济

决定未来新经济发展的四大新因素：自然资本、新能源革命、“互联网＋”、生活方式革命都会为未来新经济注入一种新机制，这就是共生机制的分享经济。不论是来自大地贡献给人类的自然资本，还是上天贡献给我们的太阳能；不论是“互联网＋”带来的资源与消费的分享，还是新“共同体”的生活方式，都从根本上改变着近代以来优胜劣汰竞争机制主导的市场经济。

按照达尔文的丛林规则设计出的优胜劣汰的市场竞争经济，通过古典经济学创始人亚当·斯密给予的合理解释成为现代经济的起点。现代西方经济学的大厦是建立在亚当·斯密自利经济人假说逻辑基础上的。亚当·斯密认为“如果能够刺激他们的利己心，并告诉他们，给他人做事，是对他们自己有利的，他要达到目的就容易得多了”。经济人追求自身利益最大是现代经济增长的原动力，但是在一个每个人都自利的社会中，社会整体性就会分崩离析。对于自利经济人带来的这个问题，亚当·斯密也给予了合理的解读。这就是亚当·斯密著名的自利经济人理论：主观上为个人私利最大的经济行为，最终会增进社会公益的发展。现代经济发展事实确

实证明了亚当·斯密的这个立论是正确的。近代以来，无论经济学理论发生了什么样的变化，但由亚当·斯密奠定的西方经济学“大厦”的这个根基从没有变过。

但现代社会正在发生新经济，这是对构成这个“大厦”基础的动摇和颠覆。正在兴起的自然资本经济、新能源经济、互联网经济等新经济所遵循的逻辑是：先利他再利己。“互联网＋”的经济是一个典型，先让更多人受益，经营者自己才能受益。这个经济新伦理的出现，绝不是意识形态强制的结果，是因为“互联网＋”对社会资源的跨界整合打破了原来满足自利的边界，形成了一个“你中有我，我中有你”的新经济格局。在自利逻辑下建构起来的现代城市生活，是一个你我边界非常清晰的社会。为了保护“我”的权益不受侵犯，由此形成法治社会。而正在发生的小规模社区社会，则是一个你我边界模糊的社会，是一个“你中有我，我中有你”的社会。在这样的社会中调节“你中有我，我中有你”的关系，单纯靠法治还不够，还需要自我约束的利他伦理。由此决定了未来的经济与生活是一种伦理与法治共治的社会。

当然，这种“你中有我，我中有你”不是百分之百的融合，只是部分融合。这种你我融合的经济格局，决定了你的一部分在他那里，而他的一部分在我这里。所以，你得到一个最大化的我，单纯的自利不行，必须在利他中找到另一部分的自我。你我界限模糊形成的你我空间就是现代分享经济兴起的原因。对于无法分割的你我的资源也只能共享。

从竞争到分享的新经济模式，需要经济学给予新解读。这意味着未来调节经济增长的动力不是单纯的丛林规则的优胜劣汰，还有分享共赢的新机制、新动力。这种共享经济的新机制所需要的经济理论与中国传统儒家利他主义的天下经济观高度契合。儒家所讲的“财聚则民散，财散则民聚”的义利财富观，正是基于财富可持续增长视角的财富观。这种根植于中国人内心的儒家利他主义的天下观，成为中国迈向分享经济的文化优势，已经潜移默化地影响着中国人的创新行为。

六、从替代到融合：城乡两元共生新城镇化之路

近代以来，中国在追赶西方现代化、工业化道路的过程中实际一直走在属于自己的另类的道路上。近百年以来的历史与实践一次又一次地证明，中国只有走属于自己的另类之路，才能取得成功。这个另类文明的现代化之路，就是从毛泽东到邓小平一直在强调的中国特色道路。纵观近代以来的中国历史，可以发现，乡村是影响与决定中国特色道路的最大因素。

（一）乡村是中国最大的国情，中国特色道路的重要因素

在新民主主义革命的初期，由于简单地学习苏联十月革命的做法，希望模仿苏联城市革命的道路来解决中国的问题，为此我们付出了很大代价。最后，是毛泽东领导的农村包围城市的另类革命道路完成了历史赋予中国共产党的使命。

但 1949 年中华人民共和国成立之后，我们在急于追赶西方工业化中，又自觉不自觉地忘记乡村决定中国另类文明之路的规律。为此，我们再次付出了巨大代价。为了急切地追赶西方的工业化，把所有的资源集中在城市。在计划经济时期，我们忘了乡村和农民的重要性，通过农产品的剪刀差，使农村资源流向城市，同时人为的户籍制度造成的城乡分割，均使中国经济社会发展陷入几乎崩溃的困境。

自 20 世纪 80 年代以来，邓小平同志领导中国改革开放，对计划经济时期最大的矫正就是再次回到新民主主义革命时期的毛泽东思想上来，再度从农村看中国，再度从中国的农村中找到了启动中国改革的原动力。通过联产承包责任制的改革使中国的农民成为改革的最大受惠者。20 世纪

80—90年代，首先进入中国市场的是中国农民创造的乡镇企业，而不是国有企业，乡镇企业发展鼎盛时期创造的GDP总值曾占到中国整个GDP的1/2。20世纪80—90年代，中国农村改革获得了巨大成功，农民与农村问题的解决，不仅为中国经济社会发展奠定了经济与社会基础，而且也为城市改革提供了经验。

但是，进入21世纪以来，随着城市的发展，我们的思维又悄悄地发生了变化。随着城市对经济增长的贡献越来越大，我们对城市化的希望不断升级。2012年，中国科学院《2012中国新型城市化报告》称，中国城市人口首次超过农村人口，城市化率达到了51.3%。这是一个具有历史性意义的数据，因为这标志着当代中国从一个绵延了五千年的农耕经济主导的乡村社会向工业经济主导的城市社会转型出现了拐点性变化。这个具有历史性意义的拐点转变，极大地鼓舞了中国历时百年之久追赶西方现代化的梦想期盼。在这样一种背景下，大力推进城市化最终实现追赶西方现代化的梦，成为2012年之后中国经济社会发展的主导战略。

在这样的背景下，党的十九大提出了乡村振兴战略。对于为什么要推进乡村振兴战略，目前的理论解读仍然局限在解决城乡发展差距，解决实现农业现代化是现代化短板的视角上。如果不把乡村振兴置于党的十九大提出的时代背景下来认识，如果对乡村在中国的历史地位认识不清楚，乡村振兴战略仍然会在老路上进行。党的十九大提出乡村振兴战略，不是单纯地解决城乡差距的问题，而是关系中国未来走什么路的问题。

（二）认识中国乡村价值与命运的工业化逻辑

如何从工业化逻辑看中国乡村文明面临消失的命运？从工业化的逻辑看，中国乡村文明无法成为工业化的载体，走向消亡似乎是历史必然。由此决定了中国实现现代化的目标必然是以工业化和城市化为内容的现代化。乡村作为中国农业文明的时代产物，无法成为工业化的载体，由此决定了中国实现现代化的过程必然是一个城市最终替代农村、“两元归一”的过程。所以乡村消亡是时代的必然、历史的必然。而且已经实现了工业化的西方发达国家走的就是这样一条城市之路。即使其他发展中国家，也无一例外地走向了城市替代乡村、“两元归一”的城市化之路。所以，在时代的发展大趋势和历史事实面前，中国也不能例外。正是在这样两个似乎不能质疑的前提下，中国乡村的消亡就成为中国走向现代化不得不接受的时代与历史的必然。

（三）认识中国乡村价值与命运的历史逻辑

从中华文明的历史来看，乡村是中国五千年文明之根系、传承之载体。然而，我们却发现表面看起来如此不容置疑、严密、无懈可击的逻辑背后，缺失一个非常重要的前提，那就是主体是谁的问题。当我们把中国这个主体导入现代城市化逻辑结构中，则发现这个逻辑不完全适用于中国。

当我们将中国这个主体置入让乡村消亡的城镇化是历史必然的逻辑框架中，则可以发现，支持这个观点的历史前提就已不复存在。因为，中国与西方属于两种不同的文明类型，由此决定了中国不能走西方式的城市化之路。

中国五千年的文明属于农耕经济主导的文明，而农耕经济的载体不是城市而是乡村。在历次改朝换代中，作为皇权中心的城市，虽然遭到一次又一次的毁灭，但中华民族的血脉繁衍并没有因城市的毁灭而中断。历史证明，只要乡村存在，中国文明就会一次又一次地劫后重生。

相反，诞生于地中海，起源于古希腊、古罗马的西方文明，从一开始就是建立在古代工商业经济基础上的另一种形态的文明。由于工商业经济的载体是城市，因此决定了西方文明之根在城市，而不是在农村。古希腊、古罗马文明的鼎盛、衰微与消失，总是与城市紧密联系在一起的。所以，近代以来西方走向文明复兴之路，也是从地中海城市繁荣产生的文艺复兴开始的。近代以来的城市化对于西方而言，是西方传统文明发扬光大、走向世界的过程。

为什么近代以来中国一直走着一条不同于西方的现代化道路？就是由于中国与西方的历史前提不同。西方发达国家在走向城市化的过程中，乡村是否消失的问题不会触动西方文明传承的中断问题。相反，当代中国在推进城市化的过程中，乡村的命运问题则涉及中华文明的永续传承问题。

从这个方面来看，党的十九大提出振兴乡村战略，不仅是解决城乡差距问题，而且是关系到中华民族文明传承的大问题。中国乡村文明不是一个文化符号，中国乡村就像构成生命体的细胞一样，携带着中华文明演化的秘密和基因，它不仅是中华民族从哪里来、到哪里去的精神家园和归属，同时也同中华民族的兴盛衰微紧密联系在一起。

可以说，“乡村兴则中国兴，乡村衰则中国衰”。中国五千年前的文明历史决定了中国绝不能走西方式的城市替代乡村的单极城镇化之路，中国特色城镇化必须为中国乡村文明留下足够的发展空间，走城乡两元共生的城镇化之路。

（四）新时代乡村命运

从时代高度看，新经济革命不能排斥乡村，它恰恰是未来新经济发展的洼地。

1. 农村使用新能源的优势，为中国式低能耗文明发展开辟新空间

新能源革命，正在从根本上改变着中国乡村在工业化与城市化冲击下的边缘化地位。非均衡分布、集中开发、高运输成本的传统能源，使分散居住的农村处在分享工业化好处的边缘化或被淘汰的地位。相反，具有高度分散性、相对均衡分布的太阳能、风能、地热能、生物能等新能源，使人口分布密度低的乡村人均可利用的新能源数量巨大。新能源这种特性使农村获得城市不具备的新优势，而且农村使用新能源的优势在当代中国已经成为一种活生生的现实。目前，我国已成为世界上最大的太阳能热水器生产和消费国家，而太阳能热水器90％以上的市场在中国农村。从20世纪70年代末到80年代初发展起来的中国农村沼气，也显示出良好的发展前景。此外在光伏发电上，乡村也占据独特的优势。

新能源在农村生活领域的使用，不仅从根本上改变着中国农村的生活方式，而且新能源经济在农村也具有极大的开发潜力。按照这个趋势发展下去，新能源将从根本上改变中国农村的命运，农村将成为引领低碳经济与绿色消费的新生力量。

2. 基于自然资本的乡村绿色产业发展潜力巨大、魅力十足

2005年习近平提出的“两山”理论，是根据安吉余村依靠绿水青山发展乡村绿色经济而提出的。2011年联合国发布的《迈向绿色经济》报告，也同样认为绿色发展是实现可持续发展和消除贫困的重要途径。乡村不仅拥有城市没有的利用新能源太阳能的优势，同时也拥有绿水青山的自然资本的优势，这些优势使乡村成为发展绿色产业的资源优势。大致有六类产业将成为中国振兴乡村文明发展的新兴产业：一是生态有机农业。高附加值的农业生态产品将成为未来生态农业产业发展的新方向。二是乡村生态旅游业。我国广袤的农村聚集了全国大约70％的旅游资源。乡村旅游将成为乡村经济发展的支柱产业，成为带动农村脱贫致富的一个亮点。三是乡村手工业。在新需求的推动下，借助现代市场经济、乡村旅游业与文化产业发展的契机，中国的乡村手工业正在悄然复兴。四是乡村农副产品生产与加工业。五是乡村新能源产业。在中国农村发展沼气、太阳能、风力发电、微小水电、生物能源等具有广阔的应用前景。六是乡村养老服务业。乡村特有的低成本生活，高环境福利与浓厚的乡土人情，随着中国进入老年化社会后，所具有的养老优势会越来越明显。

3. “互联网＋”成为消除城乡鸿沟的时代桥梁

最值得我们关注的是，“互联网＋”正在深度改变着传统的城乡关系。在传统技术中无法解决的城市与乡村发展鸿沟，在“互联网＋”却被轻易打破。特别是在“互联网＋乡村绿色资源”的催发下，中国乡村分享经济发展呈现多样性、快速成长的势头，它不亚于城市的分享经济，成为中国特色分享经济中一道亮丽的风景线。

阿里研究院发布的《农产品电子商务白皮书（2013）》数据显示，2013年阿里平台上经营农产品的卖家数量为39.40万个。目前农村电商已呈燎原之势。农民收入的增加和互联网在农村的普及，使乡村电商的发展潜力巨大。以“淘宝惠”为例，“淘宝惠”打造的县域生态就是把农产品整合到平台形成产地直供，将不同地区的特色农产品通过电商平台进行跨地区“分享”，这样既满足了不同地区农村居民的消费需求，也切实活跃了农村依托互联网兴起的乡村农家乐。农家乐是农民向城市人提供的一种回归田野，享受清新空气、自然风光、乡土生活方式的新分享经济。本来属于农民独享的生活，在城市病倒逼和互联网技术作用下，使本来不创造财富的乡村生活方式成为财富的来源。

4. 乡村特有的生活方式恰恰是生态文明需要的低成本、高福利的新生活

从生态文明的消费观来看乡村生活时，恰恰是一种符合生态文明要求的另一种幸福生活模式。被GDP增长和资本增值所捆绑和刺激起来的高消费、高能耗、高成本幸福生活，是一种加剧能源和环境危机的病态生活。环保部披露的数据显示，目前中国城市的人均能耗是农村的3倍。目前的乡村虽然没有城市的收入高，但农民享有城市用货币无法购买或成本很高的另一种福利，这就是人类幸福生活所需要的真情、健康、清洁空气、宁静和生态化食物等。从工业化、城市化发展要求来看，农村的低消费使GDP增长率降低；但从生态文明建设来看，乡村低成本、低消费、低能耗的幸福生活模式，恰恰是需要倡导的新生活方式。由此可以理解，为什么我们的许多农民工选择了在城市打工，却要在农村生活的生存模式。

5. 五千年的农耕文明蕴藏着医治工业文明病之“解药”

现代的工业文明病存在缺乏精神制衡的物质主义和消费主义的泛滥病。在工业化文明系统中，缺乏精神与文化制衡的物质财富无限制增长，不仅吞噬了大量的资源，造成资源环境危机，而且也吞噬了人类的精神能量，使人类文明在物质主义、病态消费主义、GDP主义的单极化世界中越走越远。

医治工业文明病的“解药”，不仅在西方文明世界中找不到，而且在今天中国的城市中也找不到。因为中国城市也染上了这种文明病，某种程度上比西方还要严重，而医治当代人类文明危机的“解药”，就在中国乡村文明中。在几千年的农耕经济中，中国先民发现大自然虽然给人类提供的物质财富是有限的，但它提供给人类智慧的精神财富却是无限的。中国历史中形成的诗经与易经、道家和儒家等丰富多元的文化，都根源于中国先民“仰则观天文，俯则察地理”的自然智慧。在几千年历史形成中的古代乡村文明，本质上是“耕读”文明，即通过“耕”来满足物质需求，通过“读”来满足精神提升。正是这种在耕读中形成的物质与精神的均衡互动，才是中华文明成为长寿文明的秘密所在。现代西方工业文明之所以是短命的文明，就是因为缺乏这种物质与精神的均衡。诚然，我们不是简单地让人类回归到中国古代耕读社会中，而是说，中国古代耕读的乡村文明携带着可被我们利用的人类文明永续发展的基因。

在新时代的背景下，党的十九大提出的乡村振兴战略，标志着中国再度走上了中国特色的现代化道路。乡村问题是对中国经济学最大的挑战，我们需要基于乡村经济学研究中国经济模式。由于支撑未来的新乡村经济是新能源经济、自然资本经济、“互联网＋经济”、生活方式变革等；这些新要素对工业化时代的经济学是颠覆性的变革，由此也决定了乡村经济学也是一个充满创新领域的经济学。

七、从西方到东方：中国与世界协同发展

自然资本、新能源革命、“互联网＋”、生活方式革命、乡村文明复兴构成引领未来五个方面的革命，在中国发展最具有优势。在许多方面，中国已经成为世界新经济革命的开拓者、引领者。

近代以来，在历次经济革命中，中国一直是跟随者的角色。而在这次新经济革命中，中国与世界发达国家不仅获得同步发展的机会，还要成为世界新经济革命的开拓者和引领者。这是认识当代中国的大前提和主导思维。

（一）中国崛起的使命：为世界迈向新文明做贡献

2008年世界金融危机之后，中国崛起是世界性的大事件，已受到世界的关注与研究。但目前对中国崛起以不同的逻辑会形成不同的结论。

第一，基于工业化时代的思维定式认识中国崛起。西方人从这个思维出发，认为中国崛起是对现有世界的威胁。如果中国崛起确实是另一个西方式文明、美国式文明的崛起，确实会形成对世界的威胁。因为西方创造的工业化经济是一种赢者"通吃"，并导致世界两极化的经济，是少数人独享的经济。一端是只有7亿人却消耗了地球60%的资源进入高度发达的工业文明的国家；另一端是世界仍有10亿人的温饱没有解决仍处在饥饿和濒死之中的发展中国家。一端是发达国家高能耗生活发生；另一端是世界碳足迹已经超出地球承载力30%的环境危机。在这样一种工业化已经危及地球和人类的背景下，有一个近14亿人口的中国赶上美国，既是对西方发达国家既得利益的威胁，也是对全球发展的威胁。

其实目前也有不少国内的学者，以同样的逻辑解读中国的崛起。把中国崛起的目标定位在赶上和超过美国。

第二，基于新时代的逻辑解释中国崛起。可以说党的十八大以来，中央提出的生态文明建设、中华民族伟大复兴战略、全面建成小康战略、走中国特色社会主义道路等，均是以新时代为背景，用确立新坐标、选择新道路来解释中国的崛起。

如何解读中国崛起是当代中国走向未来的一个重大理论问题。中国崛起是21世纪的大事件。从经济学分析，中国追赶西方工业化文明已经到了成本大于收益的临界点。今天的中国不仅受益于学习西方工业文明带来的诸多好处，也承受着西方工业文明带来的诸多弊端。如果说在此之前，中国追赶西方工业是收益大于成本的，那么在今天中国出现的环境危机、空气、水、食物安全危机、大城市病，物质主义盛行等背景下，我们正在陷入成本大于收益的困境之中。这些危机不是说我们不应该搞改革开放，而是中国如果继续沿着西方式工业化的道路走下去，我们从工业化中得到的收益将越来越小，而且负效应将越来越大。

当今中国处在历史的十字路口，对于中国遇到的西方遏制战略、工业化成本升高、产能过剩等诸多问题，面临着两条道路的选择：一是继续走西方式工业化道路。这将是一条充满摩擦与对抗的高成本、高风险之路。历史教训证明，这种高能量级的对抗是一种两败俱伤的竞争。20 世纪 80 年代之前，美国与苏联的竞争就是这种竞争。二是走不同于西方式的生态文明与生态经济发展之路。这是一条另辟蹊径，探索人类文明没有走过的新经济之路。如何走出一条中国与世界双赢的新经济之路，是一条人与自然和谐世界共享、互利发展之路。

（二）生态文明是中国与世界共赢之路

习近平总书记对新时代的中国梦阐述，赋予中华民族伟大复兴的两大使命：使中华民族更加坚强有力地自立于世界民族之林，为人类作出新的更大的贡献。[①] 要满足习近平主席所讲的“使中华民族更加坚强有力地自立于世界民族之林，为人类作出新的更大的贡献”的要求，只能是生态文明新时代，不可能是工业文明。

当代世界发生的自然资本、新能源革命、“互联网＋”、生活方式革命、乡村文明复兴五个方面的革命，都属于支持生态文明新时代的新经济革命。可以说党的十九大提出的新时代，就是生态文明的新时代。受既得利益的束缚，西方不可能成为生态文明时代的引领者，中国走向生态文明是时代必然。中国走向生态文明有以下几个优势。

第一，中国成功地接受了西方工业文明的遗产，具备了承担新文明创新所需要的时代高度和物质基础。改革开放 40 年，中国成功建立市场经济的过程，也是中国结合中国国情接受工业文明遗产的过程。中国改革开放 40 年最大的成功，就是建立了社会主义市场经济体制。正是中国成功地导入构成现代工业化文明最基本的经济制度，才使中国获得 30 多年来持续的高增长。虽然目前中国工业化与西方发达国家还有一定差距，但是当代中国作为世界经济总量第二位的大国，已经进入当代世界的主流，已

① 习近平总书记在十八届中央政治局常委同中外记者见面时的讲话，2012 年 11 月 15 日。

经初步具备担起新文明创建者物质基础的能力。

第二，中国是当今世界进入新文明压力和动力最大的国家，也是推进生态文明建设成本最低的国家。当今的中国是世界各种矛盾的交汇中心，中国是当今世界最大的制造业国家，也是世界上高能耗和污染排放大国。中国成为世界第二经济大国，同时也是世界秩序重组导致东西方摩擦集中的地方。中国快速引入西方工业化成果的同时，也导致国内出现了西化问题和中国传统文化传承危机问题。在新的历史背景下，诸多矛盾交汇的中心同时也是动力中心。正是在这种压力推动下，中国推出了一系列面向新时代的新战略：化解能源危机、环境危机、推动绿色发展的生态文明建设战略；为化解东西方贸易摩擦推出的“一带一路”倡议；为解决快速现代化与中国文化传承危机提出的传统文化复兴战略；为解决经济升级转型提出的国家创新战略；为化解城市化过程中城乡对立提出的乡村振兴战略等。

第三，正在兴起的新经济革命所需要的系统整合思维、天人合一的自然观、利他共生的伦理观，恰恰与中国传统文化相契合。近代工业文明在西方兴起，其背后一个重要的历史原因就是工业化经济所需要的思维方式、文化与西方传统文化相吻合。15世纪西欧的文艺复兴就是古希腊和古罗马传统文化在新时代的复兴。而根源于农耕经济的中国传统文化，无法适应现代商业化、科技创新、城市发展需要，这种古老的传统文化成为中国迈向工业化的障碍，成为中国迈向现代化的不能承受之重。因此，中国走向工业化的过程成为一个对中国传统文化结构批判的过程。而目前世界经济从工业文明转型到生态文明的时代背景下，中国在几千年中形成的天人合一、系统整合、利他共生的文化，恰恰与生态文明表现出高度契合性。

民族文化是人类文明进化中最具稀缺性和不可取代性的，也是既属于民族也属于全人类的精神财富。中国文化与生态文明建设的契合性，是走向新文明创新可资利用的最大资源和财富。如何在工业文明遗产与中国文化创生力的结合中探索生态文明之路，这是中国迈向新时代的新文化优势。

（三）中国迈向并引领世界新经济革命是正在发生的事实

首先，在理论与思想上，中国已经占据了世界的制高点。中国在世界首先高举生态文明，将绿色发展理念纳入中国经济发展战略，这是走在了世界前列。2005 年习近平提出的推动乡村绿色经济发展的“两山”理论，比联合国 2011 年发布的《迈向绿色经济》报告早 6 年。特别是浙江省经过十年“两山”理论的实践，绿色发展的浙江不仅走在了中国的前面，也走在了世界的前列。按照新经济时代的共同体互助共赢发展思维，中国主导推出的“一带一路”倡议，为世界经济发展开辟了新空间，打开了新思路。

其次，在决定新经济时代的“三十龙头科技”方面，中国走在了世界前列。纵观近代以来工业经济发展史可以发现，在推动经济增长科技创新时，不是所有的科技城乡发挥的作用都一样，就像龙头产业是拉动经济增长的关键产业一样，科技创新也是如此。近代以来对人类生产方式、生活方式、社会发展方式最具决定性作用的有三类科技：一是为社会提供能量的能源科技；二是为社会提供交流、交往的通信科技；三是为经济社会提供物流的交通科技。这三大类科技是解决人类文明以什么方式获得能量、物质与信息的科技，覆盖到生产、生活和社会的所有领域，可以说这三大类科技的创新是决定社会、经济与生活形态变革的关键性科技。

18—19 世纪，英国成为世界工业革命的引领者，它并不是在所有领域的科技都走在了世界前列，而是在三类科技创新中走在世界前列。18—19 世纪，在英国首先发生的蒸汽机革命使煤炭资源成为工业革命的主要能源，也由此引爆了世界工业革命。1810 年，英国矿工出身的乔治·斯蒂芬制造出世界第一辆蒸汽机车。1817 年，世界第一条从利物浦到曼彻斯特的铁路在英国诞生。1876 年，美国的贝尔发明了世界上最早的有线电话。次年，又建成从波士顿到纽约长距离电话线通话。除电话技术外，在当时对工业经济革命最具影响力的蒸汽机和火车都诞生在英国。

19—20 世纪，美国成为世界工业化时代的引领者，它也是在这三大技术领域走向世界前列。在能源技术领域内燃机和电动机的发明，使石油替代煤炭成为新能源。在交通领域飞机与汽车成为“二战”后影响现代经济与社会发展的新技术。此外就是无线电通信技术也发挥了极具重要的作用。

按照这个规律，影响未来的龙头科技是什么？可以说，影响未来的三大龙头科技均已浮出水面。一是替代化石能源的新能源革命。二是对未来将有决定性作用的高铁与无人驾驶的新能源汽车。三是正在风靡全球的“互联网＋”。这三大龙头科技是决定生态文明新时代的关键科技。哪一个国家能够在这三大科技领域走在世界前列，哪一个国家就能够站在新时代的制高点上。从目前来看，中国在这三大科技领域均走在了世界前列。

首先，是新能源领域。2007 年之前，中国只是世界上光伏制造业大国，目前则是世界光伏应用大国。据《我国光伏产业 2014 年回顾与 2015 年展望》披露的数据，2014 年我国硅片产量达到 38 吉瓦，同比增长 28％。我国硅片产量达到近 88 亿片，约占全球的 76％。2014 年，我国光伏并网装机量在 10.6 吉瓦，占全球容量的 1/4。累计光伏装机量为 26.52 吉瓦。其中，分布式光伏发电量超过 5 吉瓦。在光伏技术上，中国不仅是世界第一阵营的成员，而且在许多关键技术上已经占据世界领先地位。中国具有发达国家没有的光伏发电市场优势，将在 2030 年达到电力需求峰值趋向零增长，中国未来还有 5.5 万亿度的电力市场的增量空间。最近几年，太阳能发电成本以每年 15％左右的速度下降。2016 年光伏领路者项目招标中，光照资源的一类地区出现了 0.52 元、三类地区出现了 0.61 元的低价。按照这个速度，未来 3～5 年，光伏发电有可能下降到 0.3～0.4 元。这个价格与火力发电成本相同，这也意味着光伏发电大规模替代传统能源将成为可能。

制约光伏发电的一个瓶颈是蓄电池技术。世界科学家发现，石墨烯材料是一种理想的蓄电材料。石墨烯手机充电 5 秒，能够连续使用半个月；石墨烯电池充电 10 分钟，汽车可行驶 1 000 千米。全球有 200 个机构和 1 000 多名科学家在进行此项研究。其中，中国目前申请超过了 2 200 项相关专利，占世界的 1/3，居世界第一位。

其次，是“互联网＋”。中国是当今世界互联网市场最大的国家。中国网民人数已达 7 亿人，互联网普及率 50％以上。全国手机用户数超过 13 亿户，手机移动端上网比例高达 90％。中国的滴滴打车，虽然比美国的 Uber 起步晚，但在很短的时间内，滴滴打车的用户已经超过 Uber，位居世界第一。滴滴打车的快速成长，恰恰是因为中国大规模的“网络＋”的市场优势作用。目前以阿里巴巴、腾讯、京东等为代表的网络平台企业位居世界前列。据 Forrester Research 的数据，2016 年中国移动支付市场已经达到 5.5 万亿美元。美国的移动支付市场远远落后于中国，规模为 1 120 亿美元，仅仅是中国的 1/50。

对未来互联网具有重大突破的 5G 技术，中国也处在世界领先地位。5G 速度大约是 4G 的 100 倍。4G 的基站覆盖连接只有几千个，但 5G 的连接数可达到一百万个。经过广泛部署甚至可以达到千亿量级。5G 将覆盖所有领域，将带动“物联网＋”时代的到来。2016 年 6 月，3GPP（移动通信标准团体）将 NB－10T 标准协议确定为物联网全球统一标准，而中国华为正是这一标准的发起者。

最后，是高铁。中国自主技术的高铁处在世界领先地位。每小时 350 千米的复兴号使用运行。此外中国还占据了新能源汽车保有量的 50％。

总之，如果从工业化科技创新来看，中国在多领域仍与发达国家有很大差距，但在迈向未来的新科技上，中国与发达国家处在同一起跑线，而且表现出新后发优势，并处在世界前列和引领的地位。

综上所述，已经开启的新经济时代，是一个从非生命经济形态转向生命经济形态的时代。未来新经济是一个协同共生、共享的时代。由此也决定了中国崛起给世界带来的不是威胁，而是中国与世界协同发展的新时代。

八、从单极到复合：迈向新时代的经济学范式革命

经济学作为与现实密切相关的理论，经济学理论的创新与现实经济变

革联系在一起。18—19世纪，英国是世界工业革命的发源地，同时也是古典经济学的发源地。20世纪以来，美国替代英国成为世界经济变革的引领者，同时也是世界经济学创新的引领者。适应新经济革命发展的需要必将带来新经济学理论的创新与变革。中国作为当代新经济革命的引领者，决定了中国贡献给世界的不仅仅是一个协同、共生、发展的新经济世界，也将是新经济学理论的创新中心。

（一）新经济哲学：从单极化到系统复合

正在兴起的新经济革命最具革命性、全局性的变化是经济形态从机械运行向具有生命特征的系统转变。对于具有机械特征经济系统的研究，西方经济学采取了物理学原子思维的研究思路。特别是新古典经济学家沿着抽象分析的路径，最终找到了决定经济系统运行的原动力机制，也就是供给与需求，然后依据供给与需求构建起现代经济大厦。这个抽象分析的过程，就像西医科学一样，被认为是有效成分不断提纯的过程。西方经济学分析提纯的研究过程是一个把与经济成长相关的自然、政治、文化、历史等特定要素作为对经济没有关系的常量一一抽取之后建立起来的纯经济模型。

具有生命特性的新经济系统，是一个有诸多子系统的复杂系统。特别是作为社会科学的经济学，不同于自然科学。经济学的研究对象与自然科学的研究对象相比，至少有三个方面的区别：一是经济系统是一个由社会人组成的高级组织系统。其所具有的复杂性、多变性是科学家面对原子世界系统不可比的。二是经济系统是一个像人类生命一样演化的历史过程。三是打破传统边界的经济系统是集环境、自然、文化、政治等要素基础的复合系统。要适应新经济系统的要求，现代经济学最需要的就是哲学层面上的变革。这就是要从单极思维向复合体系思维转变、从线性思维向矩阵复杂思维转变，能够为这种思维提供研究工具的只能是系统科学。

在自然科学领域，随着时间的推移，科学发展沿着解构、分析的研究方法无法解决越来越复杂的科学问题。在这样一种背景下，兴起了与分析、解构相反的系统整合思维的系统科学。系统科学发端于20世纪20年代，由奥地利生物学家 L. V. 贝塔朗菲倡导的机体论就是一般系统论的萌芽。20 世纪 70—80 年代，系统科学广泛应用于经济、政治、军事、外交、文化教育、生态环境、医疗保健、行政管理等部门，并取得令人满意的结果。可以说，系统科学是能够对发展的生命系统进行研究的有效方法。

如何将系统科学的研究方法导入具有生命特性的新经济形态，这是现代经济面临的一次哲学与思维、研究范式的革命。当我们以系统整合哲学观、研究新经济时，支持未来新经济增长的要素，不是单一要素的本身，而是复合要素。决定未来经济增长的除了传统要素之外，还会有环境、智慧、大数据、文化等要素进入经济增长中来。与此同时，参与未来经济增长的资本也由单一人造资本转向自然资本、人力资本、社会资本、文化资本等复合资本，多元化复合资本创造的财富也将是多元化的财富观。货币不再是未来唯一衡量财富的指标，未来的财富除了货币财富外，还应该有健康财富、环境财富、精神财富等。

多元化复合要素、复合资本、复合财富决定的新经济系统，决定了未来经济学研究对象不是单一的供给与需要，而是一个复合供给与复合需求。研究与驾驭复合经济系统所追求的目标不是单一目标，而是复合目标的综合最优。评价未来的经济增长不是唯一的 GDP 标准，而是多因素的均衡。未来经济学研究的均衡不是单一的供需均衡，而是经济增长与环境、经济增长与国民福利、物质财富增长与精神财富增长等诸多关系的均衡。

（二）新逻辑起点：从自利经济人到自利利他复合经济人

现代经济革命对传统经济最有颠覆的是经济人假说。亚当·斯密自利经济人是适应人造资本、化石能源、社会资源边界清晰等因素决定的工业经济模式的经济人。而正在兴起的经济革命，自然资本、普惠的可再生能源、跨界配置的互联网技术等推动的经济系统越来越趋向“你中有我，我中有你”的背景，自利经济假说很难成立。从自利利他向利他中利己的新经济人转型就成为新经济革命的必然。伴随经济人假说的转变背后，一种人与人的新关系出现了。亚当·斯密的自利经济人，来自人性本恶、利己是人的天性的人性伦理而形成。既然人性本恶，那么在一个人性本恶的社会中，人们最大限度保护自己的选择，不是利他，而是自利。但人是社会关系的人，如果每个人都是自利的，那么满足人的社会性需要的社会关系就会分崩离析。对于这个问题，亚当·斯密给予了很好的解释，这是在法治与公平竞争的过程中，会形成的主观利己的经济，在客观上最终会推进社会公益的增长。亚当·斯密的经济人假定，是在你我边界清晰的背景下，而现代出现的新经济关系是在你我边界不清晰的背景下，要调节真正的新经济关系，就需要一种新伦理观，这就是人性本善的人性观。只能建立在这种人性本善伦理观的基础上，我们才能向别人让渡我们的部分权利。利他中利己的伦理观与中国儒家的利他伦理相契合。从中国古老的伦理观中汲取智慧成为新经济时代创新的源泉。

当然，在新经济关系的社会中，形成的“你中有我，我中有你”的新经济关系不是一个你我完全重叠的关系，而是在不同经济领域中呈现为不同程度的你我关系的交汇。既然亚当·斯密的利己经济人假说是以你我关系可清晰界定为前提，而现代新经济利他经济人是以你我关系边界不能清晰为前提，那么这就不是完全重叠的你我经济关系，所需要的经济理论就不是单一的善和绝对的恶。应该说人具有善恶两面，因为不同的经济关系，而形成表现不同的理论行为。顺应新经济关系促进利他经济人行为的发展，但利他也并不排除利己。应该说，未来的新经济关系，是一个利他与利己复合存在的关系。这种复合经济人的存在，决定了对未来经济关系调节的治理是内生于自我约束的理论调节与外部约束的法治调节的结合。

（三）新市场经济：从市场社会主义到分享社会主义

实现社会财富的社会公平、共享富裕是社会主义制度的本质内涵。但是如何找到让社会主义制度落地的经济基础，是中国特色社会主义经济建设过程中面临的最大难题。计划经济时期，恪守社会公平分配，因缺乏高效率的经济支持，使社会主义追求的共同富裕变成了共同贫困。

自改革开放以来，建立的社会主义市场经济为社会主义找到了高效率的经济基础。但是以竞争机制为主导的市场经济并不存在满足社会公平、共享的内在机制，还需要利用政府主导力量解决分配问题，见表1-1。

表1-1　不同经济时期的社会主义形态

计划经济的社会主义	市场经济的社会主义	分享经济的社会主义
社会主义公平与共享理念得到保证，但支撑这个理念的经济基础不能保证	社会主义理念落地的经济基础得到保证，但资本的强大力量，使社会主义公平不能有效地内生到经济中，具有不确定性	社会主义公平观与共享理念内生到经济中，找到了新型的经济基础

而进入新时代的新经济使社会主义所追求的公平与效率、经济增长与环境保护、物质财富与精神财富均衡增长的理想模式在正在兴起的新经济中找到了内生的基础。依托自然资本、新能源经济、互联网经济、人本经济等新经济要素成为未来新经济的内在要素。如果改革开放40年所建立的社会主义市场经济仍不失社会主义理想的经济形态，那么进入实体文明新时代的今天将是社会主义与现代经济有机结合的时代。现代新经济使共享与效率得到有机的结合。从这个意义上讲，可以说现代新经济为中国特色社会主义找到了新型的经济形态。

第二章

2008金融危机：世界迈向复合经济的元年

2008年国际金融危机不仅给美国的经济发展带来重要影响，同时对全球经济的运行也带来巨大的影响。从某种程度上讲，2008年国际金融危机标志着世界经济运行形态发生了重要转型，标志着单极化全球经济格局的时代结束，标志着复合经济时代的到来。

一、2008金融危机：单极化时代终极危机

由美国次贷危机引发的金融危机是世界经济自第二次世界大战以来最严重的一场危机。这场危机始于2007年中，爆发于2008年9月。一定时期内，这场金融危机对美国本土经济及世界其他国家的经济发展都产生了相对深远的影响。

（一）对美国经济的影响

正如美联储前主席格林斯潘所说，美国经济正陷于“百年一遇”的金融危机当中。作为本次金融危机的发源地，美国的银行业、金融体系和实体经济在金融风暴中遭受重创，美国经济发展面临衰退的风险。

美国金融危机首先直接冲击的是美国的金融体系。从2007年4月美

国第二次级抵押贷款专业机构新世纪金融（new century finance）申请破产保护开始，危机沿着业已形成的风险、利益链条迅速扩散。危机首先从房地产市场传导至信贷市场。由于美联储提高利率，房地产市场大幅降温，贷款人负担加重，违约率大幅攀升，导致信贷市场流动性资金短缺，直接陷入支付危机，金融机构也面临资金链断裂并随之倒闭的风险。此阶段的损失主要是房地产泡沫导致的与次级债相关的直接损失。主要事件是2007年7月，贝尔斯登旗下两只对冲基金因投资次级抵押债券严重亏损，成为最先倒下的一批基金。此外，2007年底和2008年初，一些主要金融机构纷纷爆出严重亏损。如2007年第四季度，美林证券亏损99.1亿美元，花旗银行亏损98.3亿美元。2008年1月30日，瑞林集团声称其次贷累积损失184亿美元。

接着在资产证券化的助推作用下，美国金融危机从信贷市场传导至资本市场。次级贷、次级债损失向衍生证券、优级债、信用卡等环节延伸，产业链条式反应引发CDO、CDS等衍生证券跌价，优质债、信用卡债、企业债等出现全面债务偿付危机。标志性事件就是美国的抵押贷款机构，房利美公司和房地美公司因次级抵押贷款危机的影响而陷入困境，2008年9月7日，美国政府宣布接管这两家公司。另外，华尔街五大投行中贝尔斯登破产、雷曼公司申请破产保护、美林证券被美国银行接管、高盛和摩根士丹利转型为银行控股公司。至此，美国五大投资银行已全军覆没。

在金融危机中，美国金融业遭受的信贷危机损失估计将达到3.6万亿美元，银行体系实质上已经破产。曾经准确预言美国金融危机爆发的纽约大学经济学教授鲁宾尼说："我们仍旧处于严峻的银行业和金融市场危机当中，情况有可能进一步恶化。"由此可见，经过金融危机的冲击，美国的银行业及金融系统遭受了巨大损失，其能量已经导致美国银行体系的崩溃和金融市场流动性链条断裂，美国金融业版图完全被改写，原有老牌投资银行消失，新的四大商业银行重新洗牌，政府大规模入股金融企业，一些衍生产品从此退出历史舞台，大量金融从业人员另谋生路，传统意义上的华尔街已经解体。

（二）对欧洲经济的影响

由于美欧金融市场联系紧密，欧元区对源自美国的金融危机基本没有免疫力，部分成员国金融业抗风险能力甚至还弱于美国，而且欧元区国家的“家底”不如美国厚实，长期以来，欧元区经济与美国经济相比缺乏活力。因此，美国金融危机迅速波及欧洲，首先是欧洲金融业遭遇重大危机，其次是严重冲击实体经济使欧洲经济陷入衰退的深渊。

传统上，欧洲银行业以稳健著称。但近年来，受美国金融业发展模式影响，在国际市场上活跃的欧洲大型银行纷纷提高财务杠杆率，大量投资住房抵押贷款以及相关衍生品以博取高收益。为争夺美国房地产市场按揭的“大蛋糕”，近年来欧洲的投行们也纷纷大举收购中小银行或按揭公司。例如，2003年汇丰控股收购汇丰融资和2006年7月德意志银行收购Mortgage IT公司，均出于迅速进入美国次级按揭市场的考虑。2007年，美国次贷危机对欧洲银行业的影响就已经显现。在全球各大银行2007年披露的业绩报告中，因美国次贷危机资产顺势数额排行榜上，瑞士联合银行以206亿美元的损失位列榜首，英国汇丰银行以140亿美元的损失居次。法国四大银行——农业信贷银行、兴业银行、Natixis银行和巴黎银行也都进入了排行榜的前11位。

金融危机给欧洲的实体经济也带来较大冲击，乃至进入2009年欧洲的经济形势仍不容乐观。从2月的经济数据可以看出，欧元区经济继续萎缩，制造业采购经济指数由1月的34.4降至33.6，创历史最低水平。其中，服务业采购经理指数（PMI）由42.2降至38.9，刷新纪录低位。衡量私营部门活动的综合PMI由38.3降至36.2，同样也创新低。作为推动经济增长三大引擎的投资、消费和出口正全面疲软。欧盟委员会也一再下调对2009年欧元区GDP的增长预期，从2008年0.1%的增长调至目前1.9%的负增长，这是欧元区自1999年成立以来遭遇的首次经济萎缩。可见，欧洲经济受美国金融危机的影响而深陷衰退的泥潭。

（三）对亚洲经济的影响

始于2007年次贷问题的美国金融危机正波及全球，与美国经济有密切联系的多数亚洲国家也未能幸免。亚洲股市、楼市下滑，市场短线波动加剧，银行业流动性趋紧，市场信心受到打击。但是因经济发展水平、经济规模、产业结构、市场开放度、对外依存度及金融体系对外开放程度不同，亚洲国家遭受美国金融危机的影响也不尽相同。

日韩等经济发达国家——受到的冲击最大，率先步入衰退。美国金融危机首先对整个日本金融业造成沉重打击。相关数据显示，日本四大银行2007—2008财年次贷相关亏损达47亿美元，占其利润近30%。韩国的金融业也遭受重创，随着国际金融危机的加剧，韩国金融市场大起大落，汇市、股市动荡不定。在实体经济方面，2008年8月，日本25年来首次出现月度贸易赤字，汽车业“三大巨头”丰田、本田和日产公司分别于次年1月相继宣布减产。韩国2008年前三个季度的GDP增长均不到1%，企业信息指数在2009年出现猛跌，降至亚洲金融危机近10年来的最低点，消费者信心指数也为1999年以来最低值。

东南亚各国——陷入衰退和放缓增长。新加坡在东南亚属于经济最发达的国家，同时也是亚洲除了东京和香港之外的第三个金融中心和重要的航运中心。由于经济高度开放，因而受到美国金融危机的冲击最为直接，也最为严重。以电子业、生物医药业和精密工程业为主体的制造业作为新加坡实体经济的核心部门连续两个季度出现大幅萎缩。金融危机的冲击也使马来西亚股市汇市暴跌，矿业开始衰退。其股票市场在2008年3月至10月的8个月内市值蒸发超过30%。经济的不景气也使失业率大幅上升，数月内已有2万人被裁退。此外，金融危机还波及了泰国、印度尼西亚、菲律宾、越南等国，使这些国家的汇率不稳、原材料价格暴跌、接收订单量锐减、失业率大幅上升。

印度——影响最为全面，波及各个领域。作为亚洲发展中大国之一，随着其经济全球化程度的不断加深，波及全球的金融危机必然对印度经济发展产生某些影响。金融危机首先对其金融资本市场产生直接冲击。印度

9家大银行共有4.2亿美元不同类型资产存在于美国因金融危机倒闭或被接管的金融企业中。经印度政府初步估计，本次金融危机中除印度国家银行外，各家银行的财产损失约60亿卢比。金融危机对印度的出口和外国投资也产生影响。由于印度IT产业近一半收入来自华尔街。华尔街大规模金融动荡后，已出现华尔街发包订单减少的迹象，这必将影响印度的软件出口和服务外包。受美国金融危机的影响，到印度旅游的外国游客减少，这会影响其运输服务业，尤其是民用航空服务业。此外，印度的零售业、汽车制造业、家用电器制造业、纺织业等也出现了不同程度的萎缩。金融危机发生后，许多国际投资机构纷纷从印度股市撤出资金，流入印度的外国直接投资呈现下降趋势，使印度通过资本市场利用外资大幅减少。

二、世界经济形态转型：从工业经济到生态复合经济

2008—2009年的经济衰退为地球带来一个深刻的正面影响。经济的萎缩使二氧化碳排放量显著减少。国际能源机构估计2009年的二氧化碳排放量减少了3%，2020年的二氧化碳排放量会比之前预计的减少5%。经济衰退会影响发达国家的消费者和商业开支，特别会减少航空和路面交通，这些足以弥补新兴国家和地区所增加的二氧化碳排放量。然而，我们也有理由相信，即使危机过去，“绿色发展”的动力也会一直持续下去，尽管哥本哈根气候大会的结果令人非常失望。2009年底，在全球经济经历了战后最坏的情况之后，来自192个国家的代表和100多个国家的领导人齐聚哥本哈根，参加《联合国气候变化框架公约》第15次缔约方会议讨论全球气候问题。这次大会旨在使美国、中国和印度做出减少

二氧化碳排放量的承诺。经过数天的斡旋，这次大会最终达成了非约束性的《哥本哈根协议》。会议的焦点主要集中在美国和中国之间，美国指责北京是达成更广泛一致的主要障碍，中国也反责美国对全球气候恶化负有不可推卸的责任。发达国家和新兴经济体就谁应更多地承担气候变化的责任进行了激烈的争吵，这也表明这一问题正在引起人们的广泛关注。

在之前的经济衰退中，短期的经济需要替代了我们对环境的担忧。但这次与以往不同，即使经济陷入深度衰退，银行系统遭遇巨大危机，各国的领导人还是对全球变暖给予了应有的重视。2009 年 9 月，20 国集团领导人在匹兹堡召开会议，强调“我们正努力实现一个可持续的绿色弹性复苏。我们再次低估了人们采取强有力措施解决危险的气候变化问题的决心”。在经济混乱中，这也许是我们应当紧抓不放的东西。20 世纪 70 年代和 80 年代的经济衰退使环境保护成为次要问题。但这一次，气候变化会在未来的几年中被提上重要的政治议事日程。

专栏 2-1

危机应对：新能源与社会恢复计划

为应对金融危机带来的负面冲击，美日等发达国家以新能源为主要技术突破途径，在经济增长点上“开源”。同时，国家通过大量投资进行“节流”，降低危机对就业、社会福利等领域的影响，防止社会成本上升对经济恢复的影响。

1. 美国

2009 年，奥巴马政府为挽救美国经济而推出的近 8 000 亿美元经济复兴计划有“绿色经济复兴计划”之称，它将刺激经济增长和增加就业岗位的短期政策与美国的持久繁荣结合起来。而将这一短期和长期目标结合在一起的“新合剂”，就是以优先发展清洁能源、积极应对气候变化为内容的绿色能源战略。

对于美国而言，在摆脱金融危机方面，能源新政是一个重要的突破口。在奥巴马经济复兴计划中，用于清洁能源的直接投资及鼓励清洁能源发展的减税政策涉及 1 000 亿美元。在 2010 年财年预算中，美国政府计划通过碳排放交易机制在未来 10 年内向污染企业征收 6 460 亿美元，其中 1 500 亿美元将投入清洁能源技术的应用以推动美国减少对石油和天然气等石化能源的依赖。

其能源战略可谓是一举三益：创造就业岗位；降低美国对进口石油的依赖；减少温室气体排放。奥巴马在 2009 年 4 月 22 日地球日演讲中指出："哪个国家在清洁能源技术中领先，哪个国家就将引领 21 世纪的全球经济。"美国能源部科学办公室决定，计划在 5 年内投资 7.77 亿美元在 36 个州的大学、国家实验室、非营利性机构以及公司等成立 46 个能源前沿研究中心。5 月 5 日，奥巴马政府通过了美国环保署提出的旨在通过使用生物燃料以减少温室气体排放的《规划草案》，并从经济刺激资金中拨款 7.9 亿美元加大对先进生物燃料的研发。此举将极大地推动美国先进生物燃料的发展，从而实现到 2022 年使生物燃料达到 360 亿加仑的目标。

2. 日本

日本的经济应对方式与美国相似，也以环境与能源技术为未来经济的主要引擎。根据日本前首相麻生太郎阐述的日本未来发展战略，拟在 2020 年实现的主要目标为：建设一个以低碳革命领先世界的国家；建设一个让人放心、充满活力的健康长寿社会；发挥日本魅力。

具体措施为：第一，防止经济下滑的措施，主要内容是解决就业和企业资金周转问题。今后 3 年间，政府将创设 7 000 亿日元基金，向它们提供职业培训以及培训期间的生活保障。此次经济对策还把对中小企业的担保额度由现行的 24 万亿日元扩充至 30 万亿日元，并将政府所属金融机构的安全网贷款额度由现行的 10 万亿日元增加至 17 万亿日元。第二，实现令人放心和充满活力的社会。政府将把 1 000 亿日元的孩子基金增加至 2 500 亿日元，将其作为援助育儿的特别补贴，以此来充实保育服务和提供职业培训等。第三，促进未来经济增长。为了推进低碳革命，政府将向住宅和办公场合设置太阳能光板提供补贴。同时，为推动公立中小学校设置太阳能光板，政府将进行大幅度的预算分配。今后 3—5 年，为大力支持对世界最先进技术的研究，政府将设立 30 个左右的研究课题，创设总额为 2 700 亿日元的基金。为减轻地方政府公共投资负担，中央政府将向地方政府提供总额 24 000 亿日元的补贴。第四，税制改革。人们在接受用于购买住房的资金赠予时，将可获得更大幅度的税收优惠。

在上述战略中，日本着手制定的日本版“绿色新政构想”政策十分关键。该政策旨在加大向节能技术及产品开发、普及领域的投资力度。日本版的“绿色新政构想”突出了绿色经济与社会变革的主题，提倡创建有利于环境领域投资和环境保护的社会环境，在实现二氧化碳减排目标的同时，通过环境相关产业，促进环境经济市场发展。

三、世界经济动力转型：从“一元”转向“多元”

这次金融危机不但暴露了美国虚拟金融过度发展的危害，而且显示了新兴市场特别是中国在当今世界经济发展中的地位和作用，对美国经济和世界经济都产生了巨大影响。作为冷战结束后经贸合作的主要推动者，一段时间内美国对于全球单级秩序的维护发挥着重要作用。然而，随着国际金融危机的到来，非美国模式国家的全球话语权和角色影响力在加大，全球经济发展动力也开始出现从“一元”向“多元”转变的苗头。尤其金融危机爆发后，美欧等国家出现不同程度的贸易保护倾向，这使原有的“一元”动力模式被其自身彻底否定。如奥巴马政府制定的经济刺激计划甚至提出：“在美国经济刺激法案资助的项目中，企业必须使用美国生产的钢材和制造业产品，最后通过的刺激法案仍保留了某些保护主义的条款。”欧洲众多发达国家也纷纷效仿，英国首相坚持要求“把英国的工作机会留给英国工人”，法国总统敦促本国汽车公司把资金投在国内，西班牙政府也发起了“买西班牙货”的运动。此时，美欧等国家推动贸易全球化的热情相比于冷战结束初期大大减退了，过去他们所倡导的贸易自由化政策现在反而成了那些曾经鼓吹“全球化”的政策制定者们的“眼中钉”“肉中刺”。与此同时，中国、东盟等新兴国家则高举反对保护主义的大旗，从全球化的被动接受者转变为主动推动者。

可以预见而且已经看到的是非西方大国在处理世界事务和全球化的影响力在不断增强，全球化的动力开始向非西方国家倾斜。据统计，2010 年所谓“金砖四国”的总收入已超过美国、日本、德国、英国和意大利的总和，预计到 2025 年将是西方“工业七国”的两倍。新兴国家对全球化的影响越来越大，从传统问题到非传统问题，从经济领域到安全领域，任何全球性事务的解决将越来越离不开新兴国家的参与。此外，新兴经济体在危机中表现出的信心与地位提升也得到主流媒体的认可。英国《泰晤士报》的文章认为，此次危机揭示出未来的三大变革：第一种也是最明显的变革是，未来数十年中，发展中国家中产阶级将一跃成为推动全球经济增长的主要动力。国际货币基金组织（IMF）预计，未来 5 年内新兴市场在全球经济增长中所占比例将高达 70%。第二种变革是，无论美欧经济政策成败与否，新兴经济体近来都获得了决定自身命运的能力，这些国家已经彰显出可独立维持经济增长的能力。这种增长模式主要基于国内的投资及消费需求，而并非是向美欧出口原材料或消费品。金融危机对世界经济造成了打击，西方国家和新兴国家的经济都受到衰退的威胁，但新兴国家则仍然拥有大量的外汇储备，在金融体系改革方面是不可或缺的参与者。新兴国家之间的相互依存度得到提高，对发达经济体的依赖有所减小。“美国打脚，世界就感冒”的情况已经过去。第三种变革是，此次金融危机可能推动政治变革。新兴经济体自身如果实现了向围绕本国公民需求建立起来的消费型社会的转型，它们很可能将经历深刻的政治和社会变革。虽然美国仍然是“无与伦比的、最重要的”国家，但随着新兴国家的发展，美国的经济主导权将日益丧失，新兴国家将成为推动秩序和制度改革的主要动力之一。另外，大量的政府组织、非政府组织、跨国组织等行为体也在推动着全球化，全球化的动力已经从“一元”发展到“多元”。

专栏 2-2

危机应对：基础设施建设与内需拉动计划

为应对金融危机带来的负面冲击，以印度、巴西为代表的新兴国家一方面大量增加对本国基础设施的投入进行国家消费；另一方面采取多种手段增加本国国民的需求和购买能力。新兴国家庞大的未开发国内市场为此种内向扩张型刺激手段提供了成功的可能性。

1. 印度

印度主要采取刺激内需的手段，以经济空间扩充应对外部影响。主要手段如下：①大力增加国民的购买力。印度在这次国际金融危机的冲击下，其国民的购买力有所下降。为此，中央与联邦政府除了采取补贴和降价等措施外，还与银行一起进行减息贷款和降低税收，鼓励国民购买汽车、住房及大宗家电；同时稳定汽油等日常消费品的价格，使消费者无太多的后顾之忧。②增加基础设施的投资。印度中央与联邦政府不但加大了对基础设施建设的投资力度，还放低了外国资本进入印度基础设施建设领域的门槛，采取了更加宽松优惠的政策措施，尤其在能源、交通和港口建设方面。印度政府还授权印度基础设施融资有限公司在本财年发行 1 000 亿卢比的免税债券，重点投放高速公路和港口等基建项目。央行还将为印度小产业开发银行提供 700 亿卢比的再融资工具和其他融资便利以支持中小企业，并为国家住房银行提供 400 亿卢比的再融资工具以支持房贷。③关注对农业和农民的投资问题与民生问题。印度政府一方面加强对农业的投资力度，如农业的水利灌溉系统建设、生物基因工程研究等；另一方面在改善农民的生活保障上下功夫，对一些农民的债务尽可能减免或全免，并补贴农民生产用的种子和肥料的采购金。④大力培育“印度制造”。印度政府除了继续在扩大内需上做文章外，着力在培育“印度制造”上制定各项激励政策和措施。如加大印度国家和地方出口加工区的建设速度，相继出台免税、减税和补贴等各项优惠政策和措施，并且更加鼓励印度企业扩大出口，给予这些企业更加宽厚的优惠政策，做大做强自己的“品牌产品”。

2. 巴西

巴西政府应对危机的关键性手段，就是继续推进其“加速发展计划”。

2007年，巴西政府耗资2 570亿美元的“加速发展计划”（growth acceleration plan），旨在重新修缮该国的道路、港口、机场、房屋、能源和卫生等基础设施，以此来加快巴西的经济发展速度。据相关人士透露，巴西政府已指定1 284亿美元用于能源建设，272亿美元用于交通设施建设，798亿美元用于房屋和下水道管网建设，同时还将发展一些基础配套设施。在危机之下，巴西政府进一步追加对这一计划的投资以期使其成为拉动经济发展的重要手段。2009年2月，巴西政府宣布增加610亿美元投资用于2010年之前的鼓励国家经济发展计划以便更好地应对金融危机。这一新投资，使国家的“加速发展计划”今后两年的可支配资金达到2 800亿美元，如果加上2010年以后的已在计划内的投资，这一计划的资金总额已达到4 910亿美元。上述资金来源于联邦政府预算和公共及私有企业投资，其中大部分将投向能源部门。

四、世界价值形态转型：从新自由主义到复合价值

金融危机打击了新自由主义的价值理念，不同发展模式的成型冲击了原有的意识形态，也带来新的意识形态和价值观。反对政府干预的自由市场、西方的选举民主和美国模式具有普适性等主导全球化的价值观和理念已经动摇。各国开始了对资本主义制度及其制度之下的各种运行体制和机制的深入反思。但总体上看，主流舆论并没有出现对资本主义制度根本的颠覆性观点。不过世界已经开始认识到，自由市场并非平等的，它是暗含着前提的不平等；市场不是政府的对立面，合理的监管和科学的宏观调控是保证市场有序和自由竞争的前提；民主与秩序、合法性以及人的尊严并非一致，这些意识形态正在成为构建新全球化秩序的价值取向。全球化的

价值形态不再仅仅由美国的价值观来主导，它将转向为复合价值形态，也不再仅仅是从美国和西方国家向非西方世界的单向流动，而是相互联系和相互影响。“个人权利和社会平等均衡的公正社会”的观念对全球化秩序的构建将产生越来越大的影响，建立能够兼顾发达国家与发展中国家、西方国家与非西方国家、富裕国家与贫穷国家利益的更加公正合理的秩序将成为未来全球化的价值追求。

金融危机使国家的作用重新开始扩大，市场再度受到监管。在这方面美国做得非常明显，奥巴马总统致力于使政府更加积极有为且规模更大。银行业和汽车业类似国有化的行动以及金融体系即将实行的改革充分体现了这一点。这在爱尔兰、英国等地也显而易见，这些国家的国有化更为深入。法国总统萨科齐则盛赞“国家回归”和“缩减权利的理论走向终结”。各界在争论中也倾向于认为政府的干预对经济危机具有积极作用。保罗·克鲁格曼认为，美国政府激进的货币政策和赤字支出的确暂时避免了美国经济陷入萧条的危险，放弃这种干预重新回归以往的商业政策是不现实的。俄罗斯综合战略研究所所长维汉斯基认为，国际经济危机是出现新经济系统乃至未来出现新社会形态的前兆。这种系统最突出的特点：一是各国社会和国家机构通过直接参与经济活动，通过各种调控和间接作用机制对经济产生更为积极有效的影响。社会机构和国家将比以前更加积极地干预金融领域的经济活动。二是单个利益相关人对企业的影响力大小将发生变化。除了企业的所有者和被雇佣的劳动者之外，一些其他的利益相关人对企业和经济的影响力也变得越来越大，如买家、商业伙伴、当地社会、社会组织和各种社会运动等。这些将改变企业的性质，迫使其比以往更多地面向社会需求。此外，新经济系统最大的特点还在于联盟的广泛出现，各种地区和跨国联盟迅速出现，经济领域以外的社会主体也加入进来，与买家、卖家、商业伙伴乃至竞争对手的联盟也在不断地涌现。

在全球化价值形态转型的过程中，多元化的发展模式已成为全球化价值复合化的新坐标，世界不再相信美国领导就是秩序的保证。相反，西方所谓的“非民主”的政体同样能创造巨大财富，“独裁专制”的政体同样反对腐败，并具有强大的国家治理能力，可以给人们尊严的公正社会不再是美国模式的代名词。非西方的发展模式会给全球化带来更多的选择。中国并没有采纳西方民主，在经济领域也是渐进引入市场机制，这保证了国内社会的稳定和经济的可持续增长。沿着一条中国特色的社会主义道路，中国在一代人的时间里将自己的贫困人口大幅减少，国家调控的经济发展满足了人民的基本生活需要，提高了人民的生活水平。俄罗斯创立了“国家民主”模式，有效的集权也带来了经济的恢复和社会的稳定。与此同时，非洲、部分拉美国家和部分亚洲国家，则因为引入了美国模式的民主而变得更加贫穷，经受着比 30 年前更多的死亡和暴力。新的国家发展模式的出现和西方模式的失效为世界提供了不同的价值选择。

专栏 2-3

新自由主义是引发危机的经济基础

新自由主义的政策主张集中表现为清除奉行管制主义的福利国家的残余。这些主张包括放松对企业的管制，公有设施及财产的私有化，限制或削减社会福利计划，减少对公司和投资者的征税。在国际范围内，新自由主义提倡商品、服务、资本以及货币（不包括劳动力）的跨国自由流动。

这一系列新自由主义政策在发达国家和发展中国家造成了不同的消极后果。对欧美日这些发达国家来说，新自由主义措施在控制通货膨胀的同时，导致了消费需求不足，阻碍了经济增长。根据美国经济学家科茨的研究，无论是 GDP 的增长率，还是劳动生产率的增长率，新自由主义政策都阻碍了经济增长。

该政策的另一后果则是直接导致泡沫经济，从而引发经济危机。小布什在 21 世纪当选美国总统之际正是网络经济泡沫破灭之时。按照正常的经济发展规律，当时的美国经济就面临萧条，而为了避免这种衰退，美联储连续 27 次降息，增加了市场的流动性，刺激了美国的房地产市场，从而弥补了股票泡沫破灭时带来的损失，美国的国内资产价格不断创出历史新高。财富增加进一步推动了消费膨胀。“9·11”事件后，美国大幅提高了国防安全开支，这种财政扩张政策使金融体系中的货币不断增加。根据一家德国研究机构的统计资料，2002 年世界各国累积的货币发行总量已经是世界年度GDP总额的60倍。如此庞大的货币规模之所以没有导致通货膨胀，就是因为这些货币只是间接地作为需求在起作用，大部分仍然停留在金融体系中从事投机。

与此相伴随的是所谓的金融创新也在经历高速的发展，而相应的政府监管却严重滞后。按照爱德华·凯恩的监管辩证法理论，监管者与金融机构之间存在持续的抗争，只要监管者推出新的监管法规，以利益最大化的商业金融机构总会想方设法去规避这些监管，而一旦监管者发现了这种情况，就会再次出台新的监管法规。以此类推，不断循环。

理论上而言，如果这种动态平衡可以维持的话，金融创新可能带来的危害能始终处于可控的范围之内。但实际上正如斯特兰奇所指出的，这些金融创新“改变了金融市场和机构运作的方式、提供的服务以及政治经济中的结构性权力的分配”，它本来的目的是“从美国管制体制中的漏洞和弱点中获得有利的优势”，再加上主张政府尽量减少干预市场的新自由主义成为近30年美国的主流思想，于是掩盖在复杂金融工具下的大量垃圾债券将金融资产泡沫越吹越大。由于监管放松，金融衍生品的杠杆率扩大到30倍，使全球金融衍生品的交易额大大超过了全球实体经济GDP的总和。因此，当2005年伯南克就任美联储主席后，面对日益高涨的资产价格，为了防止恶性通胀，美联储开始上调利率，对利率最为敏感的房地产价格终于出现拐点，于是大量次级房贷无法归还，并最终引发“多米诺骨牌效应”，引爆了金融危机。

而对广大发展中国家来说，接受新自由主义的经济政策导致了国内财富分配不均、过分依赖外资、缺乏有效的社会公共政策等严重后果。虽然一些国家在一段时间内由于这些自由化措施的刺激取得了经济的增长，但最终的结果却无一例外地面临更严重的金融危机甚至全面的经济危机，如20世纪80年代拉美普遍遭遇的债务危机，90年代中期墨西哥的金融危机，90年代末巴西的金融危机，21世纪初阿根廷的金融危机等。

新自由主义形成的是另一种专制，即市场极权主义。“自由主义源于专制主义并和后者一样包含了极权主义的特征，因此它最终只是现代极权主义的一个变种而已。不同之处在于，代表了一个更多是以‘经济’为基础的市场极权主义，要求人必须无条件服从市场的支配。自由主义因此积聚了自己的核心矛盾。一方面，以‘只有’和独立的个性为前提条件；另一方面，又创造出别名为‘龙形海怪’的具有镇压性质的国家机器。一方面，提出责任自负和所谓自主的主体之间缔结条约（劳动合同、交易合同）的原则；另一方面，又将无主体的自动运行和装配了能自行调节的价格机制的社会资本机器确定为前提条件。一方面，承诺‘看不见的手’具有造福人类、促进繁荣的作用；另一方面，又造成世界范围内人为的和史无前例的大众贫困。”

这些新自由主义政策是如何帮助美国实现分担公共成本的目标呢？基本的途径是一系列全球性的制度安排，这些国际制度最典型的就是国际货币基金组织、世界银行以及世界贸易组织。无论是1997年的亚洲金融危机，还是拉美的金融危机，美国正是通过这些国际组织开出的所谓“药方”来强行推行其新自由主义政策，从而巩固其世界经济体系中的霸主地位。“国际货币基金组织推进这些政策（包括高利率政策），这些政策加深了衰退并导致了这些国家以最低廉的价格出口。当时的美国财政部与国际货币基金组织坚持认为，这些国家应该以极低价格出卖其资产。在宏观层面，美国从进口极低价格和为发生危机国家逃逸的资本提供安全天堂这两方面都得到了好处。”

通过这些国际制度，还能把一些不公平的规则合法化，从而恶化了发展中国家的弱势地位。最典型的例证就是，新自由主义鼓吹纯粹的自由贸易，但发达国家自身却通过政府补贴等非关税壁垒，实行贸易保护主义。正如曾经担任关贸总协定（GATT）秘书长的经济学家帕特里克·洛所评论的：“正是罗纳德·里根，这位酷爱放任自由、战后国家的最高管理者，领导实现了30年来最大的保护主义转向。他比起半个多世纪以来所有的前任，给予了美国产业界更多的补贴。他领导了有钱有权者自20世纪70年代初发起的对自由贸易原则的持续攻击，里根主义者各项措施的限制性影响是其他主要工业国家的三倍。”

正如有学者指出的，使美国的政治霸权成为可能的经济繁荣并非是美国经济自身的增长所推动，而是由生产这些财富的低收入国家借给美国的债务所推动。危机前美国政府统计的每年3%～4%的增长率很大部分归功于进口的急剧增长。新兴经济体不断使自己的货币贬值以补贴和扩大出口，从而偿还以美元标记的外债，却使美元债务相对于当地货币来说更昂贵了。向美国的廉价商品出口缓和了美国的通胀压力，利率的提高导致资金大规模进入美国金融系统，降低了进口货物价格，提高了劳动生产率，提升了美国消费者的支出。这就是格林斯潘采取提高利率这一所谓先发性反通胀措施的真实意图。美元霸权使美国可以通过印美钞来反通胀，导致美元债务出现泡沫。

也就是说，美国凭借其独一无二的金融实力与金融霸权不是通过生产物质产品来创造财富，而是通过生产金融产品来创造财富，并依靠美元在世界上的特殊地位轻易地控制和转移他国的财富，从而为巩固其全球霸主地位服务。但任何事物都有两面性，正如上文所指出的，当金融创新为美国获取他国财富大开方便之门时，也为美国自身金融市场的动荡埋下了伏笔。

五、世界经济格局转型：从单极到多极复合

本次金融危机发生后，主要经济体的经济实力对比发生了巨大变化。随着新兴经济体相对实力的提升，发达经济体出现了式微的迹象。这种变化也使发达经济体主导的世界经济治理机制一定程度上无法完全适应瞬息万变的经济格局。实际上，在经济发展动力多元化的趋势影响下，世界经济格局从单极向多极复合有其历史必然性，其本身也受到了多种因素的内生驱动。

（一）适应性不足

金融危机爆发后，以国际货币基金组织、世界贸易组织和世界银行三大多边经济协调组织为基础的世界经济治理机制由于机制本身经济协调的非多元化不断引发了新的问题。由于在以往的经济危机中，被发达经济体把持的世界银行、国际货币基金组织未能提前识别和防范国际金融领域的潜在风险，且对求救国救援迟缓，同时多有附加条款，使许多新兴经济体对这两大机构兴趣索然。而贯彻自由贸易精神的国际贸易组织自多个回合以来再难以取得新的成果，各国在诸多贸易问题上难以达成一致，乃至一些国家开始转向缔结双边或区域投资贸易协定，不再热衷于加入世界贸易组织，甚至原有自由贸易的倡导者——美国也开始另辟蹊径，建立起数量庞大的双边、多边自贸协定。

（二）时效性不足

世界经济治理的很多措施不能兼顾瞬息万变的世界经济变化。一个世界经济事件的发生往往从治理机制开始被关注，继而经过商议协调才开始采取行动，其间经历的时间十分漫长，乃至一项治理政策出台以后往往与被治理对象国的实际情况千差万别。本次金融危机在不断演进的过程中，“三大经济组织”总是反应迟缓，以致使地区性金融危机在毫无国际协调治理的情况下演变为世界性的经济危机。

（三）协调性不足

经济危机也暴露出世界经济治理机制中普遍存在的协调性问题：当世界经济增速放缓，经济全球化进程受阻时，各主权国就会为规避系统风险而采取“以邻为壑”的保护政策。在金融危机期间，世界贸易组织曾多次召集各成员方举行特别会议，重申自由贸易原则，试图对不断上涨的贸易保护主义浪潮进行遏止，但其结果基本都无济于事。比如，在美国以国家安全为幌子的投资保护主义大行其道期间，我国的华为、中兴、三一集团就先后被美国以国家安全为由而勒令退出美国市场。

正是在上述条件的驱动下，国际事务管理机构改革的呼声水涨船高。随着新兴经济体综合实力的提升，各类国际事务管理机构也出现了不同程度的改变：更广泛参与者的G20集团开始取代G7集团，并开始在国际经济事务的处理中发挥重要作用；世界银行和国际货币基金组织也尝试容纳更多的新兴经济体；世界贸易组织秘书长的改选也昭示着新兴经济体正着手改良发达经济体一手把持的国际经济组织。

实际上，每一场危机的爆发都是全球新一轮洗牌游戏的开始。“百年一遇”之金融海啸的到来更是拉开了整个世界经济格局调整的序幕：那个由美国称霸全球、发达国家主导世界的阶段正在逐渐远去，人类即将迎来的是新兴市场国家和发达国家平起平坐的多极复合时代。在这个时代里，以美国为首的发达国家会因不断下降的影响力而一点点失去已经享受多年的本不应有的特权；以“金砖四国”为代表的新兴市场国家将因为经济实力的稳定提升而获得更多的话语权。

这是因为就发达国家而言，当其逐渐走出衰退后，将必然经历一个漫长而痛苦的复苏期，然后再进入低速（或中低速）增长的发展阶段。从目前来看，美国的综合实力虽然依旧最为强大，但经济总量和对世界经济增长的贡献已被中国逐渐超越，其在全球的影响力相对下降；欧元区、英国、日本在全球经济总量中的比重也在逐渐走低，对世界经济增长的贡献趋于减弱。

作为近年来世界经济发展的“明星”，以“金砖四国”为代表的新兴市场经济体虽然在危机中同样受到冲击，却显示了超越发达国家的发展活力，并且对世界经济产生了积极的影响。这些新兴国家经济的强劲复苏会带动全球经济走出衰退、走向复苏，随之可能经历一个相对平稳的发展期（受发达国家缓慢复苏影响），最后当自身经济结构调整已日趋完善、经济增长基础已经十分牢固后，“金砖四国”很可能进入一段高速（中高速）增长的黄金时期。但我们应该看到，在世界经济治理机制中，以美国为首的发达经济体仍是主导。世界经济格局从单极向多极复合的过程只是刚刚起步。

第三章
迈向“+时代”的多元复合的生态经济

多元复合生态经济体是传统经济体的升级版，包括以下类型：分布式经济、跨界整合分享经济、智慧经济、机器人和手工艺结合的经济、新社区经济、新人本经济和工业生态化经济。多元复合生态经济体通过实现几种类型的均衡，充分利用闲置资源，运用互联网、大数据等技术支持整合前人的智慧，不断创新并融合可持续、循环发展的经济形态，从而最大限度地满足社会各界人士不断变化的需求。本章分别从每种类型的定义、形成方式、优势、发展未来等方面阐述。

一、“新能源+互联网+高铁”：分布式经济

（一）什么是分布式经济

分布式经济（distributed economy，DE）是一种基于分布式地区，按照小规模、弹性单元的模式进行组织和相互协同连接的特定产出与分享模式。实现分布式经济的核心是基于本地化和网络信息架构的服务提供模式，互联网、大数据等技术条件为产业实现分布式、协同式发展提供技术支撑。分布式经济的本质是靠近终端用户、消费者，在互联网等信息技术的支持下，满足消费者、用户多样化的需求，充分利用闲置资源的一种科

学性、环境友好性，以可持续发展和分享为核心理念的经济形态。

（二）支撑分布式经济的“新能源＋互联网＋高铁”

首先，是新能源的发展现状。新能源是除传统能源之外的各种能源形式，如太阳能、风能、核能等。其分别有以下特征：一是风电行业市场规模不断扩大。近年来，国家越来越重视风电行业的发展，出台了一系列风电行业的政策。目前，中国装机容量已超过美国和德国，成为全球风电第一大国。二是光伏市场稳健上升发展。我国一半以上地区太阳能资源丰富，同时国家一系列扶持政策的出台，使目前光伏产业已初具规模，光伏产业在屋顶计划、路灯的应用方面都取得较大成就。在房屋建设方面，太阳能也广泛地应用其中。三是核电积极发展。与传统能源相比，核电具有环保性较强、经济效率高等特点。

其次，是新能源发展前景。在国家政策的大力扶持下，我国新能源行业已经步入高速增长的发展阶段，技术市场成熟度不断提高。《国务院印发节能与新能源汽车产业发展规划（2012—2020 年）》提出，新能源汽车的发展目标是到 2020 年纯电动汽车和插电式混合动力汽车生产能力达 200 万辆，见图 3－1，累计产销量超过 500 万辆。

图 3－1　纯电动汽车和插电式混合动力汽车数量

资料来源：《国务院印发节能与新能源汽车产业发展规划（2012—2020 年）》。

"十三五"规划指出，非化石能源消费比重要提高到15%以上，天然气消费比重力争达到10%或者更高，煤炭消费比重要降低在58%以下，非化石能源和天然气增量合计约为4.8亿吨标准煤，这是煤炭增量的3倍多——清洁、低碳能源将是"十三五"期间能源供应增量的主体。"十三五"时期，整个能源结构也将相应进行调整，煤炭依然是主要能源。未来40年能源结构见图3-2。

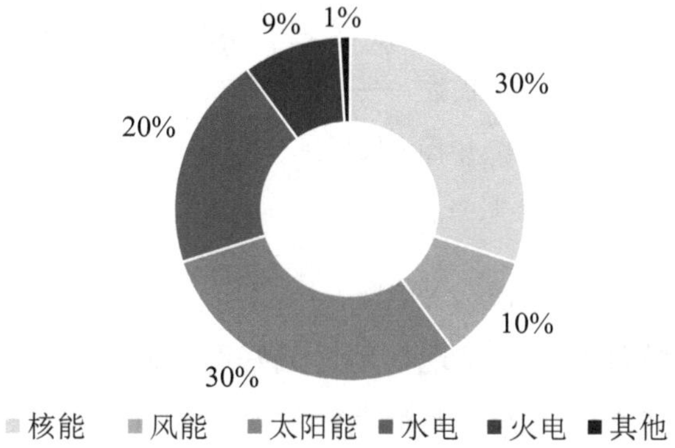

图3-2　未来40年能源结构

资料来源：根据公开数据整理。

再次，是"互联网＋"的发展现状。互联网技术快速发展，相关产品和服务已经渗透社会公众的生产、生活的各个领域。特别是随着移动互联网、大数据、云计算、物联网等技术日趋成熟，"互联网＋"作为新时期多种信息技术的集成和整合目前已受到广泛认可。社会公众对"互联网＋"的认知度也越来越高，体现在网民规模和互联网普及率上。中国网民规模和互联网普及率见图3-3。

截至2017年6月，我国网民规模达到7.51亿人，半年共计新增网民1 991万人。互联网普及率为54.3%，较2016年底提升1.1个百分点。以互联网为代表的数字技术正在加速与经济社会各领域的深度融合，成为促进我国消费升级、经济社会转型、构建国家竞争新优势的重要推动力。

同时，在线交易也成为人们生产生活中不可或缺的一部分。调查显示，2017年上半年，商务交易类应用持续高速增长，网络购物、网上外

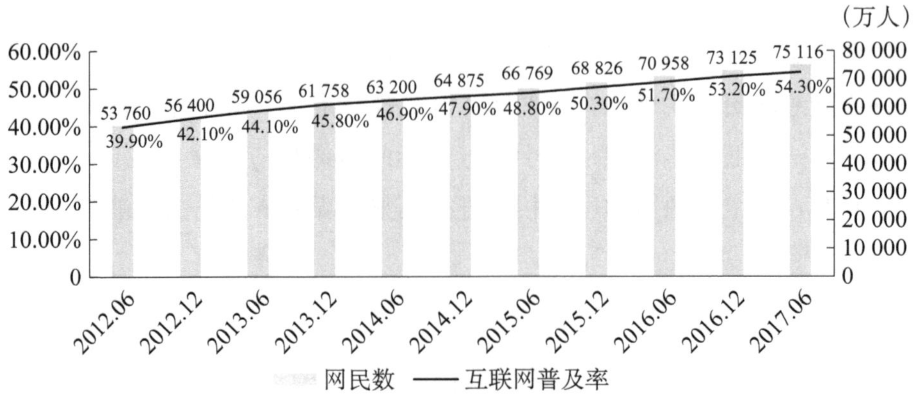

图 3-3　中国网民规模和互联网普及率

资料来源：中国互联网络信息中心。

卖和在线旅行预订用户规模分别增长 10.2%、41.6%和 11.5%。网络购物市场消费升级特征进一步显现，用户偏好逐步向品质、智能、新品类消费转移。同时，线上线下融合向数据、技术、场景等领域深入扩展，各平台积累的庞大用户数据资源将进一步得到重视。

最后，是高铁的发展前景。从中长期政策目标来看，最新《中长期铁路网规划》中提出：到 2020 年，一批重大标志性项目建成投产，铁路网规模达到 15 万千米，其中高速铁路 3 万千米，覆盖 80%以上的大城市。这与“十三五”规划中的目标一致。高铁新增运营里程和总里程见图 3-4。

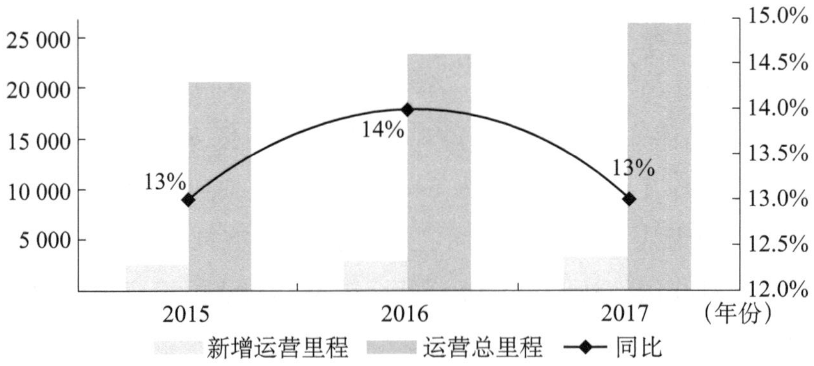

图 3-4　高铁新增运营里程和总里程

资料来源：根据公开数据整理。

从铁总（铁道部）以往的规划来看，其设立的远期目标一直较为保守，且大部分均已超额或提前完成。《中长期铁路网规划（2008 年调整）》中提出：到 2020 年，全国铁路营业里程达到 12 万千米以上，复线率和电化率分别达到 50%和 60%以上，建设客运专线 1.6 万千米以上。事实上，截至 2015 年，全国铁路营业里程为 12.10 千米，复线率为 52.9%，电化率为 60.8%，高铁营业里程 1.9 万千米，提前 5 年完成目标。高铁营业里程预测见图 3－5。

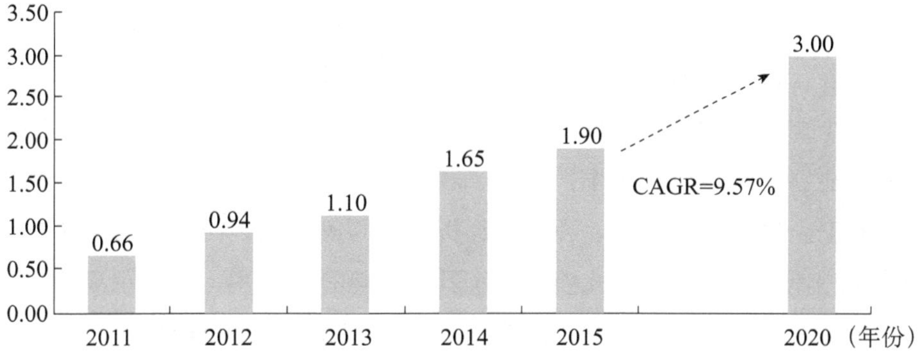

图 3－5　高铁营业里程预测

资料来源：根据公开数据整理。

随着能源日趋短缺化，能源危机愈演愈烈，人们对高铁和新能源客车发展的关注度逐渐提高。有学者认为，高铁在我国的发展将影响客车行业的市场份额，这种说法有一定的局限性，因为我国的行政区域层级划分明显，而高铁解决的是中心城市之间的交通客运，对于城市和农村之间的交通运输问题，道路客车还是发挥着独一无二的作用。高铁具有清洁、环保、快捷、方便、舒适的特征，为确保高铁和新能源客车舒适度的一致性，使高铁和客车营造的氛围一致，近年来，道路交通运输工具多采用新能源客车。

首先，实现分布式经济的核心是基于本地化和网络信息架构的服务提供模式，互联网、大数据等技术条件为产业实现分布式、协同式发展提供技术支撑，同时迎合用户需求靠近用户的特定产出和分享模式。新能源与高铁的结合是一种提升资源的使用率，达到节能环保的效果，靠近客户，提高乘客满意度的模式，然后互联网、大数据为其提供技术支撑，就构成了分布式经济；其次，人们对高铁、新能源以及互联网发展的关注度都是逐渐提高的，这也正是分布式经济的特点。

（三）分布式经济的优势

近年来，分布式经济逐渐往各领域不断渗透。比如，分布式能源的建设受到越来越多人的关注，它旨在运用分布式能源在附近提供电气、机械能源。根据燃料不同，分布式能源的类型分为化石能源、二次能源、可再生能源等，目前国内外首选的能源是天然气。分布式能源是分布在用户端附近的小型高效能源利用设备，与传统的供能模式相比，分布式能源的优势在于能够提高能源利用率，降低二氧化碳和其他污染物的排放量，同时也具有安全效应高、节能、环保、经济效益高等特点。与传统的集中式供能系统相比，天然气分布式能源系统具有余热有效利用、无长距离输电损失、供能安全性好、能源利用率高等优势。但是分布式能源也存在不足：比如，其生产过程普遍具有生产周期长、难度大、前期投入大、风险大等特点；相关政策未出台，电力并网难，初期投资高，会造成企业过度依赖政府补贴的情况。供能方式参数对比见表 3-1。

表 3-1　供能方式参数对比

项目	凝汽式发电	大型联合循环热电	分布式能源系统
能源利用率（%）	35	55～75	80
二氧化碳排放量（每千瓦发电）	0.80	0.35	0.25
发送电损耗（%）	7～9	3	2～3

节能：由表 3-1 可以看出，分布式能源系统的能源利用率比传统供能方式的能源利用率高，但是，其二氧化碳排放量和发送电损耗都低于传统供能方式，说明分布式能源实现了资源最大化利用，减少了资源的浪费。

环保：分布式能源发电极大程度上减少了二氧化硫、二氧化氮等废弃物的排放，同时由表 3-1 可以看出，二氧化碳的排放量也小于传统供能模式。

运行灵活：分布式能源系统运用先进的科学技术，自动化水平、维修水平都显著高于传统模式，运转模式灵活。

供电可靠：传统模式集中供电的不足之处在于当发生不可抗力事件时，大面积电网瘫痪容易造成多地区停电。比如，"5·12"汶川大地震，地震带多地区停电，给当地造成极大经济损失。但是分布式供电解决了这一问题，因为其具有灵活、安全的特点，可作为电力调峰的手段，从而保障了集中供电的安全性。

经济：传统方式消耗资源费用和天然气分布式能源消耗资源费用分别见表3－2、表3－3。

表3－2 传统方式消耗资源费用

能源种类	年用量（千瓦·时）	总费用（万元）
电	5 156.745	473.2
天然气	120.600	277.4
合计		750.6

表3－3 天然气分布式能源消耗资源费用

能源种类	年用量（千瓦·时）	总费用（万元）
电	5 156.745	450.78
天然气	21.290	48.98
合计		499.76

分布式能源极大地减少了电网的投资与建设，由表3－2、表3－3可以看出，相比传统供电模式，天然气分布能在很大程度上节约成本，具有更好的经济效益。

分布式供电是指相对于以大电厂加大电网为主要代表形式的能源集中生产而言，分布在用户端的能源综合利用系统。目前，我国主要的供电来源是以天然气为主要驱动来源，天然气丰富的资源、西气东输、俄气南送沿海沿线以及沿海地区引进天然气的中心城市都有作为发展分布式供电的潜质。分布式供电的核心优势在于节能环保，节能方面：它完善技术条件，将电力、热力、制冷和蓄能技术结合，进行系统优化，实现能源容错，将每一系统的冗余限制在最低状态，从而实现资源的节约；环保方面：为达到定量、适度排放的效果，它提高资源的回收利用率，分散污染；管理方面：为保证供能的可靠性，它优化自身技术，运用智能化信息技术，做到无人管理，安装运行维护一体化保障，实现各系统的低电压和冷、热管线联网互援。城市生活具有用能需求多样化、用能规模较大、市场集中度高、用户分布范围较广的特点，分布式供电对城市生活的适用性较强。

分布式电源也是分布式经济中的一个具体实例，分布式电源是指建在用户附近，所生产电力除自用外，多余电力输入当地配电网的发电系统或多联供电系统。特征是靠近用户、供电效率高、环保、节能、优先满足自用等优势。但也存在以下不足：分布式电源入网容易使电网不稳定以及经济效益损失，电网企业参与度不高，阻碍分布式能源产业的发展。

（四）分布式经济的未来

分布式经济在未来将运用于各个领域，对于分布式经济在通信行业的运用，目前即将进入5G时代，通信行业也会迎来一场分布式经济。与目前的2G、3G、4G不同的是，5G不仅要满足个人用户的通信需求，更要满足工业级专业场景的需求。5G将应对三类场景：移动宽带、大规模物联网和关键任务型物联网。未来通信公司需要根据三大应用场景对通信服务不同的服务需求形成多个局域专网：如车联网网络、大规模物联网网络、自动工厂网络等。众多的局域专网共同构建成的分布式网状结构，专网和公网相辅相成，在专网内能解决的大数据传输，不占用公网带宽。正如分布式能源是按用户需求生产及供应能量服务一样，分布式运营商正是为局域专网提供基础建设及运营服务的机构。

分布式能源的未来：因为天然气分布式能源的战略意图是节能环保经济，目前已经成为国家能源结构战略转型的重要组成部分。近年来，我国出台了一系列政策大力扶持天然气分布式能源的发展，但未来还面临诸多问题亟待解决。

上网难。首先，虽然分布式网络能源消耗资源网络费用较低，但是发电价格高于煤炭发电价格，在价格方面不具有竞争优势；其次，由于技术标准尚未统一，无法保障其安全性，天然气分布式能源难以并入城市电网。天然气供不应求。在天然气需求量日益递增的今日，供应量严重不足也是未来分布式能源发展中刻不容缓应该解决的问题。国家政策尚不健全。虽然国家目前已经出台了一系列扶植政策，但是对一些细化的具体条例还不明确。用户对分布式天然气供电的了解程度不足。分布式天然气供电目前普及率较低，社会大众对其的认知也不足，未来应该增加对分布式能源的推广。

针对分布式能源存在的问题：首先，应该尽快咨询专业人士意见，细化相关规范和条例。明确并网的管理办法和审批程序，早日将分布式供电系统并入城市电网；其次，为增加社会各界对分布式电源的认知程度，应该将其纳入地方规划，加大宣传力度，向社会各界宣传其战略意图和未来趋势；最后，政府应该加大财政补贴，提高天然气供电在传统煤炭供电行业的竞争力。

二、“互联网＋传统经济”：跨界整合分享经济

（一）跨界整合分享经济定义

跨界整合分享经济是指将不同类别个人、企业的闲置资源，通过互联网平台利用信息通信技术和各行业内的跨界融合，实现不同主体之间的使用权的分享进而获得收益的经济模式。

（二）“互联网＋传统经济”结合的理论依据

首先，传统经济提供促使其发展的主要物质产品，如机器人、全自动生产线、高配置计算机、通信设备等。其次，传统经济除了需要提升自身

能力和技术能力外，还需要互联网的支持，为其提供技术支持，比如，云计算、大数据营销技术支撑；在营销方面，传统经济在互联网的支持下，采取线上线下销售相结合的方式，通过规模经济来实现经济效益。

（三）“互联网＋传统经济”案例：中国平安

作为金融集团中最早进行互联网金融布局的平安公司，以“一扇门、两个聚焦、四个市场”为互联网金融战略体系，搭建互联网金融平台。“一扇门”是让平安“医、食、住、行”生活应用场景衔接企业；“两个聚焦”是健康管理和资产管理，健康管理的核心是“电子健康档案”和“平安好医生”移动平台，推动对资产以及健康管理大数据的挖掘、分析与应用；“四个市场”是指资产交易市场——陆金所、积分交易市场——万里通、企业交易市场——平安好车以及房产金融市场——平安好房。

陆金所是P2P网络借贷平台，为吸引投资者，引入平安旗下的担保公司以一对一模式（一笔投资针对一笔借款）为投融资提供担保。2015年3月，平安将旗下平安信用保证保险事业部、陆金所旗下P2P业务和平安直通贷款业务整合为“平安普惠”。2015年8月，经历股权转让之后，陆金所控股持有平安普惠100％的股权。

2008年，平安推出综合金融共享平台万里通，其覆盖国内主流电商以及众多线下门店。消费者线上用户通过天猫、京东、苏宁等电商企业，线下通过星巴克、必胜客、味千拉面等实体门店进行消费时，均可直接使用万里通积分。平安付的主要产品是“壹钱包”，它是中国平安从传统金融机构切入支付市场的主要窗口，“壹钱包”功能多样化，具备转账支付、社交聊天、消费支付、金融增值等功能。

2013年，“平安好车”成立，定位是车交易、车金融、车服务“三位一体”的O2O汽车电商服务平台，利用其门店优势，专注B2C模式。2014年底，近百家免费检测门店已经开启。“平安好车”借助平安车险的资源和优势，拥有全国最全的车型库和出险事件历史库，在同行业中都极具竞争优势。

“平安好房”成立于2015年，目前其业务已经囊括新房、二手房、租房和海外房产。“平安好房”在集合平安银行、平安不动产、平安信托等机构的优势后，为用户提供互联网金融产品。同时，“平安好房”与绿地、万科、世茂等全国百家开发商的400多个楼盘均有合作，也针对新房、二手房、租房等市场，推出包括好房宝、好房贷、租金贷、e房钱、按揭贷、装修贷的互联网金融产品，为买卖双方提供金融服务。

中国平安是“互联网+”和传统经济模式结合的典型案例，优势在于通过互联网金融公司的上市计划提升平安公司的总体市值，提升其市场竞争地位，为股东谋取更多股利。同时也累积了顾客基础，通过顾客在传统金融机构之间和互联网金融机构之间客户的迁移（见表3-4和表3-5）增加和客户的黏性促进整个业务集团的融合。平安内部传统金融业务和互联网金融业务的融合使业务升级，迎合了用户的需求。

表3-4　中国平安传统金融业务向互联网金融业务的迁徙人次　单位：万人

迁徙起点	迁徙终点					
	陆金所	万里通	平安付	一账通	其他互联网金融公司	合计
寿险	94	118	298	216	116	842
财产保险	65	729	498	248	81	1 621
养老险	3	6	9	9	4	31
银行	36	54	92	23	82	287
证券	13	17	32	46	19	127
信托	6	4	11	5	5	31
其他传统金融公司	29	95	78	125	26	353
合计	246	1 023	1 018	673	333	3 292

表3-5　中国平安互联网金融业务向传统金融业务迁徙人次　单位：万人

迁徙起点	迁徙终点							
	寿险	财产保险	养老险	银行	证券	信托	其他传统金融公司	合计
陆金所	45	44	12	24	16	5	28	174
万里通	90	169	27	52	18	6	81	443
平安付	101	122	35	65	17	5	91	436
一账通	311	133	80	104	19	6	83	736
其他互联网金融公司	42	50	17	32	13	3	31	188
合计	589	518	171	277	83	25	314	1 977

(四) 未来的发展趋势

2015 年，国务院发布的《“互联网+”行动指导意见》确立了电子商务、普惠金融、人工智能等领域的快速发展任务。同时，G20 杭州会议上提出的《G20 数字经济发展与合作倡议》明确指出，互联网是数字经济的现代信息网络的重要组成部分。从中国政府先后出台的文件足见政府的重视程度，将互联网领域融合在各个领域中，形成以互联网为基础的社会经济发展新形态。

互联网用户规模持续扩大，普遍服务快速推进。根据第四十次《中国互联网络发展状况统计报告》显示，截至 2017 年 6 月，我国手机网民规模达 7.24 亿人，较 2016 年底增加 2 830 万人。网民中使用手机上网的比例由 2016 年底的 95.1%提升至 96.3%，手机上网比例持续提升。上半年，各类手机应用的用户规模不断上升，场景更加丰富。其中，手机外卖应用增长最为迅速，用户规模达到 2.74 亿人，较 2016 年底增长 41.4%；移动支付用户规模达 5.02 亿人，线下场景使用特点突出，4.63 亿网民在线下消费时使用手机进行支付。全球领先互联网企业市值与收入见表 3－6。

表 3－6　全球领先互联网企业市值与收入　　单位：十亿美元

市值排名	公司	国家	市值	收入
1	Apple	美国	547	235
2	Alphabet	美国	510	75
3	Amazon	美国	341	107
4	Facebook	美国	340	18
5	腾讯	中国	206	16
6	阿里	中国	205	15
7	Priceline	美国	63	9
8	Uber	美国	63	—
9	百度	中国	62	10
10	Ant Financial	美国	60	—
11	Saleforce. com	美国	57	7
12	小米	中国	46	—
13	paypal	美国	46	9
14	Netflix	美国	44	7
15	Yahoo!	美国	36	5

续表

市值排名	公司	国家	市值	收入
16	京东	中国	34	28
17	eBay	美国	28	9
18	Airbnb	美国	26	—
19	Yahoo! Japan	日本	26	5
20	滴滴快车	中国	25	—

当前，我国几大电商巨头基于优势业务，持续推进互联网企业与传统经济的跨界融合。由中国信息通信研究院发布的数据显示，我国互联网企业中，腾讯、阿里、百度、小米、京东、滴滴快车市值与收入均已跻身全球前列。以阿里巴巴为例，阿里巴巴通过在美国纽约证券交易所上市，不仅提升了市值，增大了融资规模，同时也提升了其在国际上的知名度。具体业务层面，阿里巴巴基于其优势业务电子商务业务，目前已推出阿里云平台、菜鸟驿站、金融支付等多项创新性业务；另外，我国电商巨头发展多元化的竞争战略，已取得竞争优势。腾讯、阿里巴巴投资数十亿大规模补贴投入，开拓互联网与交通运输结合的业务领域，具体表现是促成小桔科技和优步的合作；阿里巴巴推出阿里钉钉业务，聚焦企业市场服务企业办公，同时研发推出“淘工厂”业务，服务我国多项制造业企业。

不断探寻互联网发展的新模式，共享经济成为热点。互联网不断加快与其他行业的跨界融合，催生了经济发展的新模式、新产品、新技术。比如，互联网与制造、能源、生物等科技的融合创造出新一轮的技术革命。互联网在多个产业领域的渗透，使越来越多的新词汇映入用户的眼帘，如互联网金融、O2O、大数据等，这些都推动了产业的发展，促进了产业升级转型。

分享经济就是闲置资源的整合。目前分享经济的例子也是随处可见。比如，共享汽车：滴滴出行、优步；共享单车：摩拜、青桔、美团；共享房屋：Airbnb。最开始分享经济模式就体现在住、行，即汽车共享和房屋共享两种共享模式。后来，随着共享经济的发展，它逐渐渗透各个行业，如金融、餐饮、教育、医疗等。

1. 产业互联网发展全球提速

首先，万物互联时代全面开启。时至今日，全球移动互联网用户虽超过 20 亿人，但增速明显趋缓，全球消费者与服务已被广泛连接，因此聚焦万物互联的物联网将成为下一步产业拓展连接的着力点。全球互联网正从“人人相联”向“万物互联”迈进，我国已形成了包括芯片和元器件、软件、电信运营、物联网服务等较为完善的产业链，拥有全球最大、技术先进的移动通信网络。截至目前，物联网产业规模已经超过 9 500 亿元，年负荷率超过 25%。为实现从物联网的跟跑到领跑，未来的趋势是完善物联网协同创新体系，推进物联网规划运用，提升物联网在芯片等领域的核心技术，降低传输渠道的资费，提升各类云平台的可靠性，这样企业才能更好地进入物联网。

其次，互联网与传统企业积极布局产业互联网。近年来，互联网企业基于消费互联网积累的用户优势和数据资源，快速拓展物流、制造、能源等领域。如阿里巴巴基于电子商务和云计算能力，为海尔、五矿等企业提供交易、物流、金融等服务，与中石化合作搭建石化专有云。还有一些企业通过依托核心技术和产品体系打造生态系统，实现新型专业化与多元化，确保企业取得竞争优势。比如，华为重视产品的研发，每年有超过 10%的销售收入用于产品研发、超过 45%的员工从事研发工作，在掌握核心技术的基础上，华为致力于全方位打造生态圈，建立车联网、智能汽车、智能制造、智慧能源等产业互联网生态圈。

最后，工业互联网和车联网成为两大热点。作为智能制造的关键基础，工业互联网在制造业全领域、全产业链、全价值链持续融合渗透，在提高生产效率、优化资源配置、创造差异化产品和实现服务增值等方面发挥了重大作用，产生了巨大经济价值。政府层面，各国先后针对智能制造和工业互联网形成国家战略，车联网普及加速，展现巨大市场潜力。车联网借助新一代信息技术，使汽车成为互联网重要节点，实现车内、车与人、车与车、车与路、车与服务平台的全方位网络连接，对破解全球交通问题将发挥关键作用。近年来，车联网应用进入加速发展阶段。从联网汽车产量来看，Gartner 统计 2015 年规模已达到 685 万辆，预测 2020 年将突破 6 000 万辆；从车载信息服务平台应用规模来看，目前已形成数百家规模厂商，典型厂商安吉星全球用户已突破 700 万。据 GSMA 预测，

2018 年全球车联网渗透率将超过 20%，2025 年有望实现所有汽车联网。随着 5G、人工智能等技术的发展，车联网业务形态将快速丰富。应用普及将进一步激活车联网的市场潜力，预期 2022 年市场规模将达到 1 560 亿美元。2015—2016 年互联网金融平台单次融资金额 top10 见表 3-7。

表 3-7　互联网金融平台单次融资金额 top10

公司	时间	所属行业	轮次	融资金额	投资机构
蚂蚁金服	2016 年 4 月	综合金融	B	45 亿美元	中投公司、中国人寿、中邮资本、国开金融（国开国元）、春华资本、建信信托
蚂蚁金服	2015 年 7 月	综合金融	A	120 亿美元	全国社保基金、国开金融等
陆金所	2016 年 1 月	综合金融	B	12.16 亿美元	和中银集团投资有限公司、国泰君安证券（香港）有限公司、民生商银国际控股有限公司等
京东金融	2016 年 1 月	综合金融	A	66.5 亿元	红杉资本中国、嘉实资本、中国太平洋领投
众安保险—众安在线	2015 年 6 月	互联网保险	A	9.34 亿美元	摩根士丹利、中金、鼎晖投资、赛福基金、凯斯博
陆金所	2015 年 4 月	综合金融	A	4.85 亿美元	Blackpine Private Equity Partners、鼎晖投资、中金公司旗下的私募股权部门
趣店集团	2016 年 7 月	借贷—消费金融	F	30 亿美元	凤凰祥瑞、联络互动
51 信用卡	2016 年 9 月	综合金融	C	3.1 亿美元	新湖中宝、天图资本、泛城科技、华盖资本、国信弘盛、千合资本、洪泰基金等
借贷宝	2015 年 8 月	借贷—P2P	A	20 亿元	九鼎投资
借贷宝	2016 年 1 月	借贷—P2P	B	25 亿元	某大型股份制商业银行领投

2. 促进互联网发展的驱动要素及其特征

资本方面：资本市场回归理性。互联网金融行业的融资数额自 2013 年起一直保持上升态势，在 2015 年第三季度达到高峰后开始下滑，2015 年和 2016 年，融资次数分别是 339 例和 277 例，融资额分别是 485.93 亿元和 826.27 亿元。2017 年 1—6 月，行业的融资速度有所减缓。其中，大量资本集中进入蚂蚁金服等行业热点，显著拉高整体投资金额。互联网金融行业各年融资情况见图 3-6。

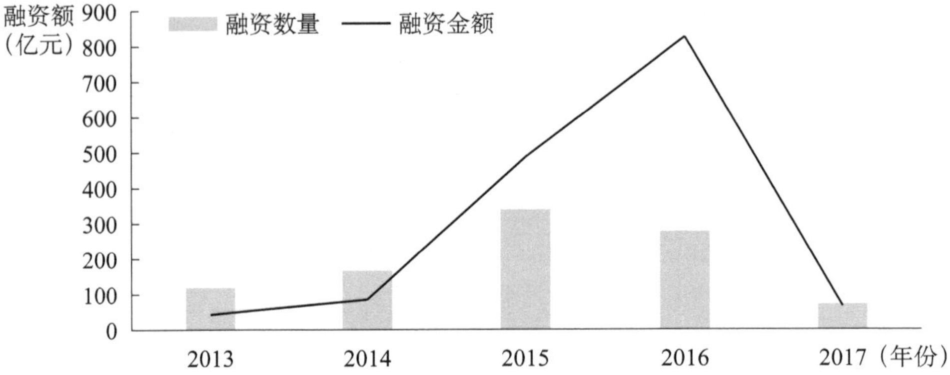

图 3-6　互联网金融行业各年融资情况

2016 年，中国风险投资大额投资的数量明显增多，平均投资金额不降反升。其中，蚂蚁金服 B 轮融资达到 45 亿美元，京东金融 A 轮融资达到 66.5 亿美元。据统计，2016 年前十大投资的总金额达到 1 460 亿元，较 2015 年上升了 40%。在经历了 2015 年第三季度的投资高峰后，资本为了降低风险，减少了前期项目的投资，而更愿意联合起来用更多的钱投资风险较小、退出更容易的后期项目，特别是在细分市场具有垄断地位的企业，从而催生了多起金额庞大的后期投资。

技术方面：人工智能与虚拟现实成为探索焦点。互联网逐步回归计算本源，进一步解放人脑的人工智能成为信息产业探索重心。回归计算本源，能部分替代人脑“高级”计算活动的人工智能，成为整个信息产业、特别是其中最为活跃的互联网产业下一步的探索着力焦点。

在人工智能计算产业周期下，互联网业务基础逻辑从“感知”跃至“理解与决策”，逐步具备自主“认知”能力。在理解方面，在机器学习技术的助力下，面向人与物体的精准图像识别理解技术应用不断成熟。人与虚拟世界间的“自然交互理解”已成为全产业链的布局重点，使社会大众更好地理解虚拟与现实的差距。为快速进步的自然语音识别与理解技术、手势提供技术驱动的是人类表达的关键——语言与动作，这两项关键的技术驱动已经逐渐成为信息输向虚拟世界的重要渠道。特别是语音逐渐成为互联网业务关键入口，全球科技巨头纷纷大力布局智能聊天机器人领域；而面向人类信息获取主渠道——视觉的增强现实、虚拟现实技术更加成为当前全球科技巨头的竞争焦点。在决策方面，基于机器学习技术快速进步，互联网未来将凭借不断接近人类智慧的人工智能，为全体互联网用户全面、高效地提供个性化、精准化服务，大幅提升业务体验，并在进一步协同智能硬件执行能力的基础上深刻变革相关传统产业。比如，无人驾驶汽车已成为当前互联网产业探索热点，将进一步变革传统汽车工业与交通物流行业。

数据方面：数据价值普遍被认知，政企协同着力推进。数据已成为国家基础性战略资源和商业创新的源泉。从政府角度来看，基于大数据应用不断提升政府治理能力和水平、推动产业发展是关注的重点；从企业角度来看，数据驱动的商业模式正在成为"互联网＋"时代商业发展的制高点，数据竞争主要表现为数据量的广泛占有、数据处理相关技术研发以及数据商业模式的竞争。百度、阿里巴巴、腾讯、京东等互联网企业抓紧布局大数据领域，纷纷推出大数据产品和服务，抢占数据资源，如百度大脑、阿里"从 IT 到 DT"、腾讯"大数据连接的未来"、京东大脑等。

需求方面：从标准服务到按需服务，从消费互联到产业互联。互联网用户消费需求升级，驱动业务创新逐渐变得更精品化、便利化、个性化，按需服务成为互联网业务形态创新的重点。移动互联网的快速普及和智能手机加速兴起使服务形式简捷化，供需双方通过简单的手机应用就可以即时进行匹配，一切服务都可"按键"获取，大大降低交易时间和成本，如提供即时用车服务的 Uber，美团外卖服务等。与此同时，服务对象扩大化、服务类型高端化是互联网业务按需服务演进的重要方向。从服务对象来看，按需服务正由个人向企业扩展。从服务类型来看，按需服务正从租车、快递等相对简单的服务过渡到信任度和技能要求更高的复杂和专业服务。

为迎合消费者多样化的需求，互联网提供的服务向个性化、定制化方向快速演进，C2B 模式更是备受行业推崇。以大数据实现精准匹配消费者的需求，以柔性生产满足低成本约束，从而通过大规模定制使低成本差异化战略成为现实，普通用户能够以较低廉价格享受到中高端定制化、个性化服务。例如，青岛红领公司通过互联网打造了一个连接消费者个性化需求和制造企业供给的 C2M 商业生态，通过大数据分析 40 万套的西服数据，建立了一整套数据库，能够精确匹配用户个性订单的需求，自动完成量身定制，使原本手工制作、动辄数万元的定制西服价格下降到了一两千元，制作周期也从半年左右变成了 7 个工作日。

互联网发展重心正从消费互联网向产业互联网扩展，“互联网＋”快速推动服务业、制造业和农业转型升级。互联网从娱乐、零售、家政、租车等百姓生活快速渗透企业生产、公共服务和政府管理各方面，变革领域也从最初的商贸、营销、售后服务等环节进一步深度渗透研发设计、加工制造、运行监控等核心生产制造环节，全面重构了传统产业图景，加速了技术产品创新演进，拓展了原有产品价值空间，促进了传统行业聚焦释放大数据价值，驱动了全产业环节显著提质增效。如三一重工通过互联网为全球超过 10 万台设备提供实时监测和远程运维服务，三年新增利润超过 20 亿元，降低服务成本 60％。

三、“智慧＋智能”：智慧经济时代

（一）智慧经济时代定义

智慧经济是指建立在智慧的发现、创造、运用、消费基础上的经济，智慧通过各种途径渗透生产力诸要素的各个方面，智慧资本在社会财富创造中越来越起到决定性的作用。智慧经济时代生产和消费的主要内容表现为智慧的生产和消费，它是智慧经济化和经济智慧化相统一的过程，是和农业经济、工业经济、知识经济相对应的概念。智慧经济是一种充分运用信息资源，将资源整合、优化、不断创新的一种生产方式，是土地、资源、人力利用率最大化，是一种质量高、绿色环保、价值最大化的经济形态。

（二）“智慧＋智能”的智慧经济

知识，是对历史经验的整合，是包含前人智慧的一系列技能、经验的集合体。智慧建立在知识基础上，更多强调的是一种能力，它能发现问题、搜集信息、整合并加工信息、解决问题，代表一种创新性思维。知识经济强调创新性结晶，如火花、灵感等，这正是智慧经济的核心。于是以知识经济为基础，在“互联网＋大数据”等技术支持下，把智能经济作为其核心就形成了智慧经济。

（三）智慧经济的实例

1. 智慧城市

基于如今城市发展中日益凸显的问题，如环境问题严重、食品安全隐患大、买房难、交通拥堵等，走可持续发展道路，提高居民衣、食、住、行的保障程度成了社会各界关注的问题，因此，智慧城市的概念逐渐形成。最开始的智慧城市是建立在信息基础的背景下的，主要关注点在于硬件设施的建设，旨在提高城市的智能化程度，后来随着人们对概念理解的逐渐深入，侧重点演变成城市人文、教育等建设，旨在提高城市发展中的软实力。最终形成了目前认可度较高的智慧城市概念：智慧城市是在物联网、云计算等新一代信息技术的支撑下形成的一种新型城市信息化形态，它以透彻感知、深度互联和智能应用为特征。其本质是通过通信网把城市中无处不在的传感器嵌入和装备到城市的电网、铁路、桥梁、隧道、公路、建筑、供水系统、大坝、油气管道等各种物体中，形成物联网，借助信息集成技术和智能建模工具，使各个要素间彼此感知、关联和相互作用，使城市更加智慧地运行。智慧城市的表现形式主要集中在三个方面：智慧经济、智慧管理和智慧生活。智慧经济强调城市产业不断优化发展，智慧管理的侧重点是服务型政府的建设，智慧生活从居民的角度出发。如图 3-7 所示，智慧城市体系从功能层面可以分为应用层、网络层和感知层。

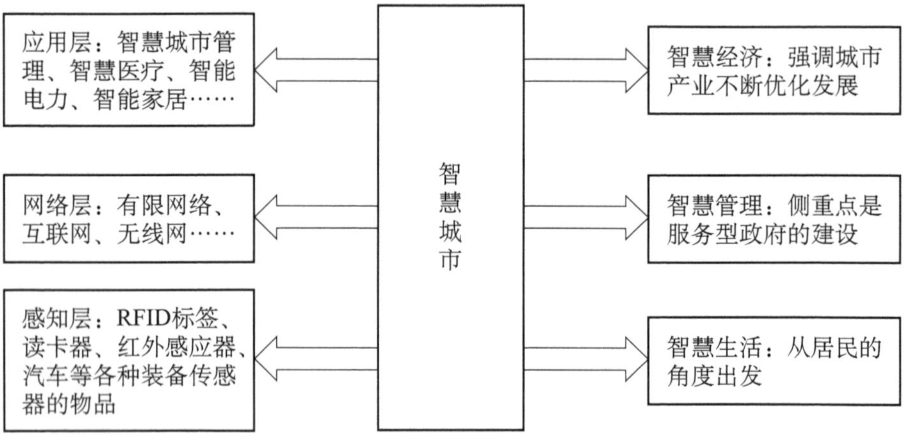

图 3-7　智慧城市体系

国家政策层面：国家不断出台关于智慧城市的规划，探寻建设模式。

2009 年 11 月 3 日，温家宝在人民大会堂发表名为《让科技引领中国可持续发展》的讲话，明确物联网的重要性战略地位后，国内第一次掀起了物联网、智慧城市的热潮。自 2011 年起，多次被写入住建部、工业和信息化部等相关政策法规。2012 年，住建部颁布的《国家智慧城市（区、镇）试点指标体系（试行）》包括一级指标 4 项、二级指标 11 项、三级指标 57 项，涉及保障体系与基础设施、智慧建设与宜居、智慧管理与服务、智慧产业与经济四大方面。2014 年，在国务院印发的《国家新型城镇化规划（2014—2020 年）》的文件中，明确提出在智慧城市发展的基础上，新型城镇化建设将不断推广完善。据统计，工业和信息化部制定的与智慧城市相关的规划已达十多个。

城市建设层面：国内城市因为地域的差异和各自特征的不同，所选择的建设智慧城市的侧重点和技术路线也不同，大致可以分为四类，见表 3-8。

表 3-8　建设智慧城市模式

模式	特点	代表城市
创新型建设模式	将建设智慧城市作为提高城市创新能力和综合竞争实力的重要途径	深圳、南京、沈阳
智慧产业型建设模式	智慧产业作为智慧城市建设的核心	昆山、宁波
智慧民生型建设模式	以发展民生行业的智慧管理和智慧服务为重点	昆明、重庆
信息技术基础设施型建设模式	以信息技术和城市信息化基础设施为路径建设智慧城市	南昌

智慧城市的理念虽然已经被列入各个城市发展的战略规划中，国家也出台了一系列政策法律条款，但是对于指导政策具体的条款还有待完善。2014年3月，国家标准化管理委员会发布了《关于成立国家智慧城市标准化协调推进组、总体组和专家咨询组的通知》。国家成立专家咨询组不断完善现有的指导条款，但是这方面的政策仍然比较缺乏，有待出台进一步的指导措施对智慧城市的建设提供指导性的建议与方针。不同企业关于智慧城市愿景的不同观点，见表3-9。

表 3-9　不同企业关于智慧城市愿景的不同观点

代表企业	智慧城市愿景观点
Wright & Steventon (2004)	社会可持续、生态可持续
Kelly, Sirr & Rateliffe (2004)	经济可持续、社会可持续、生态可持续
IBM (2010, 2011)	经济可持续、生态可持续
宁波经验 (2011)	经济可持续、社会可持续

综观前人的观点，智慧城市未来的可持续发展是建立在生态可持续、经济可持续、社会可持续基础上的，见图3-8。经济可持续是指促进资源最优化配置，使经济效益最大化；社会可持续是指以人为本，重视群众的需求，采纳社会各界对智慧城市建设的建议；生态可持续是指经济效益最大化建立在保护环境、减少污染、提高资源利用率的基础上。同时，三者应该是相互融合的，实现经济可持续不仅要考虑环境承载力，也要考虑群众的需求，即三者缺一不可，相互协同。基于这三种均衡条件下的可持续发展的智慧城市，不仅能实现全面的可持续发展，同时也能满足人民日益增长的物质文化需求，是城市发展的高级形态。

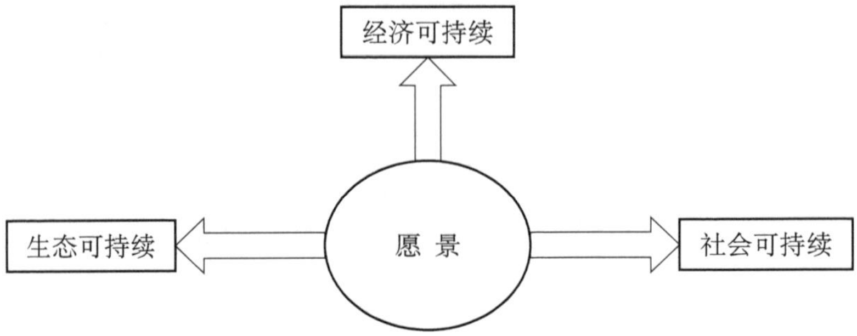

图 3-8 智慧城市三个层面的愿景

未来智慧城市的发展主要体现在以下几个方面。

(1) 越来越多的互联网企业参与智慧城市的建设。目前阿里巴巴和百度云以计算的方式推动智慧城市的建设。同时，国家政策将提供更多指导，只有通过一系列财政政策，大力扶持智慧城市的发展，推动各类厂商之间的相互合作，才能做好智慧城市。

(2) 大数据提升智慧城市体验。越来越多的新技术融入智慧城市的建设中，如 4G、云计算技术。4G 为智慧城市应用奠定了良好的基础，云计算技术提升海量数据的支撑能力。同时，阿里巴巴、IBM 等公司增加了大数据方面的投资，预计在未来智慧城市的建设中，大数据将促进智慧城市体验的提升。

(3) 智慧城市物流转虚为实。商品集散地利用云平台实现数字化仓储、物流、分销等一系列环节，运用云计算技术使商品分销的实时数据随时可供手机用户查看，商品被检索、下单、支付、配送信息跟进等在线购物环节都可以在线上进行，加速商品流动性。

(4) 高速网络推广将加速智慧旅游建设。建立在高速网络的基础上，游客可以运用手机 App 直接进行酒店预订、交通工具、餐饮服务等，解决游客住、行、食等方面的问题。结合大数据的分析，每个顾客的偏好、需求都被记录下来，相关企业可以精准匹配顾客的需求，逐步提升游客的旅行体验，智慧旅游也将高速发展。

(5) 智慧医疗快速发展。随着物联网、大数据、云计算等技术的普及，智慧医疗在技术的推动下快速发展。智慧医疗在一定程度上解决了当前普遍存在的看病难等问题，如手机预约挂号减少排队时间，患者足不出户就可以通过手机软件向医生描述症状并获得处方。预计未来，智慧医疗的建设日趋多样化，政府将更多的医院、药房纳入区域卫生服务体系中，不断进行改进创新，以迎合患者日益改变的关于健康方面的需求。

(6) 智慧社区建设的重要性日益凸显。作为智慧城市的重要组成部分，智慧社区的建设也广受关注，其中，数字社区、智能家居、养老社区和智能生态社区等项目层出不穷。随着大数据、物联网、云计算等技术的发展与推广和既定模式的不断创新，智慧社区也将实现快速发展。

信息安全也是智慧城市建设过程中的重点。由于智慧城市概念提出的时间较早，关于智慧城市指导监管方面的政策也有待完善，信息安全的监管问题也将成为智慧城市的建设重点。例如，如何建立信息安全平台，如何强化风险评估体系都是未来发展中亟待解决的问题。

2. 智慧工厂

如图 3-9 所示，智慧工厂是建立在一系列科学管理实践的基础上，以工业服务网和工业业务网为基本框架，整合智能科学技术、信息通信技术和科技自动化技术，围绕数据、信息和知识建立核心竞争力。它是更智能、更敏捷、更高效、更安全、更绿色、更和谐、可持续的新一代制造业企业以及生态系统。

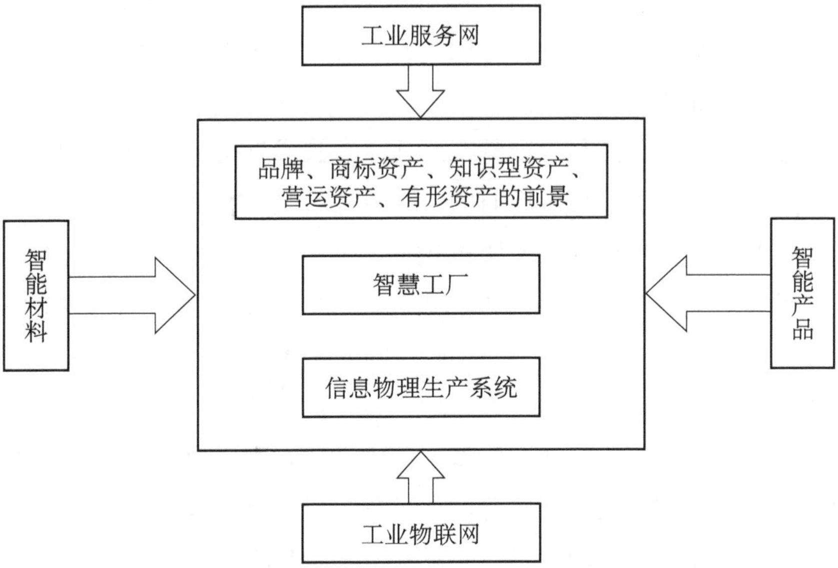

图 3-9　智慧工厂的基本框架

当前，社会各界对智慧工厂的关注度日益提升，石化、钢铁、机械装备制造、汽车制造、航空航天、飞机制造等行业纷纷开始探索建设智能工厂。《中国制造 2025》提出制造过程智能化，在重点领域试点建设智能工厂/数字化车间。

智慧工厂未来的发展趋势如图 3－10 所示，首先是单一工厂产能缩减化：传统工厂属于劳动密集型，自动化的导入程度低，所以廉价劳动力较多，但是智慧工厂的生产模式与传统工厂的生产模式不同，其对廉价劳动力的需求会降低，产能规模也会随之降低。

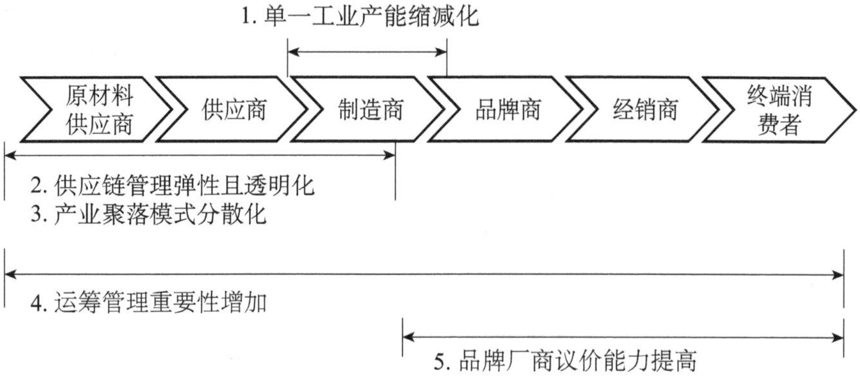

图 3－10　智慧工厂的发展趋势

供应链管理弹性且透明化：智慧工厂在大数据、物联网等基础支持下，可更有效掌握库存和生产进度，各方均可实时查看想要的数据，从而使供货过程更加透明。

产业聚落模式分散化：智慧工厂建立在技术支持的基础上，将代替人力生产，一定程度上缩短生产时间，产业聚落模式将更加分散化。

运筹管理重要性增加：传统模式下，生产场所较为单一、分布过于集中，通常是一地生产、多地销售，因此，有时会出现未按时配送的情况，智慧工厂是“在地生产、在地消费”，随着生产模式逐渐往分散化转移，与货物的配送、运输相关的运筹管理就显得更为重要。

品牌厂商议价能力提高：智慧工厂推出后，供应商能实时掌握货物的产量等数据，为精准匹配消费者需求，满足消费者需求，可随时增加或减少订单数量，在一定程度上缓解供求双方的信息不对称问题，提升品牌厂商议价能力。

3. 智慧银行

基于传统盈利模式正在陨落的背景下，国内的银行纷纷进行改革创新，探寻新的盈利模式和运营模式。智慧银行是历经传统银行、网络银行之后更高级的阶段，银行将借助物联网、大数据、云计算等技术，以一种创新的方式创造新业务、新模式，以此达到规模经济的目的，降低成本使收益最大化。其本质在于创新，通过服务创新、技术创新、业务创新、流程创新使可持续增长能力逐渐上升，通过采取多元化竞争战略，为客户提供更安全、更能满足消费者内心需求的金融服务。

智慧银行线下渠道发展现状：我国电子银行最开始的业务只有自动取款机（ATM），我国自动取款机市场潜力巨大，预计 2018 年将有望超过 100 万台。后来逐渐演变，产生了虚拟柜员机（VTM），它是新一代的智能设备。该设备融合了多元化的通信技术和金融服务，综合运用智能路由、高清视频通信、云协作等技术。

由表 3－10 可以得知，VTM 机的特点是建设成本较低，建设周期较短，服务时间长，支持的业务广泛等。我国众多银行在新型智慧网点的建设中以 VTM 机为核心。2013 年，就有多家银行开始部署 VTM 机智慧银行，如中国银行、民生银行、交通银行、建设银行等。与传统银行相比，智慧银行具有智能叫号处理、电子银行服务区、远程银行等业务，特点在于使服务智能化、缩短排队时间，能吸引更多的消费者。

表 3－10　VTM 机、ATM 机、传统网点成本收益对比

比较项目	渠道		
	VTM	ATM	传统网点
建设成本（万元）	38.3	25.5	318.0
建设周期（天）	25	15	183
空间需求（平方米）	20	10	300～400
平均每月运营费用（万元）	6.4	1.9	31.8
每周服务时间（小时）	168	168	40
新产品推送	可以	不可以	可以
网点业务支持率	＞90％	＜40％	100％
用户特别需求	支持	不支持	支持

智慧银行发展趋势：在未来的发展中，智慧银行应该在商业模式、运营模式、业务模式、盈利模式等方式上寻求转型。首先，商业银行通过大数据技术记录客户的需求，并对客户的需求进行精准匹配来满足客户的需求。银行应该提升客户的整体体验，以客户为主，增强与客户的沟通交流，把更多控制权放在客户手上。其次，降低客户成本。如今，客户不愿购买商业银行中的金融服务，一定程度上是因为金融服务的成本较高，降低成本可以使商业银行的成本和费用降低，能更好地解决信用融资中"信息不对称、风险管理难"的困局。最后，提升安全便捷性。风险总是与收益并存的，因此商业银行必须不断提升风险管理的能力。智慧银行在未来的发展中，应探索如何运用互联网等技术条件，给客户提供最安全、舒适的金融服务。

四、"机器人＋手工艺"：小而优、小而美

（一）智能化定义

"智能化"是指由现代通信与信息技术、计算机网络技术、行业技术、智能控制技术汇集而成的针对某一个方面的应用。从感觉到记忆再到思维这一过程称为"智慧"，智慧的结果是产生了行为和语言，将行为和语言的表达过程称为"能力"，两者合称"智能"。智能一般包括感知能力、记忆和思维能力、学习能力和自适应能力以及行为决策能力四个方面的能力。

（二）案例分析

3D 打印机的概念于 20 世纪 80 年代第一次出现在大众面前。如今，

3D 打印步入快速发展期。世界各国都很重视 3D 打印技术的发展，如 2012 年美国将“增材制造技术”确定为首个制造业创新中心（后更名为“美国制造”），欧盟、日本、韩国、新加坡、俄罗斯、南非、印度等国也通过各种措施推进 3D 打印产业发展。我国的 3D 打印技术产业化水平仍处于起步阶段。未来，3D 打印的发展方向在速度、精度、性能、质量上都将有质的飞跃。

趋势一：越来越多的国内企业逐渐开始进军 3D 打印领域。

相比销量大幅上涨的桌面 3D 打印机，工业级 3D 打印机销量略显惨淡。CONTEXT 公司的数据显示，2015 年桌面 3D 打印机销量较 2014 年同比增长 33%，工业级 3D 打印机则下降了 9%；2016 年上半年桌面 3D 打印机同比增加 15%，工业级 3D 打印机减少 15%。桌面 3D 打印机具有门槛低、设计简单等特征，因此，企业进军 3D 打印领域的进入壁垒较低。但经过多年的发展，桌面 3D 打印技术因其利润小、精度低、实用性不佳，所以上升空间较小。而工业级市场契合了智能制造的理念，在汽车、航空航天、机械工业、医疗等市场需求大、发展潜力大的领域应用广泛。2016 年初，国内 3D 打印技术龙头企业西通电子在珠海宣布全面进军工业级 3D 打印领域。

趋势二：应用端市场逐渐打开。

金属 3D 打印的认可度较高，是目前打印行业内前景最好、门槛最高、最前沿的技术之一。根据 CONTEXT 发布的数据，2015 年金属 3D 打印机销量增长了 35%，2016 年上半年同比增长 17%。在汽车制造、航空航天等高精尖领域，有些零部件形状复杂、价格昂贵，传统铸造、锻造工艺生产不出来或损耗较大，而金属 3D 打印则能快速制造出满足要求、重量较轻的产品。2015 年 11 月，奥迪公司使用金属 3D 打印技术按照 1∶2 的比例制造出了 Auto Union（奥迪前身）在 1936 年推出的 C 版赛车的所有金属部件；2016 年 9 月，GE 斥资 14 亿美元收购了瑞典 Arcam 公司和德国 SLM Solutions 集团两大金属 3D 打印巨头，加快布局 3D 打印航空发动机零部件业务。此外，医疗器械、核电、造船等领域对金属 3D 打印的需求也十分旺盛，应用端市场正逐渐打开。

趋势三：3D打印技术销量有增有减。

相比传统制造业具有的“减材制造”“等材制造”等特点，3D打印的创新点是增材制造技术。传统制造业技术、工艺、材料等已经非常成熟，而3D打印则是一个新生事物，在速度、精度、强度等方面还有诸多限制。从现状来看，当前3D打印市场份额十分有限，根据咨询机构沃勒斯合伙公司发布的数据，2015年3D打印市场规模为51.65亿美元，至2020年将达到212亿美元，而这与数十万亿美元的制造业市场相比，差距较大。相比传统制造，3D打印研发周期更短、用料更省，在小批量、个性化定制等方面优势明显，但在大规模生产方面存在许多不足之处。增材制造技术虽然不能完全替代减材制造技术，但作为传统制造技术的有益补充，3D打印将极大地推动制造业的转型升级。

趋势四：产品生产方式转变加快。

作为发展前景最好的制造技术，3D打印从两个方面改变了产品的生产方式：一方面，传统制造业以“协作”为主要特征，产品的不同部件往往在不同的地方进行生产，再运到同一地方进行组装。而3D打印则是“整体制造、一次成型”，省去了物流环节，节约了时间和成本。另一方面，传统制造业以生产线为核心、以工厂为主要载体，生产设备高度集中。而3D打印则体现了以大数据、云计算、物联网、移动互联网为代表的新一代信息技术与制造业的融合，生产设备分散在各地，实现了分布式制造，从而省去了仓储环节。3D打印技术实现了“整体制造”和“分布式制造”的统一。

趋势五：成型尺寸向两边延伸，从大的不可思议到小的瞠目结舌。

随着3D打印技术的快速发展，产品成型尺寸正走向两个极端：一方面，大到不可思议。从小饰品、鞋子、家具到建筑，尺寸不断被刷新，特别是汽车制造、航空航天等领域对大尺寸精密构件的需求较大，如2016年珠海航展上西安铂力特公司展示的一款3D打印航空发动机中空叶片，总高度达933毫米。另一方面，小到瞠目结舌。它可达到微米、纳米水平，在强度硬度不变的情况下，大大减轻产品的体积和重量，如哈佛大学和伊利诺伊大学的研究员用3D打印出比沙粒还小的纳米级锂电池，其能够提供的能量却不少于一块普通的手机电池。

趋势六：材料瓶颈待攻克。

在3D打印技术发展过程中，3D打印材料是至关重要的组成部分，它也是当前3D打印产业化被制约的主要原因，主要包括高分子材料、金属材料、无机非金属材料三大类。随着3D打印需求的增加，3D打印材料种类虽然在逐步增加，但与传统材料相比，3D打印材料的种类依然偏少。以金属3D打印为例，可用材料仅有不锈钢、钛合金、铝合金等为数不多的几种。另外，3D打印对材料的形态也有着严格的要求，一般为粉末状、丝状、液体状等，相比普通材料价格比较昂贵，根本无法满足个人与工业化生产的需要。有足够多的材料才能为技术的发展提供足够多的选择空间、为应用的扩展提供足够多的想象空间。未来，3D打印材料将成为研究开发的焦点、资本涌入的风口，材料种类、形态将得到进一步拓展，精度、强度、稳定性、安全性也更加有保障。

趋势七：服务更加精准化、个性化。

3D打印在医药行业运用也较为广泛，二者的结合主要体现在四个方面：一是术前演练，利用3D打印技术还原出病患部位模型，让医生更直观地了解病理结构，增加了手术的成功率；二是医疗器械，包括助听器、护具、假肢等外部设备以及关节、软骨、支架等内植物；三是"量身"制药，它可以根据患者的生理特点、具体需要来调配药物，提高药物的有效性；四是生物打印，通过用人造血管、心脏、神经、皮肤等来修复、替代和重建病损组织和器官。尽管3D打印在医疗领域的应用还面临着材料、成本、精度、标准等制约，市场规模也较小，但考虑到医疗领域巨大的需求潜力与极小的需求弹性，3D打印在医疗领域的应用将不断扩展，在实施更为精准的诊疗方案、提供更为充足的移植器官等方面大显身手。

趋势八：3D打印牵手云制造。

随着互联网技术的快速发展，互联网作为信息化的重要工具正在重新定义各行各业。成立于 2008 年的 Shapeways 公司搭建了一个基于互联网的 3D 打印平台，在服务供应商和需求用户之间担任桥梁作用。如今，先临三维、光韵达等也做着类似的事情，南京壹千零壹号自动化科技公司的“1001 号云制造平台”还入选 2016 年中国“互联网＋”在工业应用领域十大新锐案例之首。“互联网＋3D 打印”开拓了一种全新的商业模式——“云打印”，与共享经济的结合提升了闲置 3D 打印机的使用率。

趋势九：混合打印创造更多可能，功能材质色彩也“混搭”。

随着 3D 打印技术的发展，人们对 3D 打印机的期望也越来越高，早已不满足于单一功能、单一材质、单一色彩等。从功能上来看，3D 打印机可将 3D 打印技术与传统数控机床技术（或不同 3D 打印技术）相组合，实用性变得更强；从材料上来看，3D 打印机可混合使用金属、塑料、橡胶等多种材料（或不同属性的材料），加工出结构更为复杂的产品；从颜色上来看，3D 打印机可实现多种色彩的自由搭配。如加拿大的 ORD Solutions 公司推出的一款 3D 打印机，可以使用 5 种不同颜色的线材打印出多彩作品；MIT 研发的 MultiFab 3D 打印机能同时处理包括晶状体、纺织物、光纤等 10 种材料。

趋势十：产学研协同是我国 3D 打印技术的突破口。

20 世纪 90 年代，我国 3D 打印技术刚刚起步，如今已形成清华大学颜永年团队、北京航空航天大学王华明团队、西安交通大学卢秉恒团队、华中科技大学史玉升研究团队和西北工业大学黄卫东团队等骨干科研力量，论文和申请专利的数量处于世界第二位。2016 年 10 月，成立中国增材制造产业联盟，国家增材制造创新中心建设方案也通过了专家论证。随着我国科技体制机制改革的不断推进，走产学研协同之路，形成长效合作机制会成为我国推进 3D 打印产业化的现实选择。

五、“互联网+自足社区”：新社区经济

（一）新社区经济定义

“社区经济”是指在一定的社区中物质形态和价值形态的资源变数通过市场机制的作用重新组合配置创造新价值的一种经济现象。传统的社区经济是“街道经济”“城区经济”，新社区经济是以街、区为投资主体，为实现经济效益，以社会服务为中心的社区与社会相结合的一种经济形态。

（二）“互联网+”的新社区经济

传统社区经济普遍存在服务内容单一、效率低下、成本较高等问题，业委会和业主之间缺乏沟通、社区治理水平较为落后是造成这些问题的主要原因。针对这些问题，在传统社区治理中引入“互联网+”，有助于其自我调节，形成多元化治理模式。

如图3-11所示，我国的城镇化率已经从2010年的49.95%上升至2016年的57.35%，互联网的普及率和网民数也逐年递增。“互联网+社区”是建立在城镇化的前提下提出的，以互联网作为技术支撑，实现线上线下资源的整合，针对社区群众不断变化的复合型需求，提供个性化服务的一种新型经济形态，称为新社区经济。它同时也为厂商提供商机，使现有社区资源的利用率达到最大，线上提供服务与线下交流相结合，以满足社区群众的需求。它的优势在于互联网与社区结合体现出服务人群更精准、服务方式更便捷、服务范围更广阔。比如，线上的业务包括订餐、出行、健康、家政等各个方面，使消费者足不出户，运用手机App就可以解决生活上的各类需求，同时享受快速便捷的上门服务。

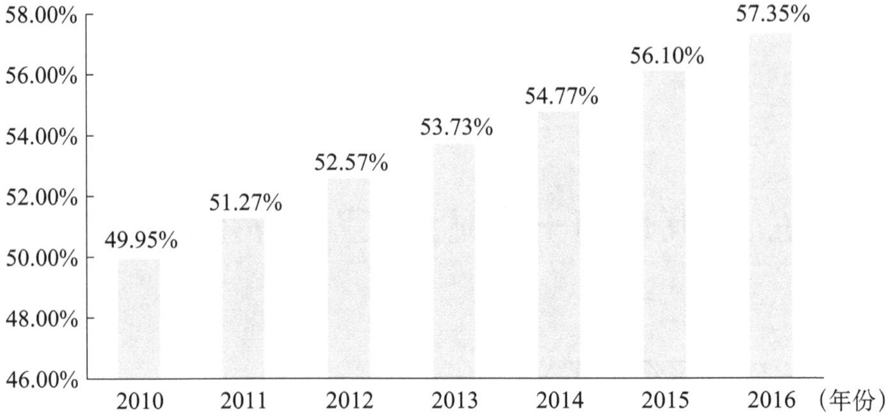

图 3－11　2010—2016 年我国城镇化率

（三）新社区经济案例

58 同城是由信息服务的新模式转向 O2O 发展的本地生活模式的典型，具体表现在：58 同城 2014 年推出自营家政服务品牌“58 到家”，并先后收购了驾校一点通、安居客、土巴兔、赶集网。

2015 年 5 月，云南彩立方数据科技有限公司与华为等公司发起“全光智慧社区发展联盟”项目，通过探索“互联网＋社区”未来发展模式及其运作体系来提供一系列增值服务，如“互联网＋智慧生活、智慧办公、智慧商业”等。

同年 7 月，腾讯控股和恒大地产入股马斯葛，战略意图为打造全球最大的社区服务商，具体可以从三个维度展开：“社区物联网智慧化”“社区互联网家居”“社区互联网金融”。

“荣昌 e 袋洗”是荣昌服务有限责任公司的旗下品牌，消费者足不出户通过手机 App 下单，厂商就可以提供上门取衣、洗完再送回消费者的服务。该业务能迅速占领市场份额的主要原因在于：一是低成本战略，统一定价一袋“99 元”。二是差异化战略。“e 袋洗”提供夜间取衣，次日送衣服务，同时优化物流服务，相比传统洗衣店企业周期长、取件地点远，它极大程度地节省了消费者的时间。三是在云技术的支持下，能将消费者的偏好、需求快速以数据的方式录入计算机中，相比传统的人工录入方式，降低了时间成本。但是它也存在一定的局限性，比如，无法满足不同层次消费者的多样化需求。具体表现在：线下洗衣店的质量参差不齐，有些高端用户可能对上门取衣送衣的需求不那么强烈，更希望选择线下高端洗衣店消费。

北京家捷送电子商务有限公司简称“社区 001”，成立于 2012 年 3 月。主要的运营模式是在与多家超市合作的基础上，组建自己的配送品牌，公司的发展理念是“社区即时送”，致力于为社区住户提供更高效的电子商务服务。运作方式主要是：首先与超市对接，把商品从线下搬到线上；其次是把商品从超市送到用户手中，实现线上订单的线下完成。它的主要竞争优势在于覆盖面强，为传统超市覆盖不到的社区居民提供了便利，实现社区电子化；它的特色还在于“无仓储、无物流、无大供应链”，一定程度上缓解了传统零售商户从进货到销售的耗时长等问题。

（四）新社区经济的发展趋势

1. 发展领域将从垂直领域向多元化战略平台延伸

现在许多 O2O 业务重视向多元化战略平台延伸，比如，58 同城先后收购安居客、驾校一点通、赶集网；或者是传统 O2O 企业向家政服务扩充。相比综合性平台服务模式，这样横向的延伸在资本市场更受欢迎，也收到许多用户的良好反馈。原因在于：一是综合性服务平台聚焦较少，可替代性较强，容易被垂直细分领域所替代，同时由于综合性平台的失焦性，意味着公司将付出巨大的人力、物力、财力，这也需要公司极强的整合能力；二是公司以垂直细分领域作为切入点，通过分析公司所处行业前景、所处的市场竞争地位、竞争对手的优势以及消费者的需求，聚焦服务模式，细化服务内容，针对不同类别的客户指定不同的服务种类，这能积累大量的客户。客户的累积为未来开拓主营业务派生的新增业务打下了良好的基础，扩充了盈利模式。

2. 房地产企业向“互联网+社区”领域渗透

社区经济是指在社区中创造价值的一种新经济现象。房地产企业作为房地产的提供商与社区、物业的联系都较为紧密，房地产在社区的布局、规划中扮演着重要的角色，同时房地产企业作为产业链的最前端要求其具有极强的整合能力，因此，未来房地产企业将逐渐向新社区经济领域渗透。

3. O2O 企业是否能够在竞争中取胜的关键是合理创新与盈利模式

2014 年掀起 O2O 的热潮，同年“互联网＋”政策的出台促使企业都开始重视“社区”这个切入点，传统企业纷纷加大投资力度开始转型，发现社区市场的潜力。但是传统企业转型走社区 O2O 道路后，大多处于亏损状态，究其原因，是“社区＋互联网”还处于起步阶段，出台的相关指导政策还有待完善，目前已有的商业模式尚不成熟，因此，对未来盈利模式的探寻将成为企业取胜的关键。

4. 未来智慧社区建设将建立在大数据、云计算等技术支持上

随着大数据、云计算、物联网、互联网等技术的快速发展，打造多维立体服务模式下的智慧社区将成为社区服务发展的趋势。

由于“互联网＋社区”还处在初步探索阶段，商业模式还未成熟，还存在较多风险和不确定性，除了政府应该细化相关指导政策外，企业自身也应该优化当前的技术，优化自身的智能硬件条件。比如，如何运用大数据、云计算等技术更高效地处理数据，如何提升人与机器的协调性，这都是未来智慧社区建设所面临的挑战。

六、“乡村＋城市”：新乡村经济

（一）乡村经济概念

乡村经济的含义可以理解为：在农村乡（镇）、村（街）等社区组织，经营自留地、自留山、家庭副业、饲养自留畜，以及利用特定社会公共资源（公共资金积累、共有土地房屋、原材料等）投资兴办的各类经济实体，包括农业企业、工业企业、交通运输业、商品流通业、饮食服务业等。现阶段，它主要是指从事各种经营活动的经济组织，乡村经济从广义上讲亦可称为农村经济。党的十六大第一次提出农村经济，解决“三农”问题的重要途径之一就是建设有特色的城镇化道路。自 2004 年以来，中国就开始尝试农村发展的新模式，经济模式由农村支持工业逐渐向城市带动农村发展转变。由图 3－12 农民人均收入逐年上涨可知，农村经济发展新模式在一定程度上取得了成效。

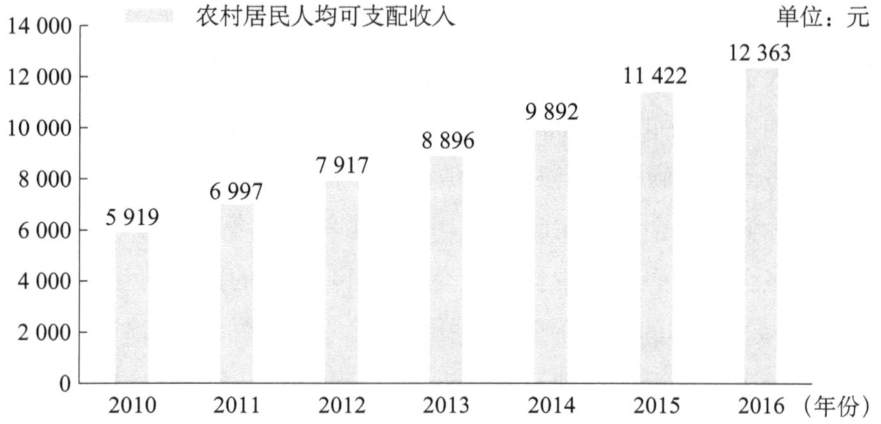

图 3－12　2010—2016 年农村人均可支配收入及实际增长率

（二）我国乡村经济发展现状

目前，我国农村城镇化处于加速发展时期。农村小城镇的建设将成为未来的新农村经济的发展趋势。农村小城镇是连接农村和城市的枢纽，政府可以通过人口从农村到城镇的迁移来解决工业农业之间的利益失衡问题；也可以通过把农村小城镇作为农产品市场，以此来增加农民收入，由此可见建设农村小城镇的重要性。

（三）农村城镇化的经典案例：深圳国际低碳城

坪地街道位于深圳市边界区域，与东莞、惠州接壤，常住人口约13万。2009年，它引起国内外专家的广泛关注，2012年5月，成为中欧城镇化合作的旗舰项目，旨在建造国家低碳发展试验区。

坪地街道的三大主要产业分别是五金加工、电子制造、家具制造。2012年，地区市场总值就达到了54亿元，该街道得天独厚的地理条件（位于深圳东北门地区、深圳东莞惠州三十交界中心区）、生态环境条件（山林、园林、水域丰富）以及良好的土地储备条件（土地成片分布和整备成本较低）都给该地区的发展提供了良好的契机。因此，2009年专家开始提出关于坪地街道的构想，它的名称从最初的中荷生态知识城、中欧低碳城再到2011年的国际低碳城，都体现出了该街道与国际接轨的视角。深圳决定将国际低碳技术作为该街道的技术核心，2013年7月16日，成功举办国际低碳城会议。在此之前，该街道将构建实现60%减排效率的国际低碳城会展中心、年减排二氧化碳4.14万吨的园区再生示范项目，实现60%减排效率的客家围屋低碳社区、污水处理站常规日处理量约2.5万立方米的丁山河污水处理及人工湿地、一棵树30年吸收二氧化碳111千克的丁山河治理及会展中心周边人工湖。2016年，坪地街道提出未来要建设“德国小镇”，它是一个致力于打造国际低碳城中欧可持续城市示范项目的生命健康立体城。

（四）新农村经济：新农村城镇化的发展趋势

党的十九大提出，把握城镇化是现代化的必由之路，未来应该站在促进中国特色新型工业化、信息化、城镇化、农业现代化四步发展的高度，以战略和全局的展位对新型城镇化做出良好部署。

具体来讲，现阶段有三种城镇化模式：身体城镇化、身份城镇化、生活城镇化。身体城镇化是指随着城市的迅速发展，进城务工的农民人数也逐年递增。但由于城市居民和农民在薪酬、福利、住房等多方面享受的政策不同，造成农民归属感较差，感觉身体虽然进入城市，但“心”还在农村；就业虽在城市，但归属感仍然在农村；生活在城市，但文化和权利都在农村。身份城镇化主要是指农民本身并不想获得城镇人口的身份，而是由于征地、新村镇建设等原因导致的，身体和心都没有城镇化，但身份被迫城镇化的一种模式，或者是“以地换保”“以宅换房”等政策导致的农民“被迫上楼”的情况。生活城镇化主要是指一些较发达，分布在广东、浙江等地的农村，虽然身份上还是农民，但生活方式、思想已经城镇化，农村基础设施齐全：街道、桥梁、公园、健身设备应有尽有。

三种城镇化模式的前景因其特征不同而有所不同。

身体城镇化实质是农民为改善生活的一种无奈选择，一种城镇寄居方式，同时也造成一系列问题，比如，农民工子女城市入学难、留守儿童、空巢老人、农民工工资不按时发放等一系列暂时得不到解决的社会问题。国家针对这一系列问题放宽一些政策，从一定程度上解决了农民工子女上学难、工资不按时发放等问题，基于这样的原因，身体城镇化还会持续很长一段时间。

身份城镇化的程度高于身体城镇化，首先，未来政府可以降低身份城镇化的标准，让更多的农民有机会选择城市户口；其次，要转变农民的心态从“被动”到“主动”，可以用市场价来买卖农户宅基地、自留地；再次，政府应该尽量寻求相对平衡，尽量使农民和城市居民享受相同的社会保障待遇；最后，为失业的农民提供保障，可以为无法工作或者失业的农民购置失业险。虽然身份城镇化是难以避免、持续时间较长的过程，但各级政府不仅应该侧重于身份城镇化，而且应该注重身体、生活、身份“三位一体”的城镇化建设。

相比身体城镇化，生活城镇化是一种更主观的模式，未来农村城镇化的建设方式如果能够效仿广州、浙江等发达地区，能增加街道、桥梁、公园、健身器材等基础设施，完善农民社会保障、公共服务，生活城镇化将成为农民最佳的选择。

七、"生活+生产"：新人本经济

（一）人本经济定义

人本经济是与以物的增长或利的增加为目的的物本经济相对而言的。它是一切经济活动的目的，本质上是为了最大限度地满足社会全体成员的所有需要，促进人的全面自由发展。关于生活和生产如何形成新人本经济，在企业进行生产制造的过程中，根据消费者的不同需求，精准匹配消费者的需求，设计出满足其需求的个性化产品。这个连续的过程体现的是一种以人为本的可持续发展观，是一种精细化到个人需求的生产方式。

（二）人本经济学案例

2016 年 11 月 5 日，中国并购年会在苏州召开。中国光大集团、党委书记唐双宁参会并发表致辞，同时唐双宁获得"中国并购终身成就奖"。

光大典型的并购案例见表 3－11。

表 3－11　光大集团近几年的并购案例

年份	案　　例
2011	光大控股收购中国飞机租赁公司，并于 2014 年在香港上市
2014	收购控股法国图鲁兹机场
2015	光大证券收购新鸿基金融集团
2016	收购英国最大的体育赛事转播公司 MPS
2016	收购阿尔巴尼亚地拉那机场 100％股权

近年来，光大集团还投资收购了一批美国、德国、以色列、瑞士等国的高科技领域企业，包括电子和可穿戴设备、机器人、航空科技、汽车测

试、科技金融、新能源及医疗健康等，光大国际收购新加坡汉科环境公司并更名为中国光大水务有限公司，在新加坡成功上市，随后又收购了波兰最大的独立固废垃圾处理商 Novago，光大银行、光大金控资产管理公司、光大信托等其他企业也在积极推进相关并购。

谈及光大银行的发展，唐双宁说，光大银行之所以能从 10 年前资不抵债的状态到现在的坐拥 4 万多亿元资产、年利润超过 500 亿元，他认为这一系列的成就都应该归功于人本经济学。人本经济的观点认为，所谓效益是指在保证人生活质量、生命质量的前提下，保证人的创造力极大提高。强调人是一切活动的根本、中心和主体，以人的全面发展为目的。光大集团之所以能成功，主要原因在于它的人本经济观，以人为本的可持续发展观。具体来说，就是光大集团对光大银行不控股了，实行“两管两兼”政策，光大集团主要领导兼任光大银行党委书记、董事长，光大集团另一名领导兼任光大实业集团和光大香港集团的党委书记、董事长。虽然不控股但对人的控制力度大，坚持“党管干部”。因此，光大集团的公司凝聚力较强，为后来的成功并购奠定了坚实的基础。

（三）新人本经济发展趋势

以人为本的可持续发展观，就是紧紧围绕“以人为本”的基本战略思想，加大人力资本积累，调整人力资本生产结构，通过充分利用人力资源，实现社会经济的总体增长。一方面，针对我国目前存在的就业、资源环境、社会保障等方面的问题，选择和实施人本经济发展战略是必由之路。另一方面，为增强我国在国际市场上的竞争力，迎接知识革命和知识经济挑战，选择和实施人本经济是重要的战略选择。

为大力发展人本经济，未来应该重视以下几个方面的问题。

1. 将产业化作为推动教育制度改革的突破口

近年来，我国的教育水平虽然在逐年提升，并且已经取得显著性的成果，但无论是从培养模式还是基础设施或师资力量等方面来看，仍与发达国家存在一定差距，因此，教育改革成了当前推动人本经济发展过程中亟待解决的问题。首先需要制定“政府间接调控教育运行、学校面向市场自主教学”的基本体制框架，同时要重视非义务教育产业化这个关键环节。在非义务教育阶段，政府要加大财政补贴，提供助学贷款，促进非义务教育产业化机制的运行，同时还要促进学校所有制结构多元化，形成公立学校、私立学校以及合资、股份、合作等多种所有制并存的新的教育结构。

2. 促进人力资本的市场化

目前面临的难题还包括农村劳动力闲置，如何顺利实现农村劳动力的合理配置，使劳动力资源利用率达到最大化成为社会各界关注的问题。为解决这一难题，应该将农村工业化和城镇化以及非农业化相结合，将闲置劳动力资源转移至城市。首先，可以在农村给农民增加就业机会，加大生态工业化园区的建设力度，大力发展以乡镇企业为主体的农村；其次，通过大规模培训或一对一沟通等形式加深农民对城市的认知程度，鼓励农民进城发展，增加现有家庭收入；再次，应该有计划地加大劳动人事以及人口管理体制的改革力度，从而创造更宽松良好的人力资本区域流动政策环境；最后，不断完善现有的劳动力市场体系，促进劳动力和其他生产要素的最优化配置，同时还要加大农村社会保障的改革力度。

3. 把开发农村人力资源作为当前发展人本经济的侧重点

政府应该采取合理有效的措施来加强农村基础教育，比如，为农村引入良好的师资力量，鼓励大学生下基层为农村教育事业做贡献，完善村镇小学的基础设施。同时，还应该重视教学内容的优化，将课堂内容与实际联系，使学生更全面地认识理解知识，着重培养学生的生存技能，注重劳动致富和创新才能的培养，全面提升农村人口的基本素质和一般人力资本水平。政府公共教育政策应以“低重心”（让学生能够热爱生活）为基本指导思想，而“低重心”的公共教育政策又应建立在广大农村的基础义务教育和基本扶贫教育的基础上。在发展“两基”教育（基本实施九年义务教育和基本扫除青壮年文盲）的基础上，农村人力资源开发的着重点应放到对已形成现实生产力的成人进行专业化的技能训练和智能化的教育培训方面，应致力于通过加强专业知识积累来不断提高劳动队伍的科技素质。与此同时，还应广泛开办各类短期职业技术培训班，面向农村社会扩大职业教育培训规模，大力推广科学技术，形成多样的农村成人技术培训和科技开发推广网点。

将"以人为本"的思想融入群众的生产生活中，形成的新人本经济发展观，已经逐渐成为越来越多的企业发展过程中的指导思想。目前的新人本经济观，主要可以从两个维度进行理解，一是"以人为本"的可持续发展观，二是在企业生产过程中，应该致力于打造专属客户的个性化产品以迎合居民生活中不断变化的需求。未来新人本经济发展观将逐渐成为企业关注的焦点，政府将采取以上几个方面的措施促进新人本经济的发展。

八、"生态+工业"：工业生态化经济

（一）工业生态化经济定义

随着我国工业的快速发展，我国工业化正面临严峻的环境污染问题，目前较为严重的问题主要包括大气污染、水污染、固体污染等。工业生态化经济是基于目前的背景产生的概念，它主要是一种可持续、循环发展的经济形态，是整合循环经济观、清洁能源观、资源价值观，同时还综合运用生态经济规律，以可持续发展为核心，促进传统工业向生态工业转化的一种生态化道路。

（二）工业生态化经济案例

随着丹麦生态园的闻名，"生态工业园区"逐渐引起学术界的广泛关注。生态工业园区就是模仿自然界中真实的生态环境，从生产者、消费者再到分解者都与真实生态系统中的三者一一对应，能提高资源利用率的一

种环境友好型行为。

1. 广西贵港生态工业园

2011年8月，经国家环保总局授牌，广西贵港生态工业园区正式设立，总规划面积为30.53平方千米。它将甘蔗利用率发挥到最大，用甘蔗制糖、蔗渣造纸、制糖滤泥造水泥，糖蜜制酒精、酒精废液制造复合肥还蔗田5个系统为框架，通过副产品以及废弃物和能量相互交换和衔接形成了完整的闭合工业生态系统。

目前，该园区已经形成以甘蔗制糖为核心，“甘蔗—制糖—废糖蜜制酒精—酒精废液制造有机复合肥”及“甘蔗—制糖—蔗渣造纸—制浆黑液碱回收”为主线的两条工业生态链。广西贵糖集团生态工业园区共生关系见图3-13。

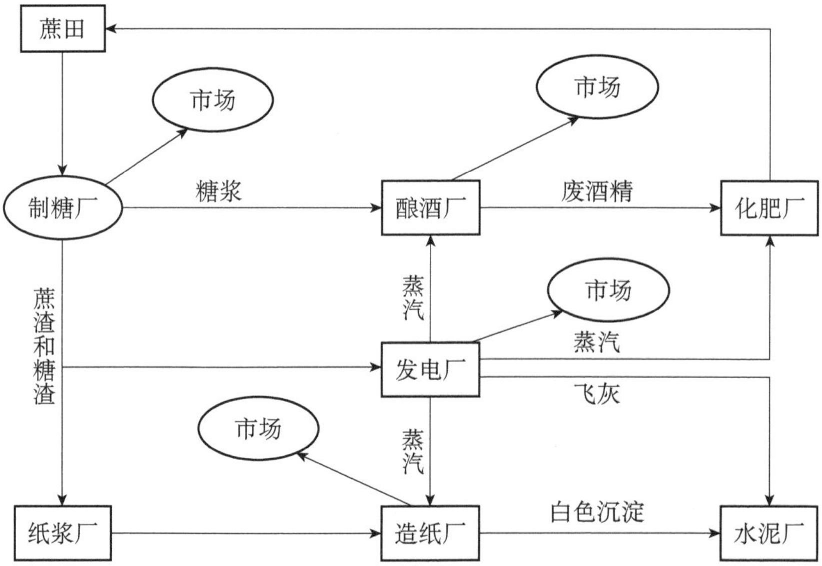

图3-13　广西贵糖集团生态工业园区共生关系

2. 日照生态工业园

作为国务院批准的国家级经济技术开发区，日照经济技术开发区的生态产业纵向延伸、横向耦合，形成了六大产业集群。按照“产业链招商、集群化发展”的产业发展战略，按照“大项目—产业链—产业集群”的思路，整合浆纸、机器装备、粮油食品、纺织服装、热电、生物化工产业集群，形成稳定、资源共享的循环经济体系。浆纸生态产业链条见图3-14。

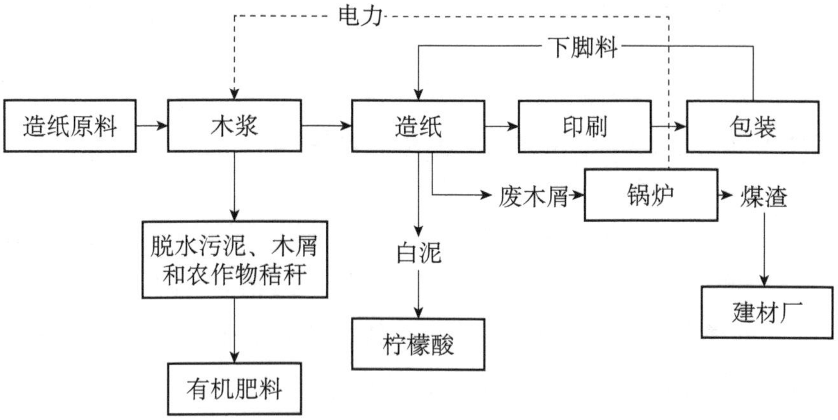

图3-14 浆纸生态产业链条

3. 青岛新天地生态工业园

青岛新天地生态工业园坐落在山东省青岛莱西市姜山镇。园区的主体是四个功能区和一个预留区，按照功能的不同分别为研究区、实验区、服务区、生产区。

该园区目前的主要服务是提供环境和固体废物资源化服务，可细化为废物再生利用项目、危险废物处理处置项目、废塑料再生利用项目、废弃轮胎资源化利用项目、电子产品回收项目等。废旧家电综合利用工艺流程见图3-15。

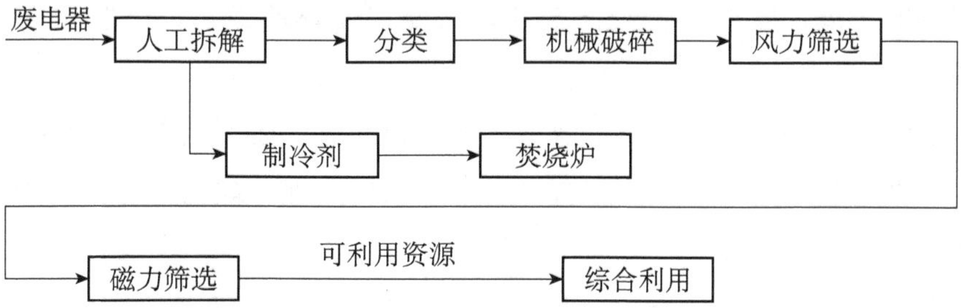

图3-15 废旧家电综合利用工艺流程

通过上述成功案例我们可以得出生态工业园区有以下特点。

（1）工业共生体系的基本条件就是企业各项业务之间的相互适应性。

（2）生态工业园区的建设应该注重节能减排，应将积极开发可再生能源、优化能源结构、提高利用效率作为基本发展要求。

（3）与自然生态紧密结合，可产生巨大经济效益、社会效益和环境效益。

（三）生态工业化园区未来的发展趋势

循环化趋势：生态工业园区未来应该遵循“资源—产品—利用—回收—生产—再生资源”的循环经济模式，使不同企业、同一企业不同业务之间的产业共生组合，模拟真实生态系统，达到资源的最优化配置，从而实现资源使用率最大化、废物利用率最大化。

环保化趋势：在生态工业园区中，物资的采购、利用、销售整个循环过程都是建立在保护环境的前提下的，要做到无公害化和清洁化，提高资源利用率，提高废物利用率，把建设环境友好型园区作为基本要求。

信息化趋势：生态园区的建设是建立在信息系统的技术基础上的，要以建立高度严密的信息系统技术为基础，如数据交换系统、环境管理信息系统、电子商务应用系统等。同时，随着“互联网+”的发展，生态工业园区在未来也会运用互联网、物联网、大数据、云计算等技术，获取生态工业园区的实时数据，以便更高效地管理园区。

效益化趋势：生态工业园区建设的基本要求较多，需要消耗大量人力、财力、物力，这就需要政府给予财政方面的补贴，大力扶持生态工业化经济的发展，既要实现经济效益，又要实现环境效益，还要实现社会效益。

法制化趋势：由于生态工业园区在我国的建设还不成熟，有关指导性和监管性的政策条款还有待完善，未来国家将治理与细化、完善具体的政策法规，使生态工业园区走向法制化、规范化、制度化的发展轨道。

人文化趋势：社会各界目前对生态工业化的理解还停留在认知层面，缺乏具体的理解，因此，在其未来的发展中，应该注重宣传生态工业园区的战略意图、发展理念等。只有从精神层面重视生态化改造，才能帮助包括园区建设者在内的社会各界人士形成系统的生态价值观、生态道德、生态意识，为生态工业化经济的发展添砖加瓦。

品牌化趋势：强化生态工业化园区管理员的品牌化意识，使其树立生态立园、诚信建园、品牌立园的经营理念。把创建具有竞争优势的个性化品牌、有开阔视野的国际化品牌作为园区发展目标。

国际化趋势：要学习国外先进工业园区建设的经验，取长补短。园区发展的各项生态指标、生态规模、所需要的硬件条件都应该以国际标准为依据。

城乡一体化趋势：未来，生态工业化园区将打破地域的限制，打破传统行政区域的划分，充分利用农村空气污染小、交通状况好、劳动力丰富等优势，运用城市技术水平高、专业技术人员能力强等优势，实现优势互补，推动资源整体协调发展，加强城市、乡村不同层次生态园区的互动和交流，推动城乡在经济、文化、教育等方面一体化发展。

多元化趋势：物质、劳动力、技术的不断整合和利用将成为未来生态工业园区发展的一大趋势，必将带动其他生态产业的发展与融合。如生态林业园、生态渔业园、生态工业园、生态园区等的有机结合可以实现资源、能源、信息等生产要素的相互利用和集成共享。

第四章

中国迈向复合转型的新常态经济

2015年，中央经济工作会议明确指出，我国经济发展进入新常态阶段，深刻分析了新常态的特征，并要求“认识新常态，适应新常态，引领新常态，这是当前和今后一个时期我国经济发展的大逻辑”。新常态就意味着经济转型，包括从工业经济向生态经济的方向转型、从信息经济向智能经济方式转型、从制造业向服务业的产业转型等多方面的复合转型。

一、方向转型：从工业经济向生态经济转型

工业经济导致了今天的环境危机，使人类社会走到了发展的极限，而生态经济才真正符合人类的发展需求，符合新常态经济的发展方向，能够实现人与自然的和谐共处。[①]

（一）工业经济使人类社会走到了发展的极限

工业经济以人类自身为中心，割裂了人与自然的关系，尊崇人对自然

① 任庆：《制度创新：工业经济向生态经济转变的契机》，《郑州大学学报（哲学社会科学版）》，2007年第1期。

的征服，以最大限度地创造社会财富为目标，大规模、掠夺式地开发利用生态环境和资源储备，忽视生态环境的要求和限度，导致环境污染、资源匮乏、生态破坏等问题的产生，从而形成大量生产、大量消费、大量废弃的社会经济体系。反思工业革命以来人类社会的发展进程，我们能够显而易见地得出结论：传统工业经济体制导致了今天的环境危机，是威胁人类生存与发展的体制根源。

首先，粗放型经营活动必然伴生生态恶化和环境破坏。在工业经济体制下，企业要取得成功，他们不必考虑现在对资源的索取等于对未来的行窃，满足今天的欲望的代价是掠夺明天的生存必需。企业界也不必承认它正在留给子孙后代的毒素和废物。事实上，企业家如果设计或开办一家能保持经济和生态之间协调的企业，它在经济上就会处于不利地位，因为它负担了额外的责任费用，而它的竞争对手却逃避了这份费用。那些正在改变策略、减少污染，重新设计产品和制造方法的公司各有其不同的目的：有些是为了逃避法律责任，有些是为了避免承担已经觉察到的和日后可能产生的责任，还有一些则正在努力改变企业性质，使之朝着“对社会负责”的商业模式发展。即使有人主张企业应对社会负责，并积极改变陈旧落后的商业规则，其目的也是在于赢得公众信赖而获取更多利润的同时，促进废物处置等相关产业的发展。因此，将使我们摆脱失控的经济破坏的商业行为，尽管在自然的原理上是合理的，但却与工业经济的标准相悖。

其次，所得税加剧了环境破坏与资源匮乏。工业税收体制对个人所得进行征税，即对收入、利润、销售、工资和储蓄等有助于经济增长的因素征税。这种税收体制阻碍或至少抑制了在健康的经济制度中人类所珍惜的真正要素：工作、储蓄、新的投资和企业家活动。[①] 对收入和工资征税没有任何积极的鼓励作用，但有许多副作用。税收占到工资的很大比例，损害了个体工人工作的积极性，使其常常绕开税收体制少的工作或者甚至根本不工作。同时，工资和所得税增加了企业的劳动成本，强烈刺激公司将

① ［美］保罗·霍肯：《商业生态学》，夏善晨、余继英、方堃译，上海：上海译文出版社 2001 年版。

制造业迁至海外，从低劳动成本国家进口，尽可能减少工人数目或用机器取代工人，从而使本国经济萧条，犯罪增加，征税基础受侵蚀，阻碍国内经济的复兴。更有甚者，比较严格的国内环境保护法，直接被公司或间接被转包商和供应方在海外规避了，而这些成本都未计算在内。此外，对储蓄利息征税为经济发展制造了更进一步的障碍，因为它减少了可用于投资的资金储备，却提高了真正的贷款利率。

最后，工业贸易机制也削弱了环境问题的有效解决。工业贸易机制追逐经济效益最大化，倡导经济全球化和一体化，反对任何对自由贸易的限制。经济全球化使企业可以从世界上的不同地区进口产品和原材料，以最小的成本获取最大的绩效。为获取更多的收益，企业会奋力推进，使当前的生产方式最大化、获取廉价资源和扩大市场的计划和法律。但是企业的这种获利行为却在大肆索取其他生态系统的资源，严重危及环境承载能力。这种贸易机制使超过承载能力的问题很难在国家层面上应付①。而世贸组织虽然承诺解决环境和资源问题，但它也只不过是跨国公司实行贸易扩张的蓝图而已，规则和关税中的限制几乎都被撤除以给予这些公司充分的自由去寻求最廉价的资源和劳动力。最终结果是，世界变为一个巨大的、非工会的雇工大厅，穷国排队等待优厚的投资，愿意捐出土地、资源、环境质量和廉价的劳动力，以此作为他们实现经济发展的代价。此外，这种贸易机制的发展，为企业将成本外部化至海外，规避本国的环保法规及制度提供了途径。② 如果公司能从海外带进产品来规避国内税收与管理，那么任何环保方案都会失效。为了一时的物质自由，我们向自然界大肆掠夺资源，大量消耗环境承载能力，逐步将人类社会推到发展的极限边缘。现在我们必须归还这些资源，恢复生态系统功能，并接受人与自然关系中固有的限制和约束。只有如此，经济行为才能适应未来社会的发展，人类社会也才能够实现持久稳步的繁荣。无论工业经济曾经代表过怎样无

① ［美］赫尔曼·戴利：《超越增长——可持续发展的经济学》，诸大建、胡圣等译，上海：上海译文出版社 2001 年版，第 209 页。

② ［日］宫本宪一：《环境经济学》，朴玉译，北京：生活·读书·新知三联书店 2004 年版，第 103 页。

限的机会，无论公司的成功曾带给人类怎样的光荣和梦想，现在是承认我们所知道的那种工业经济体制结束的时候了。它结束是因为它没有尊重那些将自己的生命和生存与地球的生命紧紧相连的千姿百态的生命形态。[①]

（二）生态经济使人类社会走向可持续发展

生态经济崇尚人与自然的和谐，以人类社会与自然协调、互相促进、持续发展为目标，将经济、生态和人类统一为一个整体，使经济、社会的每一个环节都具有内在的可持续性和可恢复性，从而形成资源利用效率高、资源开采量减少、生态环境逐步改善的良性社会经济体系。生态经济不仅能完成为社会提供产品和就业机会、促进繁荣的使命，而且还会把人类带入一个比工业时代更具有发展力，且最终也更能满足人们美好生活需求的新时代。

首先，集约型经营活动必然推进生态和谐和环境恢复。在生态经济中，企业生存取决于它的生产方式和销售方式有多大的能力与循环的系统融成一体或有多大的能力复制它们。任何一个企业发展的首要原则，是用可持续生产方式生产产品和服务，以促进社会作为一个整体的可持续性。可持续性意味着企业必须以减少消耗、能源使用、销售成本、经济集中、土地侵蚀、空气污染等与其他任何形式的环境破坏的方式向顾客交付物品或服务。在这种经济形态中，企业发展的理念和基础在于提供改善人们生活的产品或服务，而不仅仅只是增加它们的财产数量。在这种经济形态中，环境保护不再是迫于慈善、利他主义或法律规定，而是成为人们获利的途径，成为人们自觉自愿的行为。

其次，环境税有利于促进环境改善和资源持续利用。环境税是通过将税负并到公司或消费者对资源、产品和服务所支付的价格中，实现对有害于环境的各种活动征税。破坏环境的活动包括：排放碳、生成有毒废料、使用原始原材料、使用不能重复使用的饮料容器、排放汞、生成垃圾、使

① ［美］保罗·霍肯：《商业生态学》，夏善晨、余继英、方堃译，上海：上海译文出版社 2001 年版，第 7 页。

用农药、使用一次性产品等。[①] 环境税的主要功能并不是为国家增加收入，而是创造一个用准确的市场信息来重新检验原有经济活动的积极的激励机制，促使经济主体修正和改进原有的生产、销售和消费方式，积极避免缴纳这种税，从而实现环境改善和资源节约、持续利用。只要征收恰当，环境税将促进与此相适应的经济行为的产生。随着某些工业活动和污染活动的减少，虽然会失去一些工作岗位，但是随着新工艺和新技术的发明和运用，将会创造出更多的就业机会，并实现用最低的成本达到最高的效率的目的。采取环境税非但不是通过损害环境降低成本，反而是通过改善环境来降低成本；非但不会推动全球恶化，反而会为全球环境恢复增效。

最后，绿色贸易有利于环境问题的有效解决。绿色贸易是符合生态经济要求，并从根本上改变全球环境问题的有效手段，也是对工业贸易机制的有效改进。一是该机制要求充分发挥国家在环境保护中的主导作用，将经济的发展回归到国内经济和地区经济中来，根据本国的比较优势，以国内市场为首选发展生产，只有在明显高效率的情况下才能让资源参与国际贸易。通过生产与销售当地化，既可以输出较少资金，同时也可以较少耗用自然资源。这种贸易机制从资源的基础入手，承认资源地区循环利用的优先地位，认为在国内获得或开发的资源、能源应该优先于进口的资源和能源，从而引入了一种符合生态要求的经济行为，这有助于资源的持续利用和环境的有效改善。二是绿色贸易也要求在国际层面对环境问题采取措施，制定和实施国际环境保护规则，选择建立适当的法律框架，协调各国的环境立法，普及全球环境保护的基本水平，以避免造成经济竞争条件的扭曲。此外，绿色贸易强化环境保护主义的要求，实施市场准入制度，对于绿色包装、绿色标志等都有严格的符合生态要求的标准，真正将环境保护融入世界经济发展之中。

（三）实现从工业经济向生态经济转型的路径

在现有的发展模式下，从工业经济向生态经济转型不可避免地陷入了

① ［美］莱斯特·R. 布朗：《生态经济：有利于地球的经济构想》，林自新译，北京：东方出版社 2002 年版，第 274 页。

生产力发展与生态保护、科技发展与自然资源，以及现行制度和道德文化与生态保护之间矛盾的困境。[①] 对此，实现经济结构的生态升级与转型、加快生态型能源的开发和应用、完善生态经济发展制度体系的建设、加强生态经济的道德文化建设等均是较为可行的路径。

第一，实现经济结构的生态升级与转型。要克服生产力发展与生态保护之间和科技发展与自然资源之间的矛盾，就必须改变目前以扩大环境污染为代价的粗放式经济增长模式，通过发展集约型的增长模式实现经济结构的生态升级与转型。具体来讲包括以下三个方面：首先，加大在教育上的投入，培养能更好地推动集约型生态经济建设的高素质人才。生态经济建设往往涉及一系列传统知识和观念的转变，只有在具有充足的新型生态经济建设的知识和观念的人才的推动下，经济结构的生态升级和转型才能具备可靠的人才基础。[②] 其次，加大生态环保型技术的投入，大力推动循环经济的发展。生态环保型技术不仅可以提高现有资源的利用率，还能降低相应的污染物的排放量，这也是集约型生态经济建设实现的前提。循环经济则能在促进资源合理利用的基础上，尽可能减少污染物的排放。两者相结合，能最大限度地起到保护生态环境的作用。[③] 最后，鼓励区域经济合作，发展规模经济。区域经济合作和规模经济是充分整合各方资源，提高资源利用率的有效手段，这对推动经济发展的生态升级和转型有着非常重要的意义。

第二，加快生态型能源的开发和应用。实现从工业经济向生态经济转型必须解决化学能源的污染和能源短缺可能造成的负面影响。因此，有必要寻找无污染或者低污染且不会导致资源稀缺的生态型能源，并加快其开发和应用。就目前来讲，我国的生态型能源的开发和应用已经取得初步成效，典型的生态型能源如风力和太阳能发电，无论发电技术还是装机总量都在世界上名列前茅。然而，生态型能源的开发和应用同工业经济向生态

① 魏趁：《生态经济建设的哲学基础与发展路径》，《理论与改革》，2016 年第 3 期。

② 万年峰、赵朋、蒋杰贤等：《上海国际化大都市生态经济问题的哲学思考——生态经济系统的基本矛盾及其解决途径》，《生态经济》，2005 年第 8 期。

③ 宋彤：《基于循环经济模式的新疆农业生态经济发展研究》，《新疆大学学报（哲学·人文社会科学版）》，2005 年第 6 期。

经济转型的要求相比还存在巨大差距，无论是就绝对数量还是相对比例来讲，同传统的化学能源相比都处于初步发展的微不足道的水平。因此，必须在此方面持续加大投入，通过增加科研经费、税收减免和国家财政补贴等多种政策性优惠，加快生态型能源的开发和应用。

第三，完善生态经济发展制度体系的建设。我国在生态经济发展的法律制度方面，已经制定了以《环境保护法》和《循环经济促进法》为主的法律体系。然而，随着我国经济的高速发展，生态保护问题日益突出，原有的很多法律规定已经落后于时代的发展。因此，必须对原有的法律进行修订，并根据现实的需要制定新的立法。如考虑到现有的对环境污染的惩罚过轻的问题，建议对相关法律进行修改，增加较重的处罚措施，加大相应的处罚力度以使相关主体能充分考虑到环境污染的成本而做出保护生态环境的行为选择；考虑到生态能源对社会的可持续发展和生态经济建设的重要意义，有必要制定《生态能源开发法》以鼓励和促进低污染的生态能源的开发和应用；考虑到现有的生态补偿制度力度不足的问题，通过修改相关法律增加对生态经济实行者的补偿方式，加大补偿力度。另外，生态保护法律效果不彰显在很大程度上是因为相应的执法不严所造成的。因此，有必要对相应的行政部门加大生态保护执法的考核以加大相应的执法力度。同时，还需要改变目前以国民生产总值为主的核算体系，将生态效应纳入相应的经济发展核算之中，促使地方政府形成正确的生态经济意识，以使环境保护成为其考虑地方经济发展的重要组成部分。

第四，加强生态经济的道德文化建设。道德文化不仅对人们是否按照生态经济建设的要求采取保护生态环境的措施有着非常重要的作用，而且还会使相应的行为选择成为人们的自觉行为，从而进一步起到增强法律制度的作用。因此，在完善生态经济建设的制度体系的情况下，有必要进一步加强生态经济的道德文化建设。首先，国家应当通过各种渠道加大对保护生态环境合理性和重要性的宣传和教育，使人们对其产生相应的理性认识，逐步形成生态保护的道德观。其次，国家应当有意识地树立生态环境保护方面的正反两方面的榜样和典型，使人们通过生动的现实实践对其形成一定的感性认识，达到进一步强化其生态保护道德观的目的。最后，还需将生态经济建设纳入社会主义核心价值体系之中，使其成为社会主义精神文明建设的重要组成部分，促进社会主义生态经济文化的形成。

二、方式转型：从信息经济向智能经济转型

如果说过去十年是信息经济时代，未来十年就是智能化的实体经济的时代，实体经济发展的主线也将以“智能化”为核心。智能经济（smart economy）是以效率、和谐、持续为基本坐标，以物理设备、电脑网络、人脑智慧为基本框架，以智能政府、智能经济、智能社会为基本内容的经济结构、增长方式和经济形态。智能经济是信息经济与知识经济相结合的产物，是继机械工业、电气工业、信息工业之后人类文明的又一重大进步，而这一进步将带来人类社会新的智能革命。

（一）信息经济向智能经济转型趋势

20 世纪 80 年代末，信息技术尚未对人类生产生活造成巨大影响之时，智能制造的概念就已经在欧、美、日等发达国家被提出。进入 21 世纪之后，实现智能制造的技术和成本条件成熟，并且随着资源环境压力加大、劳动成本上升等经济发展制约因素的增强，智能经济市场近年来在全球出现了爆发增长并呈现新的特征。[①]

第一，互联网技术是实现经济智能化的动力引擎。互联网技术、云计算、大数据、宽带网络等一系列信息技术构成广义的互联网，只有借助互联网这一动力引擎才能实现传感器设备的信息感知，通过宽带网络对数据

① 吕铁、韩娜：《智能制造：全球趋势与中国战略》，《学术前沿》，2015 年第 6 期（上）。

进行精确控制和远程协作，这些都是智能经济的关键基础。只有基于互联网应用才能打破组织边界，实现制造业与服务业的融合。美国的先进制造业战略以及对下一代机器人的开发便是基于移动互联网技术的发展与应用，谷歌公司进军智能制造业正是依托其背后强大的互联网基因。

第二，智能制造系统将具备自适应能力和人机交互功能。智能制造通过工况在线感知、智能决策和控制、装备自律执行的闭环过程，完成对周围环境的自适应能力。随着人工智能、仿真等技术的发展，智能制造系统将生成自身的操作和故障解决方案，人和系统之间也将建立协同共事、相互“理解”的合作关系，最终实现广泛的人机交互及系统交互，从而使人从简单重复的劳动中解脱出来，从事更加富有创造性、附加值更高的生产活动。

第三，跨国公司持续加大智能经济投入。一方面，互联网企业开始投资实体经济，充分发挥了自身信息技术领域的优势。例如，谷歌公司2013年收购了8家与机器人有关的公司，2014年又陆续收购人工智能公司DeepMind和智能家居公司Nest，智能制造成为谷歌新的业务领域。另一方面，传统制造企业适应环境变化也大力投资智能制造，实现了改造升级。例如，富士康启动实施了“百万机器人”计划，其2015年规划提出在未来3年内由自动化设备、机器人取代70%左右的人力劳动。

第四，以工业机器人为代表的智能制造装备被广泛应用。根据世界机械联合会的数据，2013年机器人销售量同比增长12%，达到17.8万台，2008—2013年，机器人年均销售增长9.5%。同时，随着人工智能技术、新材料技术，以及信息存储、传输和处理技术的快速发展，工业机器人逐渐呈现出智能化发展态势。装配传感器和具备人工智能的机器人能够自动识别环境的变化，从而减少对人的依赖。未来的无人工厂能够根据订单要求自动规划生产流程和工艺，并在无人参与的情况下完成生产。高速网络和云存储使机器人成为物联网的终端和结点。随着信息技术的进步，工业机器人将更加有效地接入网络，组成更大的生产系统，使多台机器人协同实现一套生产解决方案成为可能。

第五，中国成为全球最大的智能制造装备市场。2008—2013年，我国工业机器人销量年均复合增长率达到 37.2%，持续高于全球增速。2013 年我国机器人销售规模高达 36 560 万台，同比增长 41%，占全球销量的 20.5%，超越日本成为全球最大的机器人需求市场，2014 年的需求增速更是达到 54%。但我国工业机器人的密度仍然非常低，为 30 台/万人，而德国的机器人密度是我国的 10 倍，日本是我国的 11 倍。因此，可以预测，我国将成为全球主要机器人制造厂纷纷瞄准的智能装备需求市场。

（二）信息经济向智能经济转型引发的深刻变革

首先，智能经济将推动制造业生产方式变革。基于互联网、大数据、智能制造装备的智能制造具有更快和更准确的感知、反馈和分析决策能力，更加能够满足个性化的市场需求，所以要进行柔性化的产品生产。与当前全球制造业普遍采用的大规模订单生产方式不同，智能制造使个性化产品的大规模定制成为可能，且这种方式即将成为现实。例如，大众汽车已经制订了一项全新的生产战略——模块化横向矩阵，通过标准化部件参数，最终达到通过一条生产线生产出市场所需的任何款型汽车的目的。

其次，智能经济将促进全球供应链管理创新。智能经济将人机互动、智能物流管理、3D 打印等先进技术应用于整个生产、流通过程，使企业能够在全球范围配置和优化资源。新一代互联网技术将催生虚拟产业集群，促使全球供应链管理向网络化和虚拟化转变。3D 打印（堆积制造）的广泛应用可以使消费者通过互联网将其所需要的产品就地“打印”出来。由此可以预计，传统的大型生产厂商将面临数以万计的小型社区生产者的挑战。

再次，智能经济将引领制造业服务化转型。智能制造贯穿产品制造的全过程，消费者不仅能够获得个性化的定制产品，还可以从产品设计阶段就参与其中，监督和指挥加工制造、销售物流环节，实现随时参与和决策自由配置各个功能组件。相应地，制造企业也可以在线生产所需要的各种制造服务，实现生产要素的优化配置。在这种情况下，智能制造生产商不仅会提供产品或“产品＋附加服务”，而且可以提供一揽子的“产品服务包”，角色由产品提供者转变为服务提供者。

最后，智能经济将加速企业成本再造。智能经济使得生产工艺和供应链管理更具效率，能源消耗程度明显降低，通过系统的自我纠正还能够降低产品的不合格率，产品从设计到投入市场的周期也将缩短，快捷化、服务化的产品为企业创造更多的市场价值，这些都使制造企业的成本投入结构发生明显变化。

（三）信息经济向智能经济转型的基本路径

为适应经济新常态阶段的趋势性特征，应对新科技革命和产业变革的挑战，促进信息经济向智能经济转型，必须顺应经济智能化的发展新方向，把握实体经济和智能经济的深度融合，拓展“智能＋制造”的新模式。

1. 明确“万物皆智能”的新方向

“万物皆智能”是智能经济时代的关键词，制造业转型升级是实现“万物皆智能”的落脚点，而智能制造又是推进制造业转型升级的突破口。因此，信息经济向智能经济转型的新方向，实质上就是通过智能制造实现“万物皆智能”，主要包含“生产云端化”、“产品智能化”、“工厂系统智能化”和“智能制造生态化”四个新方向。

生产云端化。当前，以云计算、云存储、云通信和云软件为核心的云端技术正在逐步推进机器代替人，并淘汰传统制造业的封闭式系统，实现生产过程中的人机互动。很快，制造业将会依托云端技术的大数据处理优势，形成生产环节的协同互动和快速响应优势。

产品智能化。今后，生产流程中的半成品和终端产品都会被赋予可识别性。这意味着产品本身可以包含可查询信息的芯片，芯片中除了包含产品本身的基本信息之外，还可以包含产品在生产制造中的细节，这就为实现生产流程中的智能化提供了可能。

工厂系统智能化。未来，制造业企业会以完善的智能化生产系统为基础，通过机联网和厂联网实现工厂采购、生产、管理、营销等部门的系统智能化。届时，智能工厂将不仅仅是一条流水线、一个生产环节的智能化，而是在整个系统流程中实现分布式智能生产、网络化智能管理、集成式业务优化。

智能制造生态化。在智能经济时代，智能化将不仅仅局限于生产阶段，而是要利用大数据、互联网、物联网等信息技术，使研发、设计、生产、销售等环节从产业层面形成网络连接，最终形成一个创新型的生态圈以此来提高制造技术和制造业的发展潜力。重点是在普及智能工厂的基础上，从生态圈层面实现信息技术和各项工业经济活动的数字化互动、虚拟化连接、融合化发展。

2. 把握实体经济和智能经济深度融合的新常态

要更好地对接“万物皆智能”的智能经济时代，就要深入理解智能化实体经济的新常态。从产业的角度来看，信息经济向智能经济转型呈现出以下四个深度融合的新常态。

第一，制造业和工业互联网的深度融合。“实体经济＋智能经济”时代，应该构建“制造业＋工业互联网”的概念框架，通过智能工厂、网络传感器、互联网、大数据收集及分析技术等组合，提高制造业的网络化、智能化、自动化程度，推进信息化局部应用向集成协同应用转变，实现生产质量和生产效率的显著提升，推动制造业向高精尖方向发展。

第二，实体经济和资本市场的深度融合。智能经济时代，企业必须加快转方式、调结构，实施创新驱动发展战略。完成这些工作需要找到合适的金融解决方案，这对金融服务需求的多元化程度和紧迫程度也是前所未有的。当前，资本市场改革创新已经开始呈现出全面推进、重点突破的态势。为了充分适应智能经济新常态，就要以资本市场为抓手，着力解决中小企业融资难、融资贵等问题，不断创新中小企业金融支持体系，引入更多的市场化方式，让市场在资源配置中发挥决定性作用。

第三，制造业和生产性服务业的深度融合。智能经济时代，传统的制造业企业将会转变为制造与服务并重的新型企业。从产业层面来看，制造业与生产性服务业之间将呈现出相互依存、融合互动的发展态势，形成既包含制造业价值链增值环节，又包含服务业价值链增值环节的融合型产业价值链，在很大程度上提高了工业经济的利润空间和增长潜力。这种深度融合也会改变企业的盈利模式和经营创新，并加快提升企业参与国际分工的地位和竞争力。

第四，技术创新和制度创新的深度融合。智能经济时代，企业是技术创新的主体，应该着力于技术开发和集聚要素，目标是提高自主创新能力，形成持久竞争优势；政府是制度创新的主体，应该着力于营造环境和机制保障，目标是营造与创新相适应的创业文化、科技文化和人文文化。在这一阶段，重点是推进技术创新和制度创新的深度融合，在制度层面营造完善高效的创新环境，推动经济发展从“要素驱动”“投资驱动”转向“创新驱动”。

3. 拓展智能经济的新模式

在智能经济时代，把握实体经济和智能经济深度融合新常态的目的，是更好地发挥“智能化”对经济的改造提升作用，促进产业产品优化升级。

第一，“智能＋柔性制造”新模式。互联网经济下，许多制造业企业通过互联集成和大数据应用，积极开展制造业务流程再造，探索在线定制、众筹设计、线上线下融合等柔性制造模式。智能经济时代下，柔性制造有望借助人工智能进一步发展，最后成为全面联通的柔性化智能生产线，来实现更快速、更精准的定制生产，以此全面推进产业创新和业态创新。

第二，“智能＋协同制造”新模式。智能经济时代，通过智能化的云制造协同平台，可以让制造设备具有远程协调、准确控制等功能，从而提升协同制造水平，推广异地协同开发的研发众包、协同设计等新型组织模式，最终实现企业与全球各方设计研发者之间的协同共享，促进生产、质量控制和运营管理系统全面互联，达到提升企业协同制造能力的目的。

第三，“智能＋服务制造”新模式。智能经济时代，要全面推动生产型制造向服务型制造转型。引导制造业企业整合产业链资源，提升研发设计、生产制造、运营维护及再制造各环节协同能力，拓展产品全生命周期管理服务。同时，也要加快推进实体经济和资本市场的深度融合，支持有条件的制造业企业建立企业财务公司、金融租赁公司等金融机构，同时并推广大型制造设备、生产线等融资租赁服务。

三、产业转型：从制造业向服务业转型

中国用30多年从农业大国发展为工业大国，在实现经济结构快速转型的同时也面临着工业大而不强，且在全球价值链分工中处于低端的尴尬局面。如何改变这一现状，顺应全球经济服务化发展趋势，推动中国从制造业向服务业的结构转型，是我们适应和引领新常态的新挑战与新任务。

（一）我国制造业向服务业转型面临的发展机遇

中国已经开始进入工业化中后期发展阶段，多方面的因素既要求制造业向服务业转型，又提供了有利条件。①

第一，收入水平提高和消费结构升级推动了服务需求持续增长。2016年，中国城乡居民人均可支配收入分别为33 616元、12 363元；城镇居民家庭恩格尔系数从1978年的57.5%下降到2011年的29.3%，农村居民家庭恩格尔系数从67.7%下降到32.2%。收入的变化必然引起消费结构的改变，随着中国城乡居民收入的快速提高，居民消费结构将从温饱型、舒适型向发展型、享受型转变，消费结构也将从物质消费向服务消费过渡，从而引起消费性服务需求的快速增长。相关研究显示，当一国经历长期的经济增长，人均收入水平从一个收入组别跨入另一个收入组别时，服务业的发展会实现一个台阶式的跨越，占经济总体的比重会显著上升。

① 杨玲等：《经济服务化：中国的现状、机遇与挑战》，《武汉大学学报（哲学社会科学版）》，2014年第3期。

按照世界银行标准，中国已于2011年成为中上等收入国家，并且随着中国社会保障体系的逐步完善，原有的预防性储蓄动机弱化，有利于进一步释放消费需求，带动消费性服务业的繁荣。

第二，产业结构优化和制造业升级依赖生产性服务支撑。市场化改革以来，中国逐步成为世界制造业出口大国，然而，国际代工模式不仅附加值低，还面临着资源、环境、成本等巨大压力。2011年，中国能源消耗占世界能源消耗量的19.3%，单位GDP能耗是世界平均水平的2.5倍，制造业的转型、升级成为必然选择。发达国家经验显示，先进制造业的发展必须依靠现代服务业的有力支撑，生产者服务日渐突起且逐渐成为全球价值链中的主要增值点和盈利点，在全球价值链分工体系中，“微笑曲线”两端高附加值的部分包括产前研发、设计与产后营销、售后服务等生产性服务业。统计数据显示，中国生产性服务业占服务业比重不仅低于英国、美国等发达国家，也低于印度、俄罗斯、巴西、南非“金砖四国”，中国制造业升级对生产性服务业的巨大需求有利于推动中国生产性服务业的快速发展。

第三，城市化为服务经济提供发展空间。发达国家服务经济发展实践表明，城市化与服务经济发展密切相关，城市是服务业发展的主要平台，服务业的规模和发展水平很大程度上取决于城市规模和发展水平。在经济发达的城市，现代服务业正逐步取代工业的主导地位，成为城市经济的主导产业，世界著名的服务型城市纽约、伦敦、新加坡、中国香港等都是以高度发达的城市为载体发展起来的。2011年，中国城市化水平首次超过50%，城市人口规模超过6亿，这也标志着中国数千年来以农业人口为主的人口结构发生了逆转。此外，伴随着中国新型城镇化发展战略的提出，城市化水平将快速提升，这不仅会带来居民收入水平的提高，也会增加餐饮、住宿等传统服务业的有效需求，同时也将刺激金融、保险、商务等生产性服务业和教育、医疗等公共服务的快速发展。

第四，经济服务化战略为服务业发展提供有利条件。尽管改革开放以来中国以制造业带动了经济的持续繁荣，但是在这个过程中中央政府始终关注服务经济的发展。1997年党的十五大报告、2005年党的十六届五中全会均对服务经济发展战略提出要求；进入 21 世纪后，伴随着对服务经济重要性认识的加深和对经济结构转型必然性的预期，各级政府高度重视服务经济的战略地位；2007 年党的十七大报告提出了“发展现代服务业，提高服务业的比重和水平”的目标，2012 年党的十八大再一次明确“加快传统产业转型升级，推动服务业特别是现代服务业发展壮大”的战略目标，服务业的进入门槛逐渐降低、政策倾斜力度不断加大，这些因素都将有助于服务经济走上快速发展轨道。2017 年党的十九大第一次提出建设现代化经济体系的战略部署，明确要求“支持传统产业优化升级，加快发展现代服务业，瞄准国际标准提高水平”。

第五，服务业为大规模国际转移提供有利的外部环境。近年来，国际服务业转移的广度和深度都在不断扩展。在新一轮世界性产业结构的调整步伐中，制造业与服务业的“双转移”趋势日渐明显，在跨国公司新一轮产业调整中，资本向服务业转移的趋势也日渐明显。20 世纪 80 年代初，全球服务业外国直接投资存量占全世界外国直接投资存量的 25%，自 90 年代以来，FDI 总额的 50%以上流向服务业。此外，随着跨国公司战略调整及网络、存储等信息技术的迅猛发展，由业务流程外包（BPO）和信息技术外包（ITO）组成的服务外包成为国际产业转移的重要形式，它不仅涉及金融、电信、软件、健康护理、零售与消费等行业，服务业也成为全球离岸外包的重要领域。这将为中国逐步承接国际服务转移、提高服务发展水平、优化服务业内部结构提供有利的外部环境。

（二）我国制造业向服务业转型面临的主要挑战

尽管中国现阶段拥有服务业发展难得的机遇，但也面临挑战，存在多方面的困难和不利因素。①

第一，居民收入差距扩大影响消费性服务需求。自改革开放以来，尽管中国居民收入水平和生活质量快速提高，城乡居民收入水平大幅增长，

① 杨玲等：《经济服务化：中国的现状、机遇与挑战》，《武汉大学学报（哲学社会科学版）》，2014 年第 3 期。

但居民收入不平等程度不断加剧。自 20 世纪 90 年代以来，中国居民收入差距呈现逐步扩大趋势。国家统计局资料显示，中国城乡居民人均收入基尼系数从 1991 年的 0.32 增加到 2012 年的 0.474，其中，2006 年、2007 年甚至达到 0.5，超过警戒线。收入差距的扩大将会降低中低收入消费能力，减少市场有效需求，特别是对于享受型的服务性消费需求的影响更为显著。

第二，经济发展路径依赖挤压生产性服务发展空间。中国经济的持续高速增长源于制造业的发展壮大，然而，中国制造业的外贸依存度高，长期以初级产品出口和国际代工支撑制造业的发展。在国际分工的产业链条上，中国一直处于低端的加工制造，很少参与高附加值的产品开发与设计、品牌营销、过程管理等环节。这些服务基本上由境外生产者提供，挤压了中国生产性服务业发展空间，导致中国生产性服务发展滞后。目前，中国制造业面临着结构升级与转型的压力，但是对已有发展模式的路径依赖使这种转型面临着诸多困难，难以一蹴而就，并可能制约中国生产性服务业的发展。

第三，劳动力素质总体上还不适应由制造业向服务业转型的要求。中国粗放式的经济增长模式对低素质廉价劳动力的大规模需求使得中国人力资本在经济高速发展过程中并未获得快速提升，廉价低质成为中国劳动力资源的特征。然而，伴随着经济发展方式的转变、产业结构的优化升级及技术进步的推进，服务业将成为中国经济增长的主要动力源泉，经济发展将逐步减少制造业的劳动力需求；服务业的发展壮大需要与之相匹配的劳动力资源，目前我国人力资本存量及现有的人力资本培养模式还不能有效地提供服务业发展所需的高素质劳动力，劳动力的供给与新兴产业对劳动力的需求不相适应①，这就成为制约我国服务业进一步发展的主要障碍。

第四，人口城镇化滞后不利于发挥城镇化对制造业向服务业转型的推动作用。城镇化水平长期滞后于工业化和经济发展是中国服务业发展落后的主要原因之一，尽管 2011 年城镇化率超过 50%，但是城镇化严重滞后

① 杨艳琳：《失业高峰问题研究》，北京：科学出版社 2011 年版，第 151 页。

的局面得以改观。然而，与发达国家人口城镇化和经济发展同步不同，由于户籍制度的存在，中国人口城镇化滞后于城镇化发展水平，虽然数以亿计的农村流动劳动力在城市生活、工作，但其户籍仍为农村户口，其子女教育、社会保障等均被排除在市民体系之外，“候鸟式”的生产生活方式严重制约了第三产业需求的释放，也弱化了城镇化对服务业发展的推动作用。

第五，国际竞争日趋激烈对我国服务贸易带来挑战。由制造品出口大国向服务贸易出口大国的转变是处于工业化中期阶段贸易结构转型的必然选择，因此，近年来尽管中国服务贸易进口、出口均呈现快速增长态势，但也面临着激烈的国际竞争。首先，2008 年爆发的金融危机引起世界市场迅速萎缩，导致中国服务贸易增长速度快速下降；受此轮金融危机影响的发达国家迫于国内就业压力，贸易保护主义抬头，服务贸易的发展受到限制。其次，发展中国家，特别是经济发展水平较高的“金砖”国家近年服务业竞争力迅速提升，使中国的服务贸易不仅面临着发达国家的先发竞争优势，同时也面对着来自发展中国家的激烈竞争。

第六，制度建设滞后阻碍制造业向服务业转型。制造业向服务业转型是多种机制共同作用的结果，在中国政府主导的经济发展模式下，制度因素对制造业向服务业转型发挥着举足轻重的作用。尽管中国提出了加快服务经济发展的战略目标，但是支持服务业发展的制度建设相对滞后。首先，地方政府仍然过分强调制造业的发展，在用地、税收、水电供应等方面给予制造业的优惠仍优于服务业。其次，中国服务行业存在广泛的行政性垄断，特别是具有高附加值的现代服务业，如金融、电信、保险、通信等领域基本上被国企垄断，这限制了民营资本与外资的进入，难以形成有效的竞争机制，不利于其行业竞争力的提升。再次，中国尚未形成针对服务业行业的有效融资制度，限制了资金向服务业的流入。最后，与服务业发展紧密相关的专利、影像制品等知识产权保护相对薄弱，制约了以知识、智力投入为主的现代服务业的发展。

（三）推动制造业向服务业转型的政策选择

根据我国制造业向服务业转型面临的机遇和挑战，推动制造业向服务业转型应该在提高劳动力素质、积极稳妥推进城镇化的基础上，努力增加服务经济产出比重；促进生产性服务业向消费性服务业的发展与升级；提升服务业国际服务贸易竞争优势，并为服务经济发展提供良好制度环境。[①]

第一，以提高生产率为基础，提升服务经济比重和就业吸纳能力。新型工业化对经济结构调整提出了新的要求，制造业向服务业转型也是新型工业化的内涵之一。一些拉美国家服务经济发展的现实提醒我们，劳动生产率才是服务业可持续发展的根本动力，虽然部分拉美国家服务业占比较高，但是其劳动生产率长期处于较低水平，不仅使服务业处于低水平发展阶段，也导致经济增长后劲不足、居民收入水平难以提高。因此，服务经济增加值占国民经济比重的上升、就业能力的增强并不意味着服务业的现代化。中国服务经济的发展应该以提高服务业劳动生产率为基础，通过劳动生产率的提升实现服务业的扩张，带动社会资源更多地配置到服务行业，在效率提高的基础上实现经济服务化的转型和就业吸纳能力的提升，最后实现转型、增长与就业协调发展。

第二，以制造业结构升级为契机，促进生产性服务业发展。世界经济发展历史表明，在工业化中后期，服务业的增长主要来自工业部门的服务分离。[②] 从服务业内部结构来看，生产性服务业占整个服务业产值比重的70%，消费性服务业仅占30%。随着现代化机器设备和各种自动生产线的广泛采用，制造业中的加工制造环节变得相对简单，更多的增加值和就业岗位来自生产性服务业环节，即研发设计、生产组织管理、市场营销、品牌经营和售后服务，以及金融服务和其他商务服务。中国制造业大而不强、附加值低的主要原因之一是服务投入水平低。[③] 在中国制造业升级与经济结构转型过程中，将伴随着巨大的生产性服务业需求的释放，我们应

① 杨玲等：《经济服务化：中国的现状、机遇与挑战》，《武汉大学学报（哲学社会科学版）》，2014年第3期。

② 简新华：《从“四化同步”到“五化协调”》，《武汉大学学报（哲学社会科学版）》，2013年第6期。

③ 史丹、夏杰长：《中国服务业发展报告——新兴服务业发展战略研究》，北京：社会科学文献出版社2012年版。

该抓住这一机遇，大力推动制造业服务的外部化和生产性服务的投入，实现制造业结构升级与生产性服务业快速发展的良性互动。

第三，抓住机遇促进消费性服务业的发展壮大。中国正面临人口结构的改变和居民收入水平持续快速提高的发展阶段，启动内需既是中国经济可持续发展的必要条件，也是消费性服务业发展的历史机遇。城市化水平提高、人口结构老龄化、国民收入的增加及生活方式的改变，将极大地提升社会对消费性服务业的需求。我们应该关注这些新的变化和机遇，在发展传统消费性服务（餐饮、旅馆、家政等）的同时积极促进高附加值、高知识投入的现代消费性服务业，如教育、医疗、文化娱乐、教育培训等行业的规模扩张和结构升级。

第四，提升服务业竞争力，积极参与国际服务贸易竞争。服务全球化是不可逆转的发展趋势，中国对外开放的重点也逐步转向了服务业。我们应该顺应这一客观趋势，充分利用中国的人力资本、通信技术及教育培训的优势，来提升中国服务业国际竞争力，注重发展中国具有比较优势的现代服务业；重点扶持优势产业、着力打造高附加值的现代服务业优势，积极参与服务业的国际分工，培育国际化的服务型企业集团。

第五，加强制度建设，为制造业向服务业转型提供良好的制度环境。制造业向服务业转型对制度环境有着更高的、特殊的要求。我们需要通过完善制度为服务经济发展提供良好的外部环境。首先，打破垄断，放宽准入标准，并建立公开、公平、规范的市场竞争环境；其次，建立健全服务业标准体系，推进服务业的标准化和规范化；再次，通过对教育培训机构的改革，为服务经济发展培养合格的人才，并提供有效的科技支撑；最后，鼓励技术创新和服务创新，为创新服务提供有效的知识产权保护，保证创新成果的合理收益。

第五章

新思维：习近平的复合经济思想

面对新时代经济发展的复杂形势和艰巨任务，习近平总书记先后提出了与以往完全不同的新思维，主要包括“五位一体”的复合型生态经济思想、“五大发展理念”的复合转型、“一带一路”的共同体经济思想、全面小康的复合型民生经济思想和混合所有制的社会主义经济思想等内容。

一、“五位一体”的复合型生态经济思想

（一）“五位一体”复合型生态经济思想的形成

“五位一体”复合型生态经济的认识和实践经历了一个初步探索、逐步深化和趋于完善的过程。改革开放初期，以邓小平同志为核心的党的第二代中央领导集体，敏锐地意识到物质文明和精神文明协调发展的重要性，并明确提出要“两个文明”一起抓。党的十三届四中全会以后，以江泽民同志为核心的党的第三代中央领导集体提出在建设社会主义物质文明和精神文明的同时，要建设中国特色的社会主义政治文明。党的十六大以来，以胡锦涛同志为总书记的党中央，提出构建社会主义和谐社会的战略思想和经济建设、政治建设、文化建设、社会建设“四位一体”的总体布局。

随着中国经济发展步入多元复合转型的重要战略机遇期，经济社会面

临诸多矛盾叠加、风险隐患加剧，以习近平同志为核心的党中央提出迈向生态文明新时代的中国经济发展新理念、新思路、新战略。党的十八大提出“五位一体”的生态文明建设战略，在十八届五中全会通过的《中共中央关于制定国民经济和社会发展第十三个五年规划的建设》中，变成了指导中国经济社会发展的五大新理念。明确指出，“实现‘十三五’时期发展目标，破解发展难题，厚植发展优势，必须牢固树立创新、协调、绿色、开放、共享的发展理念。坚持创新发展、协调发展、绿色发展、开放发展、共享发展，是关系我国发展全局的一场深刻变革”。[①] “五位一体”的战略总布局是一个有机整体，其中，经济建设是根本，政治建设是保证，文化建设是灵魂，社会建设是条件，生态文明建设是基础。坚持“五位一体”建设全面推进、协调发展，才能形成经济富裕、政治民主、文化繁荣、社会公平、生态良好的发展格局，把中国建设成为富强、民主、文明、和谐、美丽的社会主义现代化国家。突出强调生态文明建设的基础性作用和建设社会主义现代化国家的目标之一，标志着“五位一体”复合型生态经济思想的形成。“五位一体”复合型生态经济思想的形成是中国特色社会主义实践不断丰富的结果，也是我们党对中国特色社会主义认识不断深化的结果。

（二）“五位一体”复合型生态经济思想的重大意义

“五位一体”复合型生态经济思想的提出，标志着我国社会主义现代化建设进入一个新的历史阶段，体现了我们党对于中国特色社会主义的认识达到了新高度。“五位一体”复合型生态经济与社会主义初级阶段总依据、实现社会主义现代化和中华民族伟大复兴总任务有机统一，对进一步明确中国特色社会主义发展方向、夺取中国特色社会主义新胜利意义重大。

第一，“五位一体”的复合型生态经济体现了人民群众的根本利益和共同愿望。自改革开放以来，我国的经济社会发展取得了举世瞩目的成就，综合国力和国家地位显著提升，人民生活水平不断提高。在物质生活

① 2015 年 10 月 29 日通过《中共中央关于制定国民经济和社会发展第十三个五年计划的建议》。

得到保障后，人民不仅对物质生活水平和质量提出了更高要求，而且对民主权利的行使、精神文化生活的丰富、社会公平正义的实现、美好生活环境的提供等方面均有了更高期待。把“五位一体”建设总布局纳入了生态文明建设，提出要从源头上扭转生态环境恶化趋势，为人民创造良好的生产生活环境，努力建设美丽中国，实现中华民族永续发展，是我国社会主义现代化发展到一定阶段的必然选择，也是社会主义核心价值观的基本要求。①

第二，“五位一体”的复合型生态经济体现了我党对社会主义建设规律认识的进一步深化。在长期的社会实践中，我党认识到发展与环保之间并不是对立、先后和主次的关系，只要我们统筹兼顾、整体把握，就可以实现两者之间的良性互动、持续共生、协调融合。“五位一体”的提出从整个文明形态转变的角度，强调通过顶层设计和整体部署解决人与自然、经济发展与生态保护的矛盾，这既是改革开放以来治理生态环境历程的总结，也是我党对经济发展和环境保护两者之间关系的科学把握，还是对可持续发展规律、自然演化规律和生态环境治理规律的遵循。

第三，“五位一体”的复合型生态经济体现了我党实现“两个一百年”奋斗目标的决心。“五位一体”是经济、政治、文化、社会、生态建设全面发展的总体布局，蕴含着富强、民主、文明、和谐社会建设的总目标。“五位一体”和“四个全面”相互促进、统筹联动，协同建设社会主义市场经济、民主政治、先进文化、生态文明、和谐社会，协同推进人民富裕、国家强盛、中国美丽，这体现了国家治理现代化的要求，也为实现“两个一百年”战略目标提供了重要保证。

第四，“五位一体”的复合型生态经济体现了中国特色社会主义建设理论的新发展。“五位一体”总体布局是党的社会主义理论体系的重大创新，是对科学发展认识的又一次深化，是马克思主义中国化的深入发展。中国作为负责任的大国，一直强调在应对全球气候问题、能源问题、环境

① 《坚持五位一体 把握总体布局——学习贯彻党的十八大精神之四》，载新华网，2012 年 11 月 19 日。

问题等方面应坚持共同而有区别的责任原则，积极与其他国家一道共同维护全球生态安全。“五位一体”格局的提出、节能减排强制性目标的制定、新兴产权交易市场的建立等，不仅仅是中国自身发展的需要，也是中国应对世界气候变化所做的重大贡献。

（三）发展“五位一体”复合型生态经济的基本要求

发展“五位一体”复合型生态经济，就是要将生态文明建设纳入国家发展的总体布局，将生态文明建设上升到党和国家的战略层面，从而更好地发挥生态文明建设的基础性作用，使生态文明建设成为其他各项建设的基本载体和支撑。

第一，要使生态文明建设成为提升经济质量、转变经济发展方式的重要方式。长期以来，我国的工业发展主要是依靠资源、资金和廉价劳动力推动的外延式、粗放式的增长，而这种增长方式会造成自然资源的透支性消耗和生态环境的永久性破坏，不仅影响到当代人的生存，也威胁到后代的持续发展。因此，加强生态文明建设，推广节约资源和保护环境的空间格局、产业结构、生产方式和生活方式，研发新技术、使用新能源、培育新产业，走出一条科技含量高、经济效益好、可持续性发展道路是中国实现可持续发展的必然选择。

第二，要使生态文明建设成为提高国家治理能力、实现政府职能的重要抓手。以 GDP 论英雄的政绩考核方式明显违背了经济发展及自然生态规律，这不仅导致了生态环境的急剧恶化，也严重制约了我国经济的可持续发展。建立完善体现生态文明建设的经济发展目标指标体系和激励约束机制，严格执行环境检测、环境影响评价、绩效考核制度，这些既是推进生态文明建设的坚实基础和有力保障，也是提升国家治理水平、实现政府管理职能的重要内容。

第三，要使生态文明建设成为推进社会建设、促进社会和谐的重要途径。地方环境的破坏、生态系统的退化，导致极端气候和自然灾害频发、社会性群体事件增多，给人民群众的正常生产生活带来了困扰。因此，切实推进生态文明建设，把环境保护和社会发展结合起来，才能解决人民最关心、最直接、最现实的利益问题，满足人民群众对环境优化的需求，享受到经济社会发展的成果。

第四，要使生态文明建设成为弘扬社会主义核心价值观、提升文化软实力的重要手段。生态文明建设的推进，有利于形成全社会的节能环保文化，凝聚环境保护和资源节约共识，强化社会监督，引导全社会共同参与；有利于打造责任政府、服务政府的良好形象，建立政府和社会之间的良好沟通机制；有利于培育和贯彻社会主义核心价值观，形成人与自然的和谐统一。①

(四) 发展“五位一体”复合型生态经济的主要路径

发展“五位一体”复合型生态经济，需要重点布局生态文明，打造绿色发展新抓手，具体来说，就是要加快建设资源节约型、环境友好型社会，形成人与自然和谐发展现代化建设新格局，推进美丽中国建设，为全球生态安全和人类可持续发展做出贡献。②

第一，低碳循环经济的发展。低碳循环经济将彻底颠覆以往的生产方式，形成低碳经济和循环发展的关键在于推动能源技术进步，建立起清洁低碳、安全高效的现代能源体系。

第二，高科技支撑的发展。高科技支撑发展主要表现在：首先，是科技革命大突破，以纳米、生物工程等为代表的新信息技术催生促进经济社会大转型的革命性变化；其次，是产业革命突飞猛进，表现为产业设计、“云物大智”开启创新信息技术新时代；再次，是产业形态突变爆发，创新产业集群成为产业集群与转型升级新模式；最后，是区域经济新状态，重点在区域创新与区域设计。

第三，主体功能区的建设。主体功能区的重点内容包括区域市场形成和发展、与主体功能相适应的区域产业选择、区域产业结构调整、区域性能源、交通通信等基础设施建设、区域内公共服务的供给等。目前主体功

① 环境保护部宣传教育司、中国行政管理学会联合课题组：《从“五位一体”的高度把握生态建设与经济发展的关系》，《中国环境报》，2013 年 5 月 9 日。

② 国家行政学院经济学教研部：《中国经济新方位》，北京：人民出版社 2017 年版。

能区可以划分为优化开发区、重点开发区、限制开发区和禁止开发区。

第四，生态安全屏障建设。在经济生活中需要大力落实生态文明理念，重点放在转变经济发展方式和发展循环经济，同时需要建立起完善、统一的生态文明制度体系。生态安全屏障建设范围覆盖地区主要是生态重点地区和生态脆弱地区，建设内容包括森林、湿地、荒漠、城市等主要生态系统，这是国家生态安全体系的基本框架。

二、“五大发展理念”的复合转型思想

自改革开放以来，党的发展理念随着社会历史条件和面临历史任务的不同不断调整，从最初的“以经济建设为中心”“发展是硬道理”，到“发展是党执政兴国的第一要务”，再到党的十六大创造性地提出“科学发展观”，最后到党的十八届五中全会的“五大发展理念”，每一次完善都推动了中国实现新的跨越式发展。发展理念的变化既体现了中国发展道路的独特性，也契合了世界发展理念的转变。

（一）“五大发展理念”的复合转型思想的形成

经过 30 多年的高速增长，2016 年我国 GDP 总量已达到 80 万亿元，占世界经济总量超过 13%。从经济总量、经济结构、经济效益、经济影响等层面来看，我国已成为名副其实的经济大国。但随着人口红利衰减、“中等收入陷阱”风险累积、国际经济格局深刻调整等一系列内因与外因的作用，中国经济正进入由高速增长转入中高速增长的新阶段，正进入经济发展的新常态，迫切需要新的发展理念的引领。

第一，中国已成为经济大国，站在从经济大国迈向经济强国的新起

点。从经济总量的角度来看，中国经济已进入一个新阶段。据统计，1978年我国GDP只有1 482亿美元，居世界第十位。2016年我国GDP超过80万亿元，稳居世界第二位，已成为名副其实的经济大国。然而，经济规模大并不代表国际竞争力强，站在从经济大国向经济强国迈进的历史新起点上，我们应当更加重视创新驱动发展、产业结构优化和经济质量提升，只有这样才能真正提升国家的竞争力，才能真正实现经济强国的伟大目标。

第二，"刘易斯转折点"① 加速到来，要素资源约束加剧。自改革开放以来，中国经济持续快速增长的一个重要推动力就是人口红利的持续释放。由于生产成本和国内劳动力工资低，制造业企业纷纷离岸外包到中国。但近年来，这一比较优势正随着我国人口结构的变化而在不断衰减。统计数据表明，2012年，15～59岁的劳动年龄人口为93 727万人，比2011年末减少345万人。与此同时，老年人口的比重继续攀升，60周岁及以上人口为19 390万人，占总人口的14.3%，比2011年末提高0.59个百分点。2013年16～59岁的劳动力资源数量减少了244万人。中国人口红利拐点的出现，至少会带来三大后果：一是劳动力成本上升，劳动力成本比较优势逐步减弱；二是由于老龄人口增加，人口抚养比提高，储蓄率将会下降，推高资金成本；三是劳动力人口总量减少，产生"民工荒"等用工短缺现象。这三大后果直接导致中国潜在经济增长率的降低。从本质上讲，"刘易斯转折点"的到来意味着传统人口红利的消失。今后和未来一段时期，我们必须通过提高劳动人口的资本存量来创造新的人口红利，加快从人口大国走向人力资源大国。

第三，进入中等收入国家行列，将面临"中等收入陷阱"风险。从拉美、东南亚一些国家的经历来看，这些国家早在20世纪七八十年代就进入了中等收入国家的行列，但由于多数国家在向高收入经济体的攀升过程中，经济增长仍然依赖从低收入经济体发展成为中等收入经济体的战略、模式和方法，进一步的经济增长被原有的增长机制锁定，导致这些国家一

① 所谓"刘易斯转折点"，是指在发展中国家中普遍存在二元经济结构，在剩余劳动力消失之前，社会可以源源不断地供给工业化所需要的劳动力，即劳动力的供给是无限的，同时工资还不会上涨。直到有一天，工业化把剩余劳动力都吸纳干净，这个时候若要继续吸纳剩余劳动力，就必须提高工资水平。否则，农业劳动力就不会进入工业部门，这个临界点就叫作"刘易斯转折点"。

直徘徊在中等收入的水平上，长期处于“中等收入陷阱”之中。按照世界银行的标准，它们已进入上中等收入国家行列，正向高收入国家迈进，我们必须清醒地认识新常态下“中等收入陷阱”的风险与挑战，集中精力把自己的事情做好，努力实现跨越“中等收入陷阱”。

第四，体制机制障碍较多，全面深化改革进入攻坚期。通过40年的改革开放，一些方面的改革已取得突破性进展，但市场化导向的改革并没有彻底完成，很多地方还不到位。全面深化改革就必定要触动原有的利益格局，但触动利益往往比触及灵魂更难，改革的艰巨性、复杂性和纵深性在不断加强。

第五，世界经济格局深刻调整，全球治理面临新挑战。从整体上看，外部发展环境有望总体保持和平稳定，这是中国继续发展的外部有利条件。同时，世界经济仍将面临诸多不稳定、不确定性因素，复苏道路依然曲折，大幅回暖的概率较小，使得中国的外部经济环境更加复杂。国际金融危机深层次影响在相当长时期依然存在，全球经济贸易增长乏力，保护主义抬头，地缘政治关系复杂变化，传统安全威胁和非传统安全威胁交织，外部环境不稳定不确定因素增多。

在中国经济发展进入新常态和新的历史起点上，党的十八届五中全会上提出，破解发展难题，厚植发展优势，必须牢固树立并切实贯彻创新、协调、绿色、开放、共享的发展理念。

（二）“五大发展理念”的复合转型思想的重大意义

“五大发展理念”的复合转型思想，是党的十八大以来，在深刻分析国际发展大势和国内发展阶段性特征的基础上形成的治国理政的新理念。“五大发展新理念”既重申了发展主题，又进一步解决了发展的方法问题，为推动经济持续健康发展、引领经济发展新常态和开拓发展新境界提供了科学理论指导和行动指南。

第一，“五大发展理念”的复合转型思想引领经济新发展。当前，我国已进入经济发展新常态，经济发展速度由高速向中高速转变，发展方式从注重规模速度型向侧重质量效率型转变，经济结构由注重增量、扩大产能转向调整存量、做优存量并举，发展动力从依靠资源和低成本劳动力等要素投入转向创新驱动。[①] 制定新时期的经济发展规划，必须充分考虑当前经济发展形势，按照适应新常态、把握新常态、引领新常态的总要求进行战略谋划。“五大发展理念”创造性地回答了新形势下我们要实现什么样的发展、怎样实现发展的重大问题，是顺应时代潮流、发展优势的战略抉择，为“十三五”乃至更长时期中国的发展指明了道路，将引领中国发展走向更加协调、公平和可持续的新阶段。

第二，“五大发展理念”的复合转型思想是对我国发展问题的深刻总结。党的十八大以来，习近平总书记发表系列重要讲话，深入剖析了党和国家在新的历史条件下面临的一系列重大理论和现实问题。“五大发展理念”针对的是我国发展中的突出矛盾，回答的是中国当前最为紧迫的现实问题，坚持以问题为牵引，针对性地解决我国经济发展动力不足、发展不平衡、人与自然的失调、发展内外联动、社会公平正义等问题，全力补齐发展短板，在破解发展难题中提高经济发展的质量和效益。

第三，“五大发展理念”的复合转型思想体现了人民至上的价值取向。中国共产党应坚持把群众利益放在首位，同群众同甘共苦，密切联系群众，坚持权为民所用、情为民所系、利为民所谋。“五大发展理念”体现了以人民为中心的发展思想，实行群众路线，一切为了群众，一切依靠群众，从群众中来，到群众中去，把人民对民生的诉求变成生活的现实，让人民群众有更多幸福感和认同感。

第四，“五大发展理念”的复合转型思想充实了中国社会主义建设理论体系。“五大发展理念”是以习近平同志为核心的党中央带领全体人民扎根实践、积极探索的结果，是对共产党执政规律和社会主义建设规律的深刻认识，是对科学发展观的进一步升华，是对马克思主义发展观的重大创新。它也是挺立中国主体、讲好中国故事、塑造中国形象、传播中国智慧、充实中国话语的重要抓手，贯彻落实“五大发展理念”，要深入学习领会、准确把握好“五大发展理念”的重大意义、精神实质和实践要求，

① 黄淑亮：《以“五大发展理念”引领新发展》，《福建理论学习》，2016年第10期。

自觉把“五大发展理念”贯穿于经济社会发展各项工作的全过程、各领域、各环节。

（三）“五大发展理念”的复合转型思想的内涵和要求

“五大发展理念”的复合转型思想相互贯通、相互促进，是具有紧密联系的集合体，唯有统一贯彻落实、全面共同推进，才能实现“十三五”发展目标和“两个一百年”奋斗目标。

创新是引领发展的第一动力，回答了“靠什么发展”的问题。当前，我国已经进入经济发展新常态，面临着经济下行压力增大、人口红利逐渐消失、环境约束日益增强、产业升级阻力重重、传统优势不断削弱等难题。坚持创新发展，就是必须把创新发展摆在国家发展全局的核心位置，推进理论创新、制度创新、科技创新和文化创新等各方面创新的共同发力，让创新贯穿到全社会各项工作中。实现创新发展，就是要引导劳动力、资本、土地、技术、管理等要素优化配置，加大对新技术、新产业、新业态的投资，支持信息技术、新能源、智能制造等战略性新兴产业发展，全面激发市场活力，推动“大众创业、万众创新”，创造新供给，释放新需求①；破除体制机制障碍，建立健全产权制度、投融资机制、分配制度和人才培养引进制度等，加强知识产权保护，吸引社会资本，营造公平的市场环境，从而激发创新动力；加强科技和经济的有机融合，推动产学研的深度融合，实现创新项目与生产力提升、创新成果与产业升级、科技进步与经济发展的对接。

协调是持续健康发展的内在要求，回答了“发展什么”的问题。西部大开发、东北振兴、中部崛起等战略的实施虽然取得了一定成果，但是我国区域发展不平衡、城乡发展不协调、贫富差异大等问题仍然突出，制约了我国经济长期可持续发展。坚持协调发展，就是要正确处理发展中的重大关系，重视城乡区域协调发展、经济社会协调发展、精神文明和物质文明协调发展，以及新型工业化、信息化、城镇化、农业现代化的同步发

① 《贯彻“五大发展理念”，实现百年奋斗目标》，《人民日报》，2015 年 10 月 30 日。

展。实现协调发展，就是要从全局角度统筹东中西、协调南北方，推进京津冀协同发展、长江经济带建设等发展战略和“一带一路”倡议的落实，引导产业优化布局和分工协作，形成经济区之间的优势互补和良性互动；重视中小城市和小城镇发展，推动城镇公共服务向农村延伸，提高社会主义新农村建设水平，促使城乡要素平等交换和公共资源向基层倾斜，形成城乡发展一体化；构建符合经济新常态要求的管理机制与利益协调机制，实现经济发展的质量、效益和人民福祉的一致性。

绿色是永续发展的必要条件，回答了“怎么发展”的问题。我国资源约束趋紧，环境污染严重，生态系统退化，发展与人口资源环境之间的矛盾日益突出，已成为经济社会可持续发展的重大瓶颈。坚持绿色发展，就是要坚持“绿水青山就是金山银山”的理念，坚持走生产发展、生活富裕、生态良好的发展道路，加快建设资源节约型和环境友好型社会，形成人与自然和谐发展的现代化建设新格局。实现绿色发展，就是要有度有序利用自然资源，控制开发总量和强度，划定生态空间保护红线，推进各地依据主体功能定位发展，促进人与自然的和谐共生；全面节约和高效利用资源，实施全民节能行动，鼓励工业企业引进节能技术和实施节能改造，推广使用清洁能源和可再生能源，控制能源消费总量；加大大气污染、水污染、土壤污染等环境治理力度，加强生活垃圾集中处理和资源回收再利用，构建生物多样性保护网络；建立健全用能权、用水权、排污权、碳排放权初始分配制度，严格生态环境监管，加大环境执法力度。

开放是繁荣发展的必由之路，回答了“怎么发展”的问题。当前，全球经济一体化势不可挡，世界经济格局深度调整，我国经济和世界经济之间的联系日益紧密，对世界经济发展的影响更加深刻。坚持开放发展，就是要充分考虑全球经济的联动效应，审慎应对环境变化，整合国内和国际市场资源，促进市场要素的有序流动，形成保持经济平稳增长的新秩序。实现开放发展，就是要完善对外开放格局，建立双边和多边合作机制，坚持互利互惠、互联互通原则，推进和有关国家和地区的务实合作，推进“一带一路”建设，开拓国际市场；建立健全国际贸易、投融资体制机制，引进境外优良资本、先进技术和优秀人才，推动装备、技术和服务走出去，深度融入全球产业链；参与全球治理，积极承担国际责任，建立良好的国际沟通合作机制，营造平等公正的经济发展环境。

共享是发展的本质要求，回答了“什么是发展”和“如何评价发展”的问题。现阶段，我国人民生活水平、居民收入水平、社会保障水平持续提高，但仍存在收入差距较大、利益格局固化、公共资源分布不均等问题。坚持共享发展，就是要坚持发展为了人民、发展依靠人民、发展成果由人民共享，维护社会公平正义，努力实现共同富裕和全面小康。实现共享发展，就是要关注民生，从解决人民最关心、与人民关系最密切的问题入手，完善公共服务体系，加强基础设施建设；健全社会保障体系，深化医疗改革，确保人民生活底线；合理分配教育资源，提高经济落后地区教育水平；改革收入分配制度，加大转移支付力度，完善税收制度，重点向中西部、农村和贫困地区倾斜，实现居民收入增长和经济增长同步、劳动报酬提高和劳动生产率提高同步，逐步缩小收入差距。

三、“一带一路”的共同体经济思想

(一)“一带一路”的共同体经济思想的形成

当今世界，经济全球化、区域一体化激发出强大的生产潜力，科技进步极大地提高了生产和生活效率，人类在物质和精神财富的创造方面达到了前所未有的高度。与此同时，随着经济社会的快速发展，各国之间的利益纽带不断密切，共同面临的挑战也日益增多：世界经济增长乏力，传统增长引擎对经济的拉动作用减弱；全球化面临新的艰难险阻，符合全人类利益的开放合作理念面临威胁；全球经济治理体系未能反映客观变化，体制机制革新进展缓慢；发达经济体进入后工业化阶段，一些发展中国家却尚未开启现代化的大门；全球贸易投资体系有待完善，互利共赢的全球价值链尚未成型；相当多的国家基础设施不足，区域、次区域发展面临瓶颈。面对困难挑战，唯有加强合作才是根本出路，正基于此，中国提出共建“一带一路”的合作倡议。

2013年9月，中国国家主席习近平提出共建“一带一路”倡议，且得到国际社会的高度关注和有关国家的积极响应。共建“一带一路”倡议借用古丝绸之路的历史符号，融入了新的时代内涵，既是维护开放型世界经济体系，实现多元、自主、平衡和可持续发展的中国方案；也是深化区域合作，加强文明交流互鉴，维护世界和平稳定的中国主张；更体现了中国作为最大的发展中国家和全球第二大经济体对推动国际经济治理体系朝着公平、公正、合理方向发展的责任担当。

（二）“一带一路”的共同体经济思想的内涵和要求

“一带一路”倡议是一项系统工程，要坚持共商、共建、共享原则，积极推进沿线国家发展战略的相互对接。共建“一带一路”致力于亚欧非大陆及附近海洋的互联互通，建立和加强沿线各国互联互通伙伴关系，构建全方位、多层次、复合型的互联互通网络，实现沿线各国多元、自主、平衡、可持续的发展。“一带一路”的互联互通项目将推动沿线各国发展战略的对接与耦合，发掘区域内市场的潜力，促进投资和消费，创造需求和就业，增进沿线各国人民的人文交流与文明互鉴，让各国人民相逢相知、互信互敬，共享和谐、安宁、富裕的生活。

2015年3月28日，国家发展改革委、外交部、商务部联合发布了《推动共建丝绸之路经济带和21世纪海上丝绸之路的愿景与行动》。文件框架思路提出“一带一路”是促进共同发展、实现共同繁荣的合作共赢之路，是增进理解信任、加强全方位交流的和平友谊之路。中国政府倡议，秉持和平合作、开放包容、互学互鉴、互利共赢的理念，全方位推进务实合作，打造政治互信、经济融合、文化包容的利益共同体、命运共同体和责任共同体。

共同体就是指社会上那些基于主观和客观共同特征（种族、观念、地位、遭遇、任务、身份等）而组成的各种层次的团体、组织，包括以血缘关系为纽带形成的氏族和部落，以婚姻关系和血缘关系为纽带形成的家庭，以共同的经济生活、居住地域、语言和文化心理素质为纽带形成的民族等。“一带一路”是通往世界经济共同体之路：“利益共同体”强调“一带一路”建设将推动沿线各国联动发展并加深经济融合，在各国“做互利共赢的伙伴”基础上，形成“一荣俱荣、一损俱损”的利益共同体，提升利益融合，为打造“命运共同体”奠定坚实的基础；“命运共同体”理念强调，“一带一路”建设聚焦政策沟通、设施联通、贸易畅通、资金融通、民心相通，把中国发展同沿线各国发展结合起来，把中国梦和沿线各国人民的梦想结合起来，以实际行动实践命运共同体构想，实现各国的共同发展与繁荣；“责任共同体”理念强调，各国应共同承担责任并以积极的合作应对共同的问题与挑战，让和平的薪火代代相传，让发展的动力源源不断，让文明的光芒熠熠生辉，是各国人民的期待，也是中国作为大国的智慧与担当。

（三）发展“一带一路”的共同体经济的主要路径

“秉持和平合作、开放包容、互学互鉴、互利共赢的理念，全方位推进务实合作，打造政治互信、经济融合、文化包容的利益共同体、命运共同体和责任共同体”是“一带一路”建设的重要目标，为了实现这一目标，要做到“三要”，即要坚持共同发展的大方向，结成亚洲利益共同体；要构建融合发展的大格局，形成亚洲命运共同体；要维护和平发展的大环境，打造亚洲责任共同体。

第一，坚持共同发展的大方向，结成亚洲利益共同体。党的十八届五中全会提出，要在坚持开放发展中“构建广泛的利益共同体”，“推进‘一带一路’建设，推进同有关国家和地区多领域互利共赢的务实合作，推进国际产能和装备制造合作，打造陆海内外联动、东西双向开放的全面开放新格局”。在经济全球化背景下，亚洲各国的发展不可能独善其身，同时也不应是“零和博弈”，而是“你中有我、我中有你”的互利合作，能产生“一加一大于二”的效应，甚至是“二加二大于四”的效应。亚洲国家应继续同舟共济、共克时艰，把经济的互补性转化为发展的互助力，不断扩大利益交汇点，实现互惠共存、互利共赢。“一带一路”建设以亚洲国家为重点，以陆上和海上经济合作走廊为依托，贯穿亚欧大陆，东边连接亚太经济圈，西边进入欧洲经济圈，沿线涉及 60 多个国家、44 亿人口，经济总量超过 21 万亿美元，是世界跨度最大、覆盖面最广的新兴经济带。“一带一路”沿线各国资源禀赋各异，经济互补性较强，彼此合作潜力和空间很大，中国以政策沟通、设施联通、贸易畅通、资金融通、民心相通为路径，促进中国与沿线国家的互联互通，建设更具活力、更加开放、更兼稳定、更可持续、更多包容的全球化经济，打造亚洲乃至世界利益共同体，实现互利共赢。“一带一路”建设有利于沿线国家发挥各自优势，实现经济互补，进一步完善世界市场机制，共同打造全球经济治理新体系，最终实现经济和文化的共同繁荣发展。

第二，维护和平发展的大环境，打造亚洲责任共同体。地区动荡是祸，周边稳定是福。亚洲的进步得益于和平稳定的地区环境，可以说和平稳定是亚洲发展的基本保障。60 年前，中国、印度和缅甸共同倡导的“和平共处五项原则”，已成为国际关系基本准则，这充满了东方智慧，也是对人类文明做出的重要贡献，中国要把和平共处的理念世代传承下去。同时，各国应推动安全对话与磋商，加强灾害管理、海上搜救、反对恐怖主义、打击跨国犯罪等非传统安全领域合作，积极探讨建立亚洲区域安全合作框架。“一带一路”建设体现了中国的大国担当，中国始终坚持走和平发展道路，中国愿意在力所能及的范围内承担更多责任和义务，帮助“一带一路”沿线国家开展基础设施建设，形成安全高效的陆海空通道网络，使互联互通达到新的水平，进一步提升投资贸易便利化水平，使经济联系更加紧密，政治互信更加深入。打造和平繁荣亚洲乃至世界，是沿线所有国家的共同愿景。“一带一路”建设以全新的合作模式连接沿线各个国家，为沿线国家及其相关的国家提供了共同发展、交流的平台，促进各国相互学习，共同承担解决国际性问题的责任，维护和平发展的大环境。

第三，构建融合发展的大格局，形成亚洲命运共同体。历史尤其是 20 世纪两次世界大战的惨痛教训告诉我们，当今世界比任何时候都需要加强互联互通，各国比任何时候都需要结成更加紧密的命运共同体，共同创造面向未来的发展新格局，共同维护开放型世界经济体系，共同探索新的增长动力来源。实现亚洲共同发展，根本出路在于经济融合。创造亚洲的美好未来，不仅要靠各国的自身发展，更要靠地区的共同进步。“单丝难成线，独木不成林”，地区国家要深化各领域务实合作，在开放中融合，在融合中发展，系牢经济联系的纽带，抓住创新发展的机遇，掌握自己的发展命运。党的十八大报告首次提出“要倡导人类命运共同体意识”，为构建人类命运共同体，实现共赢共享，中国提出“一带一路”倡议，通过促进各国合作，最终实现共赢共享发展，海内外专家认为“一带一路”建设既是构建人类命运共同体的伟大探索和实践，也是走向人类命运共同体的重要路径。“一带一路”是促进共同发展、实现共同繁荣的合作共赢之路，是增进理解信任、加强全方位交流的和平友谊之路。“一带一路”建设聚焦政策沟通、设施联通、贸易畅通、资金融通、民心相通，把中国发展同沿线各国发展结合起来，把中国梦和沿线各国人民的梦想结合起来，以实际行动实践命运共同体构想。中国秉持“和平合作、开放包容、互学互鉴、互利共赢”的丝绸之路精神，坚持共商、共建、共享原则，兼顾双方利益和关切，这体现了双方智慧和创意，各施所长，各尽所能，把双方优势和潜能充分发挥出来，让建设成果更多更公平的惠及沿线国家及相关地区人民，将中国梦与世界梦相互连通推动了沿线国家及相关国家共同发展，有利于打造亚洲乃至世界命运共同体。

四、全面小康的复合型民生经济思想

（一）全面小康的复合型民生经济思想的形成

1997 年，党的十五大在邓小平“三步走”战略思想的基础上，面向新世纪，展望未来，提出了现代化建设“三步走”战略目标，我国自此进入和建设小康社会。

2002 年，党的十六大对 1989 年以来 13 年的基本经验进行了总结，指出人民生活总体上实现了由温饱到小康的历史性跨越，人民生活总体上达到小康水平，胜利完成了“三步走”战略的第一步、第二步奋斗目标，还第一次提出了“全面建设小康社会”的新目标，标志着我国进入了“小康社会”建设阶段。

党的十七大报告明确指出：“确保到 2020 年实现全面建成小康社会的奋斗目标”①，这表明从党的十七大开始，党和国家就已经着手酝酿关于“全面建成小康社会”的新思想。

党的十八大正式提出和确立全面建成小康社会的奋斗目标，即到 2020 年全面建成小康社会，从而在发展目标上实现从“全面建设小康社会”到“全面建成小康社会”的新跃升。党的十八大承诺，“只要我们胸怀理想、坚定信念，不动摇、不懈怠、不折腾，顽强奋斗、艰苦奋斗、不懈奋斗，就一定能在中国共产党成立一百年时全面建成小康社会，就一定能在新中国成立一百年时建成富强民主文明和谐的社会主义现代化国家”。同时，党的十八大报告将“生态文明建设”独立成篇，使其在“五位一体”总布局中的地位得以确立。党的十八大以来，以习近平同志为核心的党中央全面贯彻落实党的十八大会议精神，提出了中华民族伟大复兴“中国梦”的奋斗目标；党的十八届三中全会和四中全会分别做出了关于“全面深化改革”和“全面依法治国”的若干重大决定；对“全面从严治党”进行了全面部署。这样，全面建成小康社会的脉络更加清晰，“四个全面”重大战略布局也最终形成。之后，习近平总书记把“四个全面”战略布局的内在关系进一步概括为一个战略目标、三大战略举措。党的十八届五中全会通过了《中共中央关于制定国民经济和社会发展第十三个五年规划的建议》，该建议指明了全面建成小康社会的发展方向，科学分析了全面建成小康社会决胜阶段的总体形势，明确了指导思想，规定了“六大”原

① 《十七大以来重要文献选编》（上），北京：中央文献出版社 2009 年版，第 15 页。

则，描绘了全面建成小康社会的美好图景。

党的十八大以来，我国的国情发生了一些新变化，全面建成小康社会的目标越来越近，经济发展进入新常态，进入了“三期叠加”的新阶段，在此大背景下全面建成小康社会的基本任务主要包括适应新常态、用新发展理念引领和推动经济发展，完善社会主义政治制度、建设社会主义政治文明，建设社会主义文化强国、提高国民素质和社会文明程度，保障和改善民生、维护国家安全和社会和谐稳定，建设美丽中国、为人民创造良好的生产生活环境。

（二）全面小康的复合型民生经济思想的重大意义

全面建成小康社会，对我们党和国家，对中华民族来说，都具有十分重要的意义。从我们党的奋斗目标来看，到 2020 年全面建成小康社会是实现“两个一百年”奋斗目标的关键一步，是我们党向人民、向历史做出的庄严承诺，是中华民族伟大复兴征程上的又一座重要里程碑。从以习近平同志为核心的党中央确立的“四个全面”战略布局来看，全面建成小康社会居于引领地位。我们推进伟大事业、伟大工程、伟大斗争，都要聚焦于这个目标，为实现第二个百年奋斗目标、实现中华民族伟大复兴中国梦奠定更加坚实的基础。

在适应新常态、把握新常态、引领新常态的背景下，结合“创新、协调、绿色、开放、共享”的“五大发展理念”，复合民生经济发展作为全面建成小康社会的基本条件为实现中国梦提供了重要载体。

第一，发展复合型民生经济是转变经济发展方式的必然要求。大力发展民生经济，增加广大中低收入社会成员的收入，提高其创业、生产的积极性，一方面可以增强发展动力，改善经济结构，形成经济增长的内生动力；另一方面可以迫使单纯依赖廉价劳动力和资源并以损害环境为代价获取利润的企业退出市场，并引导企业加强自主创新、提高技术水平，从而为实现经济增长方式从粗放型向集约型、从资源投入型向全要素生产率提高型转变奠定重要基础。

第二，发展复合型民生经济是调整产业结构的迫切需要。大力发展民生经济，鼓励社会成员特别是中低收入社会成员创业，将有力推动民营经济、中小企业、个体工商户蓬勃发展，推动第三产业加快发展。同时，民生经济为劳动者生存发展提供了保障，有利于劳动者能力和素质的提高，有利于发展技术、知识密集型产业，促进产业结构优化升级。

第三，发展复合民生经济是促进消费、扩大内需的根本途径。只有大力发展民生经济，增加中低收入社会成员的收入，缩小收入差距，扩大内需才具备更加坚实的基础；只有把政府财力优先运用于公共支出，建立完备的社会保障网络以及全民共享的医疗卫生和教育体系，广大人民群众才能改善消费预期，积极扩大消费，为扩大内需提供广泛而持久的动力。

第四，发展复合型民生经济是转变政府职能的重要动力。大力发展民生经济，要求各级政府加快向公共服务型政府转变，逐步脱离具体的微观经济活动，集中精力制定发展战略、产业规划，大力营造公平、透明的市场环境，完善公共服务，调节收入分配，为经济社会又好又快发展提供保障。同时，随着民生经济的发展，政府公共服务职能日益凸显，政府行为与广大人民群众切身利益的关联度越来越高，必将进一步促使政府公开、透明、廉洁、高效施政，进一步促进政府转变管理方式。

（三）全面小康的复合型民生经济的实现路径

党的十八大以来，习近平总书记站在党和国家事业发展全局的高度，围绕全面建成小康社会提出一系列新理念、新思想、新要求。

首先，改善民生是全面小康的内在要求。民生是人民幸福之基、社会和谐之本。党的十八大以来，习近平总书记在“学有所教、劳有所得、病有所医、老有所养、住有所居”[①] 五大民生内容基础上，根据民生发展的阶段性特征以及人民的当代民生诉求，提出了环境、生态、安全、食品等民生要素，丰富了民生范畴，扩大了民生边界。

---

① 《十七大以来重要文献选编》，中央文献出版社 2009 年版，第 683 页。

“中国的发展任重道远。解决发展问题、改善民生仍是我们的第一要务。”① 改善民生是我们面临的紧迫任务，是小康社会的出发点也是落脚点，是“十三五”规划中的重要议题，它影响着全面小康的大局。中央财经领导小组第十四次会议强调，全面建成小康社会，在保持经济增长的同时，更重要的是落实以人民为中心的发展思想，想群众之所想、急群众之所急、解群众之所困，在学有所教、劳有所得、病有所医、老有所养、住有所居上持续取得新进展。可见，改善民生对全面建成小康社会具有促进意义。

其次，发展复合民生经济是全面建成小康社会的基石。2012 年，党的十八大报告第三次设计 2020 年全面建成小康社会目标，根据“五位一体”的社会主义现代化总体布局，在新的历史起点下，对全面建成小康目标进行了进一步充实和完善，提出了两个量化指标：一是到 2020 年，实现国内生产总值和城乡居民人均收入比 2010 年翻一番。二是党的十八大报告对全面建成小康社会提出了五点要求，即经济持续健康发展，人民民主不断扩大，文化“软实力”显著增强，人民生活水平全面提高，资源节约型、环境友好型社会建设取得重大进展。可见，经济发展是全面建成小康社会的重要途径。

对照“五位一体”总体布局，当前在产能、库存、杠杆过度和成本过高的情势下还存在一系列的短板，亟待补足，才能符合全面小康的内涵和外延要求。而民生经济是把保障和改善中低收入社会成员的生存发展条件作为主线贯穿于生产、分配、消费等经济运行的过程，以解决民生问题为首要价值取向，通过理顺劳动力、土地、资本等生产要素的比价关系，实现资源的合理配置，提高社会整体经济效率，提升社会总福利水平的一种经济发展模式。② 只有大力发展复合型民生经济，保持经济中高速增长，才能实现 2020 年全面建成小康社会。

尽管我国取得了举世瞩目的发展成就，但我国仍然是世界上最大的发

---

① 赵成：《习近平会见 21 世纪理事会北京会议外方代表》，《人民日报》，2013 年 11 月 3 日。

② 王茂林：《以发展民生经济为目标促进经济发展方式转变》，《中国井冈山干部学院学报》，2012 年第 2 版。

展中国家，发展依然是当代中国的第一要务。唯有发展，才可能保障人民的基本权利；唯有发展，才可能满足人民对美好生活的热切向往。随着改革开放、转型升级等新动力的不断增强，我国经济也将在“五大发展理念”的引领下拓展出新空间，为实现“十三五”期间我国经济保持中高速增长奠定坚实的基础。

五、混合所有制的社会主义经济思想

（一）混合所有制的社会主义经济思想的形成

国有企业是推进国家现代化、保障人民共同利益的重要力量。经过多年改革，国有企业总体上已经同市场经济相融合。同时，国有企业也积累了一些问题、存在一些弊端，需要进一步推进改革。发展混合所有制经济是激发我国国民经济活力的重大举措。

1992 年，党的十四大提出了我国经济体制改革的目标是建立社会主义市场经济体制，提出要使市场在国家宏观调控下对资源配置起基础性作用。这一重大理论突破，对我国改革开放和经济社会发展发挥了极为重要的作用。1997 年，党的十五大报告提出“混合所有制经济”概念，阐述了公有制经济和混合所有制经济的关系。2013 年，《中共中央关于全面深化改革若干重大问题的决定》提出：“积极发展混合所有制经济。允许更多国有经济和其他所有制经济发展成为混合所有制经济。国有资本投资项目允许非国有资本参股。允许混合所有制经济实行企业员工持股，形成资本所有者和劳动者利益共同体。鼓励非公有制企业参与国有企业改革，鼓励发展非公有资本控股的混合所有制企业，鼓励有条件的私营企业建立现代企业制度。”2014 年 3 月，习近平总书记在参加十二届全国人大二次会议各省市代表团审议时强调："发展混合所有制经济，基本政策已明确，关键是细则，成败也在细则。要吸取过去国企改革经验和教训，不能在一片改革声浪中把国有资产变成牟取暴利的机会。改革关键是公开透明。"李克强总理在十二届全国人大二次会议上所做的政府工作报告中提出："增强各类所有制经济活力。坚持和完善基本经济制度。优化国有经济布局和结构，加快发展混合所有制经济，建立健全现代企业制度和公司法人治理结构。"

（二）混合所有制的社会主义经济思想的重大意义

发展混合所有制经济，是党的十八届三中全会确定的重大任务，是深化国有企业改革的重要举措。厘清混合所有制的发展思路和发展路径，接触发展中的体制障碍，激发各类市场主体活力，打造混合所有制经济发展模式，对推进我国经济转型和深化改革是一次重大机遇，对推进我国经济具有重大意义。

第一，发展混合所有制经济，有利于进一步巩固和完善社会主义基本经济制度。国有企业发展混合所有制经济意义重大，国有企业发展混合所有制经济的目标就是促进国有企业转换经营机制，推动完善现代企业制度，健全企业法人治理结构；提高国有资本配置和运行效率，优化国有经济布局，增强国有经济活力、控制力、影响力和抗风险能力，主动适应和引领经济发展新常态；实现各种所有制资本取长补短、相互促进、共同发展，夯实社会主义基本经济制度的微观基础。改革开放特别是党的十五届四中全会以来，国有企业改革在持续推进中不断深化，一批国有企业通过改制改组发展成为混合所有制企业。迄今为止，全国国有企业公司制股份制改制面达 78%，中央企业及其所属子企业改制面从 2003 年的 30%提高到 2014 年的 85%以上。截至 2014 年末，国有控股上市公司达 1 075 家，其中中央企业控股的上市公司达 376 家。混合所有制经济对全国税收的贡献率，已由 20 世纪 90 年代末期的 10%左右提高到近年来的 50%左右。坚持和完善基本经济制度，就是要充分发挥各种所有制的优势，激发各种所有制的活力和创造力，推动社会生产力的发展。改革实践证明，发展混合所有制经济，有利于实现国有经济与市场经济的有机结合，促使微观市场主体不断成熟完善，基本经济制度运行有效和更加成熟定型。

第二，发展混合所有制经济，有利于国有资本放大功能、保值增值、提高竞争力。习近平主席在2016年提出，使国有企业成为党和国家最可信赖的依靠力量，成为坚决贯彻执行党中央决策部署的重要力量，成为贯彻新发展理念、全面深化改革的重要力量，成为实施“走出去”战略、“一带一路”建设等重大战略的重要力量，成为壮大综合国力、促进经济社会发展、保障和改善民生的重要力量，成为我们党赢得具有许多新的历史特点的伟大斗争胜利的重要力量。① 国有企业（以下简称国企）是国民经济和社会发展的中坚力量，放大国企保值增值，提升竞争力是价值力标准，也是生产力标准。国企以管理大量国有资本为主，衡量其价值的标准便是资本的增加与减少，保值增值是一个基本要求，而提升竞争力则是国企改革追求的深层次实力标准。因此，发展混合所有制经济就是要改变国企亏损的现状，通过转方式、调结构等多项改革措施使国企盈利是最基础的目标。加强国有企业竞争力，这既是国企改革在世界范围内追求的实力标准，也是从我国“一带一路”倡议和新一轮对外开放提出的要求。混合所有制经济从本质上说就是不同于所有制资本之间相互参股的股份制经济，是一种富有活力和效率的资本组织形式。以效益最大化和效率最优化为导向，在新的历史条件下推动国有企业发展混合所有制经济，依托混合所有制的多元产权架构及其运行机制，可以增强国有资本或公有资本对其他资本的辐射功能，直接放大国有资本功能，激发国有企业的内生动力，在市场竞争和优化重组中不断增强国有经济的活力、控制力、影响力和抗风险能力。

第三，发展混合所有制经济有助于市场真正发挥配置资源的决定性作用。从党的十四大以来的20多年间，对政府和市场关系，我们一直在根据实践拓展和认识深化寻找新的科学定位。党的十五大提出“使市场在国家宏观调控下对资源配置起基础性作用”，党的十六大提出“在更大程度上发挥市场在资源配置中的基础性作用”，党的十七大提出“从制度上更

① 《习近平谈治国理政》（第二卷），外文出版社2017年版，第175页。

好发挥市场在资源配置中的基础性作用”，党的十八大提出“更大程度更广范围发挥市场在资源配置中的基础性作用”。可以看出，我国对政府和市场关系的认识也在不断深化。市场机制的基本规定性就是机会均等、规则公正、资源尽可能自由流动、企业自由组合。加快推进混合所有制经济，将使各个所有制经济充分借助市场机制的平台和渠道，在相互竞争的基础上获得更多的合作机会和发展。民间资本也将更为自由地进入传统国有经济控制的领域，体现了市场经济下机会均等、规则公正的原则。而按照十八届三中全会《中共中央关于全面深化改革若干重大问题决定》的精神，要以资本化为重点推进下一步国有资产管理体制和运营机制的改革。国有资本将更多地具有战略投资者的职能，形成和发挥这一职能，将有助于推动公有制经济更好地与市场机制相结合，更好地推动公有制经济在市场经济环境下做大做强。① 发展混合所有制经济，不仅为我国民营资本打开了通道，同样也为国有资本打开了通道，使双方各自掌握的资本和资源可以更为充分地做到自由流动、自由组合，改变国有经济和民营经济各自为政、市场割裂的局面，推动整个市场机制调节作用统一性的形成，使各种所有制资本取长补短、相互促进、共同发展。

第四，发展混合所有制经济，有利于各种所有制资本取长补短、相互促进、共同发展。国有企业发展混合所有制经济，实现各种所有制资本交叉持股和相互融合，能够发挥国有资本的规模优势、技术优势和管理优势，发挥非国有资本的活力和创造力，促进国有企业完善法人治理结构、提高国有资本投资和运营效率，促进非国有资本平等使用生产要素、公平分享经营收益，促进各种所有制经济实现共同繁荣，推动我国经济保持中高速增长、迈向中高端水平，且在日益激烈的国际竞争和挑战中牢牢把握发展的主动权。

（三）混合所有制的社会主义经济思想的内涵和要求

混合所有制是指资本权益与劳动者权益共同结合后形成的所有权形

---

① 中共中央党校经济学部课题组：《发展混合所有制经济政策的现实意义》，《学习时报》，2014年2月24日。

式，而混合所有制经济即指国有资本、集体资本、非公有资本等交叉持股、相互融合的经济。自改革开放以来，我国所有制结构逐步调整，公有制经济和非公有制经济在发展经济、促进就业等方面的比重不断变化，增强了经济社会发展活力。在这种情况下，如何更好地体现和坚持公有制的主体地位，进一步探索基本经济制度的有效实现形式，是摆在我们面前的一个重大课题。

党的十八届三中全会形成的《中共中央关于全面深化改革若干重大问题的决定》（以下简称《决定》）强调必须毫不动摇地巩固和发展公有制经济，坚持公有制主体地位，发挥国有经济主导作用，不断增强国有经济活力、控制力、影响力。同时，《决定》也指出要积极发展混合所有制经济，习近平总书记在关于全会《决定》的说明中强调："全会决定坚持和发展党的十五大以来有关论述，提出要积极发展混合所有制经济，强调国有资本、集体资本、非公有资本等交叉持股、相互融合的混合所有制经济，是基本经济制度的重要实现形式，有利于国有资本放大功能、保值增值、提高竞争力。这是新形势下坚持公有制主体地位，增强国有经济活力、控制力、影响力的一个有效途径和必然选择。"

坚持和完善公有制为主体、多种所有制经济共同发展的基本经济制度，关系到巩固和发展中国特色社会主义制度的重要支柱。《决定》对发展混合所有制经济作用和意义的论断，是我国改革发展实践的进一步理论深化。

第六章

跨界整合的新经济：基于“互联网+”的分享经济

“互联网+”再度发力，一次静悄悄的经济革命正在酝酿中。在诞生的各种新业态经济中，最需要我们关注的是分享经济。根据英国商务部的数据，大约1/4的英国成年人有过上网分享彼此财产、技能、时间等闲置资源的经历。目前，全球分享经济的总产值约为90亿英镑（约合135亿美元）。根据普华永道会计师事务所预测，到2025年，全球分享经济产值将达到2 300亿英镑。对于快速增长的分享经济，大家把它看成是互联网的力量催化的结果。其实，催发分享经济发展动力不仅仅来自技术力量的互联网，还来自另一个新时代力量，这就是正在兴起的新消费、新技术、新产业等属于这个新时代的复合推动力。

一、分享经济学演化：从传统分享经济到现代分享经济

作为对传统经济业态形成巨大冲击力的分享经济，它是一种全新的业态，但就分享经济这个范畴而言，最早研究分享经济的渊源，可追溯到20世纪80年代美国经济学家威茨曼撰写的《分享经济》一书。20世纪70年代，资本主义经济出现“滞胀”，即通货膨胀和失业并存的状况。美国麻省理工学院经济学教授马丁·威茨曼于1984年出版了《分享经济》一

书，认为产生“滞胀”的原因在于资本主义制度中现存工资结构的不合理，提出了采用分享制度代替工资制度的主张。威茨曼所说的分享制度，是资本家和工人就工资问题所进行的谈判中，确定的不是具体工资的数额，而是分享比率，也就是在企业未来的收益中，多少归资本家所有，多少归工人所有。他试图通过对工资分配方式的调整，缓解社会矛盾，激发员工积极性。该书出版后，在西方经济界和管理界产生了巨大反响。

20 世纪 80 年代末，1977 年诺贝尔经济学奖得主詹姆斯·米德发展了分享经济学。他提出了通过职工持股的途径使工人参与到企业收入分享中。

传统分享经济学是从收入分配角度去研究资本主义经济制度的新经济学科。它试图通过改变劳动与资本的分配关系，来改善资本主义经济在微观结构方面的缺陷，以保证经济稳定、持续地高速发展。

其根源于解决现实经济中工资与资本对立矛盾的分享经济学。在第二次世界大战后，形成了两种不同的分享经济模式。一种是欧美的通过股权制度形成让工人参与企业收入分配的分享经济模式。即使在当今的美国，也有约 15%的公司采用“利润分享”的雇员报酬计划。另一种是日本式的通过企业文化和管理制度的途径，让员工参与企业管理分享经济模式。在特定文化与历史背景下，“二战”后迅猛发展的日本经济具有自己独特的分享经济。日本与西方股权模式不同，除了能分享公司的利润，得到较高的薪酬和福利外，公司员工还能极大地参与公司的治理，并能与公司长期发展，这就形成了以企业为家，为企业奉献一生的企业文化。

如果说如何分享企业利润是分享经济研究的内容，那么马克思应该是研究分享经济的鼻祖。因为马克思毕其一生所研究的《资本论》，就是在探索没有剥削的更加公正、公平的经济。那么在马克思主义指导下所建立的社会主义经济，就是一种典型的分享经济。虽然从研究社会财富公平分配而言，马克思主义的经济学也包含分享经济，但马克思所研究的分享经济与西方经济学所研究的分享经济有一个根本的不同，那就是马克思认为资本主义经济分配不公平的根源是经济制度，单纯从分配制度的改进上无法实现真正的分享。

综上所述，传统的分享经济，从理论上看可分为马克思主义的分享经济学与西方分享经济学。马克思主义的分享经济学，是以社会经济制度变革为对象的分享经济，西方经济学是从分配制度对分享经济学的研究。而目前正在世界范围内兴起的分享经济，是在“互联网＋生态文明”催化下的新经济业态。互联网时代分享经济与传统分享经济，虽然其目标都是实现社会资源和福利共同分享，但它们之间有很大差别。

第一，催发分享经济的动力不同。传统分享经济兴起的动力解决社会财富在企业内部与社会制度框架下存在的不公平。而现代分享经济兴起的动力是互联网技术和人类面临的能源环境危机压力。为社会分享自己闲置或暂时不用的物品提供了交换分享的可能。

第二，分享内容不同。传统的分享经济的分享对象是企业利润和社会财富。而现代的分享经济分享的是个人和家庭闲置的剩余物品。

第三，运行模式不同。传统分享经济是通过制度创新来实现的，制度是维系分享经济的关键所在。而现代兴起的分享经济是一次静悄悄地在民间自发形成的新经济业态的革命，是一种全新的市场交换经济。

第四，最终形成结果不同。传统的分享经济追求的是一种能够实现公平分享财富的理想制度。而现代分享经济，衍生出分享的消费方式和商业模式，是一种物尽其用、更加节约能耗、节约社会资源的新经济形态。现代分享经济蕴含着一个新时代的到来，这就是党的十八大提出的生态文明。正是从这个意义上，我们把正在兴起的分享经济，定义为“互联网＋生态文明”的新业态经济。

二、基于“互联网＋分享经济”兴起的时代背景

对于目前分享经济兴起的原因，媒体和理论界多从“互联网＋”来解

释，不可否认，这是非常重要的原因。分享经济作为一种新经济形态，其兴起的内生动力不仅是技术层面的变革，更是一个复杂原因相互作用的结果。

（一）环保意识升级：从环保启蒙转向环保消费自觉

环保意识并非新概念。20 世纪 80 年代，环境意识在发达国家就已经出现。但目前环保意识的进步和升级，在于环保意识被启蒙向环保自觉升级。随着环境问题日益广泛化，人们愈发感到不环保，自身是最大的受害者。由此，当代人类正在从环保意识被启蒙的阶段走向环保消费自觉时代。

消费者对环境和健康问题的关注转化为对环境、安全食品、清洁空气的消费需求。正是这种环保消费自觉内化的市场新需求成为推动绿色经济、分享经济发展的新动力。

环保消费自觉是一种基于现代社会节约消费的再消费经济，这对于长期以来被社会鼓励的高速消费、奢侈消费文化是一种根本性的矫正。我们发现凡是参与到分享经济的人群，除了有收入动力外，另一个重要内在动力就是自觉的环境意识。Side Car 首席执行官苏尼尔·保罗（Sunil Paul）表示："由于这些创新的出现，我们认为 10 年之后汽车的保有量将比现在减少一半。如今人们认为必须拥有一辆汽车，未来的观念将转变，有车坐就行。"分享经济与传统经济相比，是一种更符合生态环境保护的绿色经济。其快速发展，将会有效遏制目前追求更多生产与更多消费之间的恶性循环。

与此同时，在市场环保消费自觉的促动下，企业所承担的环保责任，也将转化为企业追求与经营的新价值、新财富。自觉承担环境责任，内化环境成本、树立环保公众形象，也成为现代企业品牌价值之一。

专栏 6－1

"公益水"成为企业、消费者与社会都获利的环保行为

Life Water"公益水"的例子最具有代表性。Life Water 是一家生产销售饮用水的公司。在工作统计中，他们发现，在上海，每年至少有 800

吨瓶装水因喝不完被丢弃。这些被丢弃的饮用水，是缺水地区 800 000 个孩子一年的饮水量。Life Water 觉得要做点什么来改变这种水资源浪费严重的现状，他们马上着手改造了旗下 15 家工厂的 45 组装配生产线，每天生产 5 000 万瓶半瓶装的饮用水。为什么是半瓶水？因为 Life Water 注意到：平时人们只要半瓶水就能及时解渴，剩下的半瓶水常常会在不经意间浪费掉，所以现在只装半瓶水来满足消费者的正常需求，而空出来的那半瓶水，由公司直接捐助给缺水地区的儿童。为了培养消费者的节水意识，公司还在水瓶上印上缺水地区孩子的照片和二维码，轻轻一扫就能看到关于缺水地区的详细信息。这半瓶水依然售价 2 元，但这个带着善举的创意已经帮助解决了超过 53 万儿童的饮水问题，同时获得超过 30 万粉丝的持续关注，为公司增加了 652%的营收奇迹。①

（二）精神分享自觉：从独享走向分享的生活方式变革

分享经济是现代人体验另一种新生活方式的革命。这个动力来自社会对精神分享消费的觉醒。工业文明给当代人类带来的负效应，不仅仅是看得见的能源环境危机，还有看不见的精神缺失危机。主导工业文明发展的被意识形态化的物质主义，坚信物质财富增长是人类文明进步的导航标，物质财富增长必然包含了幸福的增长。但随着时间推移、物质丰裕，人们愈加发现：人类幸福的增长与物质增长并无线性比例关系，而且过度的物质消费，不仅是造成当代人类能源环境危机的根源，也是当代社会因精神消费短缺带来一系列社会问题的根源。

有数据表明：美国人均 GDP 在过去 50 年增长了 3 倍，但是美国人幸福感不仅没有增加，暴力犯罪反而增加了 3 倍，不与邻居交往的人数增加了 4 倍，1/4 的人感到不幸福和抑郁。英国在 1973—2001 年 GDP 增长了 66%，但是人们对生活的满意度却没有变化。欧盟委员会 2013 年发布新闻公告称，当前欧盟近 5 000 万人受精神健康问题的严重困扰，

① 益美传媒：《靠着卖这神奇的半瓶水，这家公司竟创造了 652%的营收奇迹！》，2016 年 2 月 19 日。

约占欧盟总人口的 11%。中国 GDP 快速增长的同时，精神类疾病也随之增长。中国疾病预防控制中心公布的数据显示，现在中国有各类精神病患者 1.6 亿人，其中抑郁症患者有 6 000 多万人。为什么所有工业化国家发展到一定程度后都会遇到同样的问题？这就是工业化过程中的物质主义陷阱。

被现代工业文明塑造的生活价值体系是一种对拥有物质多寡进行比赛的生活方式与文化。你所拥有的汽车、房子，越是品牌产品，越能获得较高的社会评价。而在分享经济时代，这些当下被普遍认同的生活价值观，将遭到颠覆性改变。分享经济正在重塑未来新的社会生活标准。在这个标准下，汽车不再是身份地位的象征，而是一个可以和别人分享的物品。分享经济时代是与社会分享多寡的比赛，你向社会分享的东西越多，也将会得到更多的物质和精神财富。这是一种物质消费与精神消费均衡的新生活。

分享经济，使社会对精神消费的内在动力日益凸显。人们愿意分享产品，也愿意分享精神。调查数据显示，空中食宿能在短时间内受到众多消费者的青睐，是由于消费者在消费过程中体验到了一种传统商业模式所没有的人情味。一位在伦敦生活了 20 年的韩国人，他之所以愿意将自己空闲的房间租出去，不仅仅是为了收入，他还可以通过这种方式与来自其他文化的人交流。滴滴出行战略负责人朱景士讲："实际上我们已经不再仅仅是一个提供出租车服务的公司，我们不仅仅是希望他们多赚钱，也是希望这些车主多交朋友。"实际上，顺风车是有社交元素在里面的。在今天高楼林立下被物质化所隔离的社会中，人们反而有一种打破隔离，通过分享获得精神消费的愿望。空中食宿的成功，不仅使提供的私家闲置的空房间要比酒店更便宜，同时也拉近了房主与租客之间的距离，使人们从独享的疏离生活方式走向分享的新生活方式。

（三）消费剩余资源的分享与再配置

现代市场经济以高效的劳动生产率创造了大量的产品和服务供给。这让我们深刻地感受到：现代经济供给端全速加码的产能，早已来不及顾及

“消费者边际效用递减”这一规律。于是我们陷入经济增长和社会生活条件恶化的二元悖论中：产出过剩—销售疲乏—消费过剩—消费疲乏—资源枯竭—环境恶化。生产过剩和消费过剩成为全球现象。据有关数据资料，中国人在餐桌上浪费的粮食价值高达2 000亿元，被倒掉的食物相当于2亿多人一年的口粮。而全球家庭和企业库存的服装，可以满足10年的实际消费需求。①

分享经济能够在新技术、新创新、新组织模式基础上实现生产和消费的真实沟通，消融供需差距；同时对我们以往过度攫取地球资源创造的产出进行逐步消化，开创未来绿色可持续的消费模式。这实在是一个巨大的进步。借助分享经济，消费者可以将自己闲置的房子、汽车、耐用消费品，甚至是多余的时间拿出来参与社会资源的再配置，获得收入。

统计表明，一辆小轿车每天平均的闲置时间是23小时。如果把它们拿出来放到分享经济的循环中，有人估算，一辆用于分享的汽车，将会减少8～9辆汽车的销售。通用汽车公司前总裁赖瑞·伯恩斯说，每有一辆车加入分享平台，工厂就可以少生产15辆车。

这种来源于消费者集成的再消费经济，反而满足了众多消费者个性化、差时化的需求。不同于工业前端同一化，标准化的产品，经过消费者筛选加工后的闲置资源似乎更加贴近人们的生活。消费者带着自己的消费体验参与分享并同其他消费者协作生产，才能建立不同于传统经济下的市场信任。因此，大量再消费经济和消费商的出现成为经济增长的新动力。

（四）跨界革命的“互联网＋”助推分享经济风起云涌

如果说环保消费自觉、精神消费自觉、消费过剩等分享经济兴起于市场和物质条件，那么“互联网＋”技术则是将这种可能性变成现实的重要因素。“互联网＋”助推分享经济兴起的作用主要表现在以下几个方面。

① 张孝德：《生活方式革命是化解能源环境危机治本之策》，《中国经济时报》，2016年4月8日。

首先，实现了跨界资源的再配置。互联网最强大的基础设施功能是将所有资源整合在一个平台，通过信息技术融合扩大了生产和消费管理的边界、能力和范围，再通过平台进行资源的跨界整合，实现技术和生产的叠加创新。例如，阿里通过智能硬件、互联网、数据技术跨界保健行业，建立健康“父母关怀计划”App，在父母、子女和医生之间建立老人慢性病的互动管理关系。

其次，“互联网+”激活了分享经济的新要素。由于“互联网+”的平台化生产，弱化了等量物质要素的重要性，使生产要素变得更加弹性化。以信息技术为核心的知识资本、社会资本等软要素不但成为财富增值的新要素，还通过互联网的叠加效应，不断创造出更多经济发展所需的新要素。例如，依托互联网实现的新金融形态：众融。众融打破了传统金融体系，创业企业可以通过互联网进行各种形式的大众融资。小型创业者的融资成本降低，极大地促进了创新的实现。美国研究机构数据显示，到2020年，众融将为美国创造200万个工作岗位，众融规模将达到5 000亿美元。

再次，“互联网+”催发了分享经济新市场和商业新模式，使在地市场与在线市场充分融合。例如，中国最大的餐饮O2O品牌“饿了么”，从在地市场餐饮配送业务开始，到在线对接第三方团队和众包物流，现在业务扩展至生鲜、商超、家庭服务等配送领域。截至2015年7月，饿了么打入2 360多个城市，累计用户近4 000万人，加盟餐厅近30万家，日交易额超过6 000万元，超过98%的交易额来自移动端。其线上线下融合同时极大消减了商业的中间环节，形成“去中心化”的新商业模式。如所有终端通过“携程”预订机票和酒店，用户通过微信直接获得媒体资讯等。

最后，“互联网+”培育了分享经济新信用：电子信用。信用是分享经济的重要条件之一，用户不断接入互联网的过程也是电子信用逐步建立的过程。在互联网平台上，很多企业在组织碎片化的供需资源时，也必须充当信用中介的作用。例如，最大租房平台Airbnb，2011年开放用户接入Facebook账户功能，房客可以通过该账户获取更多房屋和房东的信息。在租房业务结束后，同时为客户双方提供双向评价体系，建立信任。而这些评价数据又通过互联网开放出去，成为更多其他业务的电子信用基础。

三、“互联网十分享经济”的类型与运行机制

从在互联网作用下进入再配置资源的类型来看，分享经济可分为私人资源分享、公共资源分享和准公共资源分享。

（一）私人资源的分享经济

就私人拥有的资源来看，盈余已成为普遍现象。无论是物品盈余、服务盈余，还是时间盈余、空间盈余，乃至是资金盈余，都可以通过互联网在更大的社会范围内被“分享”，以实现其价值，从而增进社会福利。

1. 物品盈余“分享”

私人消费商品“预期使用寿命”往往会低于其“预期物理寿命”，这就造成了物品资源的大量闲置。此外，随着家庭生命周期处于不同阶段，闲置的规模也进一步加大。在互联网平台的帮助下，闲置物品的出租和再流通相比以往，实现更顺畅。移动技术迅速扩散、地理位置信息低成本获取，以及社交网络沟通被广泛接受，让物品盈余的“分享”变得更高效。

专栏6－2

物品剩余分享的闲鱼

闲置交易社区——闲鱼，是中国物品盈余分享的佼佼者。到2016年3月，累计实名认证用户超过1亿人，已成交闲置物品达1.7亿件。闲鱼

从2015年4月开始试水“鱼塘”（即以小区、公司、学校等场所为核心，以一定地理位置划定半径而形成的交易社区，或者基于兴趣形成的闲置交易圈子）。到2016年3月，中国国内已有超过12.5万个“鱼塘”，30岁以下的年轻人对物品盈余分享接受程度更高，占闲鱼用户的近70%。

2. 服务盈余“分享”

除了物品盈余，服务盈余更是一座未被开采的富矿。无论是一般性劳务，还是专业化技能，供需信息不对称明显、匹配效率低下。互联网平台大幅度降低了沟通成本，应运而生的评价机制也增强了各参与方的信心，服务盈余“分享”的坚冰就逐渐消融了。

专栏6-3

技能服务分享的“在行”

在中国的技能服务“分享”领域，“在行”平台是近期涌现的新星。聚集了10多个城市超过8 000名各领域的行家里手，已经帮助数十万人解决了问题，致力于技能服务“分享”。亲子游计划制订、职业生涯选择、初创公司瓶颈等，各方面问题或是个性化服务需求，都可寻求专家来答疑解惑、出谋划策、定制服务。

3. 时间盈余“分享”

在现代分享经济中，人们不仅可以出售自己多余的产品，还可以出售自己的时间，承接遛狗、取回干洗衣物或组装家具、养老服务等杂活，这种以出售自己时间为内容的分享经济被称为时间剩余分享经济。在美国有一家创业公司Instacart，凭借1小时送货上门的服务业务，在短短两年半时间内估值一路飙升，在硅谷脱颖而出，并登上2014年度福布斯潜力企业榜榜首。该公司就是充分利用自由职业者的时间，通过互联网技术充分利用了分散在社区中的自由职业者，实现1小时送达的承诺。参与这些配送的自由职业者，既是这种配送的服务对象，也会利用自己的闲暇时间成为配送服务者。可以说享受1小时送达服务，是居住在特定社区内对各自剩余时间和劳务分享的服务。

4. 空间盈余“分享”

空置的楼房、空余的房间，甚至是客厅里的沙发都可以短期出租，既满足游客、商旅人士的住宿需求，又为希望获取收益的房主减少不动产长租或交易带来的“伤筋动骨”，这类业务受到欢迎也在意料之中。如小猪短租网是中国领先的日租、短租房在线预订网站，与 Airbnb 模式相似，于 2012 年 8 月正式上线，已在北京、上海等全国 13 个城市设有分公司，房源覆盖国内 130 多个城市。其旨在为房东和房客提供诚信、有保障的在线沟通和交易平台服务。

5. 金融盈余“分享”

与传统大金融机构不同，在互联网平台的支撑下，私人金融盈余得到了快速“分享”，“微金融”让经济迸发了新活力。P2P 网贷、网络众筹成为金融盈余“分享”的主要形式。这里的筹资目标，也不纯粹是为了筹资本身，还包含了分享投资对象。目前众筹分享主要集中在电影视频、音乐和出版、文化创意、房地产等项目。淘宝众筹是中国最知名的网络众筹平台之一。到 2016 年 5 月中旬，累积筹款金额超过 18 亿元，支持人数突破 1 400万，单向支持最高金额达 3 559 万元，单向支持最多人数接近 35 万。其理念是不论是谁，只要有一个想完成的计划就可以发起项目向大家展示计划，并邀请喜欢该计划的人给予资金支持。

（二）公共资源的分享经济

公共资源本来就属于分享的范畴，但是在新消费理念与互联网的作用下，也使传统的公共资源在跨界整合与配置中实现着深度的开发与利用。无论是城市还是乡村，抑或城乡之间，再延伸至全球，公共资源领地的开放、分享都深具潜力、大有可为。

1. 城市公共空间与资源“分享”

正在兴起的互联网城市、智能化城市，为城市拥有的公共空间、医院、图书馆、体育设施、社区、大学、科研、创新等要素的深度再利用创造了新的条件。在西方以城市社区为新组织单元的在地化资源的分享，成为焕发城市活力的新举措。在中国政府推进的众创活动，使共享创新、协调创新成为城市发展新活力。2015 年 3 月 28 日启动的杭州余杭的“梦想小镇”，就是利用城市互联网资源，吸引了 500 多个创业项目和 4 000 多名创客入驻。目前，“梦想小镇”吸引着全国甚至全球创业青年向这里集聚。2015 年 9 月 28 日，贵阳市宣布该市交通大数据孵化器面向社会开通，市公安交通管理局将在该平台上开放近 2 000GB 的数据，创客可在创业初期通过交通大数据孵化器免费获取数据和云计算资源。政府数据开放使城市的诸多资源开始激活，并发挥新的作用。

2. 乡村社会中的资源“分享”

“互联网＋”所具有的跨界整合功能，使得与现代社会和经济无缘的乡村，成为参与分享经济的重要角色。特别是在“互联网＋乡村绿色资源”的催发下，中国乡村分享经济发展呈现为多样性、快速成长的势头，不次于城市的分享经济。目前在中国发展乡村分享经济主要表现为以下几种类型：一是将城市与乡村联系起来的社区分享经济。20 世纪 70 年代起源于瑞士社区支持农业（community support agriculture），就是一种全新的乡村分享经济。在农业污染造成食物安全的压力下，那些希望得到有机食物的城市居民，通过与村民建立稳定客源关系，而形成的社区农业，就属于城乡合作的分享农业。二是依托合作组织成长起来的合作分享经济。截至 2014 年，全国有农民专业合作社 124 万家，成员数占全国农户数的 35％。三是城乡电商分享经济。阿里研究院发布了《农产品电子商务白皮书（2013）》，数据显示，2013 年阿里平台上经营农产品的卖家数量为 39.40 万个。可以说，目前农村电商已呈燎原之势。

村淘全称是农村淘宝，阿里巴巴计划在 3～5 年内投资 100 亿元，建立 1 000 个县级服务中心和 10 万个村级服务站。通过与各地政府深度合作，以电子商务平台为基础，搭建县、村两级服务网络，实现“网货下乡”和“农产品进城”的双向流通功能。2015 年 10 月 12—17 日，农村淘宝在线上开展了“掌上名猪”活动。依托互联网技术与平台，城市的强大消费能力与技术优势，同农村的农产品生产能力和生态资源，实现了高效的对接及充分分享，打破了城乡资源交换的壁垒。

（三）准公共资源的分享经济

从经济学来看，覆盖全社会的道路网络、信息网络属于具有外部性的准公共产品。在互联网技术带来的跨界资源整合，对现代经济发展最大的一个变化，就是使社会分享的准公共资源总量的快速膨胀。作为准公共资源互联网信息技术，对现代准公共资源的分享发挥着以下两方面的作用。

1. 三位一体的“云、网、端”混合分享系统

目前由政府与企业混合投资形成的“云、网、端”信息工程，是分享经济时代分享度最高、参与分享者最多的准公共资源。互联网技术跨界的整合功能，最大的表现就是打破了传统私人资源与纯公共资源的界限。一方面，使许多本来属于私人独享的资源，变成了公众分享的资源；另一方面，使有限的公共资源变成了使更多私人可以分享的公共资源。如致力于打造公共、开放的以数据为中心的云计算服务平台的“阿里云”，这是一个由私人企业投资，却是一个开放的私人与公共共享的服务空间。2015年“双11”当天系统交易创建峰值达到每秒14万笔，支付峰值达到每秒8.59万笔。阿里云作为全球最大规模混合云架构；全球首个核心交易系统上云；1 000公里外交易支付“异地多活”；全球首个应用于金融业务的分布式关系数据库Ocean Base，使云计算技术的进步成为打破公共与私人资源、私人与公共分享的有力工具。

2. 天网、地网、人网构成现代物流网络

作为准公共资源互联网，对现代准公共资源利用改进就是对与物流密切相关公共交通资源的充分利用。致力于现代物流开发的菜鸟网络构建的由天网、地网、人网三部分构成的现代物流网格，就是一个将物流、电商、消费者、制造业接入统一的物流数据平台。其中，天网是开放数据平台，地网是未来商业的物理基础设施，人网——菜鸟驿站是“最后一公里”基础设施。数据平台可以对接物流企业和电商，建立起一套协同联动机制。智能分仓与库存前置提高时效并加快周转率，在大地理范围中做到24小时必达。

（四）分享经济时代新型产业：准公共产业

在传统市场经济中，产权明晰是进入市场进行有效交易的前提。而在现代互联网作用下，诸多产业的产权不是越来越明晰，而是越来越模糊，它们成为具有准公共特性新型企业。

1. 可“分享”的“互联网+金融”

今天的“互联网+金融”诞生于新经济中的柔性制造、长尾市场和范围经济。互联网金融增加了数据来源，依托云计算等强大的信息处理能力，打破了传统金融行业的地域局限，从而低成本地提高金融服务的覆盖面，在短时间内迅速扩大金融受众，缓解金融资源可获得性不够的问题。在传统经济中，作为金融重要资产的信用评估与监督是属于政府的事。在“互联网+金融”系统中，它成为金融系统自身可以解决的问题。如芝麻信用就承担了这样的功能。

专栏 6-4

典型案例：芝麻信用

“芝麻信用”是依托支付宝海量的交易记录，形成的中国国内首家个人信用评分，类似于美国的 FICO 评分，芝麻分综合考虑了个人用户的多个维度信息，分值越高代表信用水平越好。“阿里去哪”推出了基于芝麻信用的“信用住”酒店服务计划，用户预订酒店可以享受“零押金”入住等服务。芝麻信用和蚂蚁微贷合作推出的“借呗”，用户可以申请贷款，还款最长期限为 12 个月，完全依靠芝麻信用分进行信用审核，通过审核 3 秒之内就能拿到贷款。用户无须交押金或刷预授权，就可以预订押金短租自驾产品等。

信用基础设施能力的“分享”，降低了商家经营风险、便利了民众消费，让信用真正等于财富，有力地促进了社会信用水平的提升。

2. 电子商务基础设施能力的“分享”

依托平台“分享”的电子商务基础设施能力，中国逐渐形成了商业体系的生态化发展，设计、生产、销售、服务环节可以实现“分布式协同”。依托平台，众多中小企业（个人）互动的网络化生产体系，取代了旧有的围绕少数大企业的链式生产体系，从而激发了任何一方均无法独立完成的“开放协作式创新”，降低了大规模经济波动的风险。电子商务基础设施能力中国已位居全球前列，其能力的进一步“分享”，将会对经济转型升级，发挥更大的推动力。

3. 现代制造基础设施能力的“分享”

制造业利用互联网、大数据，促进生产与市场需求的紧密协同，其生产技术、生产方式、管理方式都在发生重大变化。现代制造基础设施能力的“分享”正逐渐显示出成长趋势。如海尔的“企业平台化、员工创客化、用户个性化”是其对现代制造基础设施能力“分享”的新探索。海尔着眼于做互联网时代全球制造业的基础设施。在它看来，企业无边界，全世界好的创意都可“分享”利用海尔强大的制造能力。员工不再只是执行者，而是收集内外部创意，开拓创新的创客。一切以用户体验为中心，加强与消费者的互动，满足日益增强的个性化需求。

专栏6-5

典型案例：与美的、海尔携手的德澜科技

德澜科技与美的、海尔携手，依托阿里云计算平台实现了物联网与云计算、大数据的紧密配合，将智能家电推向商用，增强了产品的功能，提升了消费者的体验，加强了厂商设计、生产与维护的能力。基于中国巨大的市场，智能家电状态和用户使用习惯的海量数据日益成为重要资源，第三方数据服务商的出现，将促进制造业数据的有序流动和分享，从而激活中国庞大的生产能力，将带来制造领域的变革，使其实现向价值链高端环节的拓展。

4. “新能源＋智能电网”的能源“分享”新时代

具有分布与移动特性的新能源与现代智能电网相结合，将会打破传统能源的开放与利用模式。不可再生的煤炭、石油能源的自身特性，决定了传统能源的开发与利用的模式，是被大公司垄断的独享资源。而可再生的太阳能、风能资源，所具有的可免费性、高度分享性特性，使传统的能源开发模式失效。特别是这种具有公共性的新能源与现代智能电网相结合，将会使整个社会公平有效、低成本使用新能源成为可能。智能电网还深刻地改变着生产者与消费者的关系，传统电网是单向的，生产者负责供应，消费者负责使用，而智能电网是双向甚至是多向的，消费者也能参与生产。

四、分享经济的新机制：跨界协调创新

分享经济改变传统经济模式，由生产型走向消费型，由单纯的生产端变成人人参与的消费端，其目标不再是单一性的，不再是利润独享的，而是包含经济、环境、精神等多样化的目标。导致市场资源配置机制由竞争唯一论走向共生。市场资源配置手段由原先市场经济交易信息媒介的价格信号转向互联网为媒介的市场交易。由互联网披露的全信息、全流程在某种程度上解决了信息不对称问题。社会主义追求公平的结果在分享经济市场模式下成为可能，单纯生产资料共有转向环境、信息等社会资源共有。市场决策机制也相应发生变化，由资本控制走向消费者全面参与。

（一）跨界整合协调创新机制

分享经济与传统经济最大的不同，就是依托互联网平台对社会资源跨界整合的经济，由此决定了分享经济的运行机制是共生、共享的协调机制。传统市场经济是竞争主导的机制，分享经济则是协调共生主导的机制。近年来，互联网平台成为新经济引领者。截至 2015 年 5 月，按照市

值计算的全球15大互联网公司，无一例外均为平台型公司，其中美国11家，中国4家。这15大互联网公司的市值接近2.5万亿美元，是20年前的144倍。互联网平台的力量可见一斑。

互联网平台引领着新商业生态系统，并不排斥竞争，反而在更加开放的系统中、平台上多方之间互动频繁，使企业间竞争更加充分。但这种竞争是在互联网平台创造的共生协调机制下的竞争，互联网平台就像普照的阳光一样，创造的是一个共生、共享的协调大系统，在这个大系统中，互联网平台推动着新型企业不断涌现。根据人力资源和社会保障部统计，仅以网购平台天猫淘宝为例，就直接创造了1 000万个新的工作机会。

专栏6-6

哈肯的协同理论

协同论（synergetics）亦称“协同学”或“协和学”，是自20世纪70年代以来，在多学科研究基础上逐渐形成和发展起来的一门新兴学科，是系统科学的重要分支理论。其创立者是联邦德国斯图加特大学教授、著名物理学家哈肯（Hermann Haken）。1971年哈肯提出协同的概念，1976年他系统地论述了协同理论，发表了《协同学导论》，还著有《高等协同学》等。“协同论”认为，千差万别的系统，尽管其属性不同，但在整个环境中，各个系统间存在着相互影响而又相互合作的关系。

由于协同作用而产生整体效应或集体效应。对千差万别的自然系统或社会系统而言，均存在着协同作用。协同作用是系统有序结构形成的内驱力。任何复杂系统，当在外来能量的作用下或物质的聚集态达到某种临界值时，子系统之间就会产生协同作用。这种协同作用能使系统在临界点发生质变产生协同效应，使系统从无序变为有序，从混沌中产生某种稳定结构。协同效应说明了系统自组织现象的观点。

（二）宏观整合与微观激活的协调互动机制

互联网技术不仅为横断面的不同资源的跨界配置创造了一种协调共生

的机制，而且也注入了一种传统经济系统所没有连接宏观与微观的垂直贯通与整合机制。互联网令工农业基础设施、通信基础设施、互联网平台、生产及生活服务体系、生产者/服务者/消费者/自由连接体等各层均卷入其中，并提供了超越单一所有权的向其他层次对服务、产品、才能、制度等的扩展性接入。现代农业、现代制造业、现代流通业等新业态均建立在这一基础之上。

分享经济所有的横向与纵向跨界、贯通的协调机制，给经济带来的活力是形成了多元主体参与的对经济发展的共生与共享。参与分享经济的消费者日益呈现出新特点，即需求个性、见多识广、相互联系增多和更加积极主动。他们的转变倒逼了商业组织向着“平台＋小企业（个人）”的方向去演化，这样才能“接得住”大量“小多快”的需求。因此，大企业内部也体现出“微经济”的特点，企业会将自身看作平台，内部员工组成类似于小企业的创新小团体。由于员工的信息向社会公开、透明，企业之间的较量便转变为“平台＋创新小团体（个人）”之间的竞争。延伸到组织外部，围绕着互联网平台，会形成众多“平台＋小企业（个人）”的组合。

总之，依托互联网平台形成的横向跨界、纵向贯通、多元主体参与的共生、分享的协调机制是分享经济不同于传统经济的最大特征。

（三）分享经济的治理模式：多中心协同治理

传统的市场经济所要解决的是市场与政府的关系，而分享经济面对的则是多元主体协调关系。传统的市场经济治理模式是一个类似于机械系统的治理模式。市场是一个被政府控制的机械系统，无论经济学把市场的自我调节看得多么完美，其实市场就像一台机器，无论其如何自行运转仍然离不开人对它的调控。传统市场之所以未能形成真正意义上的自我调节机制，是因为传统市场机制是以单一竞争作用的机制。单一的竞争机制，会导致单向目标、高度标准化的竞争。这种竞争模式就是现代体育竞争的翻版，竞争造成的负效应是赢者通吃，两极分化，社会资源畸形配置和社会关系的失衡，这就是市场失灵。为了弥补单一竞争市场的缺陷，必须导入政府调控和管理，但政府本身也会失灵。因此，单一竞争的现代市场是有缺陷的市场。

专栏6-7

奥斯特罗姆的多中心治理理论

埃莉诺·奥斯特罗姆（Elinor Ostrom），美国公共选择学派的创始人之一，因对多中心治理的理论的贡献，获得2009年诺贝尔经济学奖。

奥斯特罗姆的多中心治理理论，产生于深刻的理论分析与丰富的实证分析。对真实世界发生的各类自组织模式的广泛考察的基础上，承接英国社会学家波兰尼的“社会秩序理论”，提出了“多中心治理”理论。奥氏的研究证明：与政府强加各项规章以及纯粹的市场化方式相比，当地社区可以独自更好地管理森林、湖泊和渔场等公共资源。一群相互依赖的个体“有可能将自己组织起来，进行自主治理，从而能在所有人都面对搭便车、规避责任或其他机会主义行为诱惑的情况下，取得持续的共同收益”。“多中心”一词现已成为一种思维方式和理论框架，更成为公共物品的生产与公共事务的治理模式之一。

分享经济是一个多元主体参与的既有竞争，也有共生的协同机制。这样一种共生与竞争并存的协同模式，正是2009年获得诺贝尔经济学奖的奥斯特罗姆所提出的多中心治理的模式。由此决定了分享经济的治理模式需要跳出政府与市场的非此即彼的思维定式。应该从政府、企业、民众的多元主体的参与中找到利益分享、利益均衡的治理机制。对于兴起的分享经济，我们需要以新思维来认识，不能用传统的思维与治理方式来应对分享经济出现的无序问题。

政府应从提高多元主体参与性的角度，以互联网整合协同的思维探索平台与政府、企业、社会的“多中心协作治理”之路。要相信多元协调的网络机制具有在促使形成主体自律约束的功能的前提下，运用多元化的规制手段与行业监管、社会监督形成协同治理的能力。

（四）新市场模式："互联网＋"的共生协同市场模式

分享经济的市场主体生产与消费没有明显的界限，减少了市场交易的中间环节，弱化了流通商等二级市场的承接作用，市场主体实现跨界组合，形成新的复合主体。在互联网、物联网等信息技术平台的支撑下，分享经济市场主体的交易成本逐渐降低，市场进入与退出显得生活化，个人和家庭闲置剩余物品的分享凸显消费的再生产功能。分享经济市场主体的蜕变，是市场主体走向多元、跨界、复合形态新经济的表现。共生市场也有竞争，但这种竞争是在共生主导下的竞争。利他经济人参与的市场交易、共生成为经济增长的最大动力。主导竞争市场经济的赢者通吃，不适用于分享经济。竞争市场经济与共生市场经济比较见表6－1。

表6－1　竞争市场经济与共生市场经济比较

	竞争市场经济	共生市场经济
逻辑起点	自利经济人博弈	利他经济合作
市场周期	赢者通吃与政府反垄断市场	共生性发展，形成内部的自我调整机制
政府与市场关系	化解"失灵"问题	自组织程度更高的经济

因市场运行而产生的竞争关系、供求关系、价格波动等内在规律，以及市场调控主体的规制行为构成市场机制不可或缺的内容。目前正在世界范围内兴起的分享经济，生产者与消费者等市场主体是共生竞争协同发展的关系。互联网技术的发展、能源环境危机构成分享经济的内在动力，它会自发形成将个人与家庭闲置物品分享给他人的经济形态，衍生出分享的市场机制，最终实现社会资源和福利共同分享，并走向更加节约能耗、节约社会资源、协同共生的新经济形态。以互联网技术为转化平台的分享经济，其市场信用伴随着"互联网＋"的主导而发生。互联网下的市场信用在传承实体经济市场信用约束的同时，道德观念与信用意识显得更为谨慎。但把分享经济下的市场信用看成是互联网单一的作用，显然没有真正认识分享经济的本质内涵。由互联网衍生出来的"＋"效应才是分享经济市场信用的机理。信用的发生源自内心的自觉性，分享经济的环保意识、精神消费、新生活方式等自觉意识使得市场信用更为稳固。

五、分享经济在中国的发展

（一）分享经济上升为国家发展战略

目前基于“互联网+”兴起的分享经济是一种全新的经济模式。但是从分享经济具有的大众参与、共同分享经济成果来看，马克思应该是研究分享经济的鼻祖。在马克思主义指导下建立起来的社会主义经济体制，在本质上就属于分享经济。

中华人民共和国成立以后30年的计划经济时期是属于那个时期的分享经济，其最大特征是：建立在单一公共制与集体制基础上，共同占有公共资源、实现平均分配、共同富裕的经济。最大弊端是：排斥市场经济的单一的公有制是属于低效率、供给严重短缺的经济。由于计划主导资源配置的低效率，理想中的“共同富裕”未能实现。

中国改革开放的38年，是中国从计划经济走向社会主义市场经济的时期。在此期间，中国特色社会主义市场经济最大的创新是将确保共同富裕公有制经济与提高社会资源效率市场经济实现了有机结合。

中国依靠市场经济高效率优势实现共同富裕的改革之路是一条由点到面、由东部到中西部逐步推进的改革之路。这个时期，在国家战略层面，中国制定与推进了确保走向共同富裕的四个战略：一是走向共同富裕的小康目标；二是均衡发展的区域战略；三是扶贫战略；四是社会保障体系的全面完善。

党的十八届五中全会通过了《中共中央关于制定国民经济和社会发展第十三个五年规划的建议》，提出的创新、协调、绿色、开放、共享“五大发展理念”，首次把共享发展纳入国家发展战略标志。建议提出“拓展网络经济空间，实施‘互联网＋’行动计划，发展物联网技术和应用，发展分享经济，促进互联网和经济社会融合发展”。这是中央首次在五年规划中提出“网络经济空间”和“分享经济”的概念。中国已经成功举办了两届世界互联网大会（world internet conference）。首届会议于2014年11月在浙江乌镇举办，全球1 000多位业界精英、专家学者和政府官员参会。李克强总理在会见出席会议的代表时指出，互联网既是驱动“大众创业，万众创新”的“新工具”，同时也是政府施政的“新平台”。习近平总书记出席了2015年12月的第二届世界互联网大会，并发表主旨演讲。这充分说明政府对互联网分享经济的高度重视。

据中国互联网络信息中心的报告显示，在“十二五”期间，中国互联网对经济增长的贡献率明显提升，位居全球前列。互联网经济在GDP中的占比持续攀升，2014年达到7％，占比超过美国。在政策鼓励下，在“十三五”期间，互联网经济在我国GDP中的占比进一步上升。

（二）中国分享经济发展特色：互联网引领、平台优先、政府引导

中国分享经济在微观层面上落后于美国，但在宏观层面已经形成了互联网引领、平台优先、政府引导的优势和特色。

依靠政府主导的宏观战略优势与市场自主调节机制的有机结合，是中国取得改革开放成果的主要经验。在中国走向“互联网＋”推动的分享经济发展中，政府主导模式再度发力，它成为互联网在中国快速发展的重要原因：在国家层面的相关制度配套方面，从2015年至今，国家陆续出台了多部政策法规和指导意见以促进互联网行业的快速健康发展（见表6－2）。2015年7月，国务院印发《关于积极推进“互联网＋”行动的指导意见》，标志着从国家政策层面推动互联网由消费领域向生产领域拓展，使得生产性行业得以借助互联网技术大幅度提高创新能力和发展水平，为产业的发展注入了新的动力。

政府在互联网领域的投资也同时全面展开，相关消息显示，国家级的互联网投资基金正在研究和规划中。中央直属企业与地方政府的合作投资

也陆续展开，2016 年 5 月 4 日，中国联通集团与上海市人民政府签署《推进“互联网＋”战略合作框架协议》，计划在 5 年内投资 140 亿元。省市一级的互联网领域投资正在陆续铺开。

表 6-2　2015—2016 年中国分享经济发展的相关政策文件或报告

文件或报告序号	主管单位	政策文件或报告	发布时间
[1]	中国互联网络信息中心（CNNIC）	《第 37 次中国互联网络发展状况统计报告》	2016 年 1 月 23 日
[2]	国务院	李克强总理在《2016 年国务院政府工作报告》中首次提出：“制订‘互联网＋’行动计划，推动移动互联网、云计算、大数据、物联网等与现代制造业结合，促进电子商务、工业互联网和互联网金融健康发展，引导互联网企业拓展国际市场。”“互联网＋”上升为国家战略	2016 年 3 月 5 日
[3]	工业和信息化部	《关于开展 2015 年智能制造试点示范专项行动的通知》（工信部装〔2015〕72 号）和《2015 年智能制造试点示范专项行动实施方案》	2015 年 3 月 9 日
[4]	工业和信息化部	《关于继续开展互联网与工业融合创新试点工作的通知》（工信函〔2015〕50 号）	2015 年 3 月 31 日
[5]	国务院	《关于大力发展电子商务加快培育经济新动力的意见》（国发〔2015〕24 号）	2015 年 5 月 7 日
[6]	商务部	《“互联网＋流通”行动计划》	2015 年 5 月 15 日
[7]	国务院办公厅	《关于促进跨境电子商务健康快速发展的指导意见》（国办发〔2015〕46 号）	2015 年 6 月 20 日
[8]	国务院	《关于积极推进“互联网＋”行动的指导意见》（国发〔2015〕40 号）	2015 年 7 月 1 日
[9]	中国人民银行等 10 部门	《关于促进互联网金融健康发展的指导意见》（银发〔2015〕221 号）	2015 年 7 月 18 日
[10]	国务院	《关于印发促进大数据发展行动纲要》（国发〔2015〕50 号）	2015 年 8 月 31 日
[11]	交通运输部	《网络预约出租汽车经营服务管理暂行办法（草案）》	2015 年 10 月 10 日

续表

文件或报告序号	主管单位	政策文件或报告	发布时间
[12]	国务院办公厅	《关于推动线上线下互动加快商贸流通创新发展转型升级的意见》（国办发〔2015〕72号）	2015年9月29日
[13]	国务院办公厅	《关于促进农村电子商务加快发展的指导意见》（国办发〔2015〕78号）	2015年11月9日

可见，由政府推动的“互联网＋”国家战略是将大数据和移动互联技术逐步融合于我国的制造业，迈向制造强国的必由之路。让亿万人民更易分享到经济增长的红利。这种“中国模式”将深度影响中国的经济发展。

（三）城市分享经济快速兴起

中国交通领域基础设施的发展远远落后于城市化进程，尤其是在一线城市更为突出。正是在基于解决城市公共交通拥挤，充分利用公共交通设施的背景下，滴滴打车软件应运而生，2015年滴滴出行完成14.3亿订单，总量在全球位列第一，成为全球分享经济领域最大的操盘手。超过80%的中国出租车安装了滴滴软件，居民可以用手机App随时约车出行。而后，“快车”“专车”“顺风车”“代驾”等业务模式的丰富使得滴滴打车充分调动了社会上可能的运力（包括公共交通工具、私家车等）来解决城市交通需求问题。

众筹是汇聚较小资金形成大额投资的分享金融。近年来，在中国房地产行业供求关系逆转压力下，一些房地产商也纷纷试水“房地产＋互联网＋金融”这一新生的众筹模式。此外，在政府城市基础设施投资“PPP”项目领域也开始出现众筹新模式。

分享经济是生活方式变革推动的新经济革命，最近几年在中国大城市兴起的分享生活之风是最好的诠释。2014年，牛建先生在北京顺义建造了一座“都市桃花源”的可持续分享生活的实验之后，在全国十几个大城市兴起了一股分享生活之风。这种分享生活已经吸引诸多大房地产商，尝试用这种方式来从事全新的分享生活房产、分享社区的建设。牛健的“都市桃花源”虽然是一个个案，却预示着一股涌动着的未来城市发展新趋势和新潮流正在来临。

专栏6-8

牛建的“都市桃花源”与城市分享新生活

2014年，牛建先生在北京市顺义郊区，建造了一个理想中“都市桃花源”的可持续分享生活的实验区。这个桃花源包含住宅区、办公区、厨卫以及屋顶太阳能、风能展示和立体种植等多个功能区。在此后的一年中牛建成为网络红人，有来自全国各地2 000多人到“都市桃花源”参观考察。在很短时间内就形成了一个覆盖北京、成都、广州、天津等十几个大城市、200多位学者、100多位企业家，还有众多志愿者参加的共享生活的一个新群体。后续又有了“都市桃花源”的2.0版，目前已经向多家众筹建设3.0版的“都市桃花源”。参与这些共享生活的不仅有著名教授，还有汉能集团、万若环境、大房地产商等。“共享社区”的理念未来将在全国蔓延。

共享经济之所以广受追捧与当前的消费模式和消费理念是分不开的。从消费模式来看，随着智能手机和移动互联网的广泛应用，中国城市网络购物人群增长迅速，60%以上的网民参与到了网络购物，规模达到4.13亿，其中26～35岁的“80后”网络消费者占到总数一半以上，他们大多受过良好的教育，消费理念更加灵活、开放，容易接受新事物，更加重视“使用权”而非“所有权”，更加偏好“付费使用”和“租赁”为特征的共享消费模式。“分享经济”参与者将目光集中到各种闲置资源，如住房、交通、资金等，这种新的消费模式和理念为城市私人共享经济的发展添加了新的动力，并将决定中国网络消费未来的发展方向。

（四）互联网带动的“乡村＋城市”：乡村分享经济的兴起

最值得我们关注的是，“互联网＋”正在深度改变着传统的城乡关系。在传统技术中，无法解决的城市与乡村发展鸿沟，在“互联网＋”下却被轻易打破。特别是在“互联网＋乡村绿色资源”的催发下，中国乡村分享经济发展呈现出多样性、快速成长的势头，不次于城市的分享经济，成为中国特色分享经济一道亮丽的风景线。目前在中国发展乡村分享经济主要表现为以下几种类型。

第一，将城市与乡村联系起来的社区分享经济。最近几年在我国众多大中型城市遍地开花的社区支持农业（community support agriculture, CSA），属于典型的城乡共享的分享经济。在农业污染造成食物安全的压力下，那些希望得到有机食物的城市居民，通过与村民建立稳定客源关系而形成的社区农业，就是属于城乡合作的分享农业。目前，社区支持农业在日本、欧美发展速度很快，这在中国大城市也快速成长着。

第二，沟通城乡市场交易的乡村电商经济。阿里研究院发布了《农产品电子商务白皮书（2013）》，数据显示，2013 年阿里平台上经营农产品的卖家数量为 39.40 万个。目前农村电商已呈燎原之势。农民收入的增加和互联网在农村的普及，使得乡村电商的发展潜力巨大。以“淘实惠”为例，淘宝惠打造的县域自生态就是把农产品整合到平台形成产地直供，将不同地区的特色农产品通过电商平台进行跨地区“分享”，既满足了不同地区农村居民的消费需求，也切实活跃了农村经济。

专栏 6－9

江苏沙集村镇的电商

江苏睢宁县沙集镇受“宜家代购”启发，2006 年开设第一家“种子网店”，至今已有几千家网店。在精确定位市场需求后，沙集镇“中国式宜家”家具进入规模化生产和网络销售阶段。由于村民之间紧密的乡土人情，使得沙集镇家具生产迅速被广泛复制并且生产规模快速扩大，内部还出现了沿家具生产链的各种分工，形成各类大、小集群，既有木材生产、运输企业，也有家具组装企业、油漆加工企业等。无论是沙集镇家具生产、销售企业发展历程，还是整个产业链的形成，都充分体现了分享经济的特征。

第三，依托互联网兴起的乡村农家乐。农家乐是农民向城市人提供的一种回归田野，享受清新空气、自然风光、乡土生活方式的新分享经济。本来属于农民独享的生活，在城市病倒逼和互联网技术作用下，使本来不创造财富的乡村生活方式成为财富的来源。农家乐在浙江省已经成为乡村经济发展的重要动力和产业。2014 年，浙江省投入“美丽乡村”建设资金达 208 亿元，全省 97%的村实现生活垃圾集中收集处理，37%的村实现生活污水有效治理，农村生活污水治理农户受益率达到 42%。到 2015 年底，全省已有农家乐休闲旅游村 856 个、乡村旅游点 2 336 个。2015 年，全省旅游总收入超过 6 300 亿元，比上年增长 13.8%。

六、促进中国分享经济发展的战略对策建议

（一）以分享经济理念完善中国特色的社会主义制度

实现社会财富的社会公平、共享富裕，是社会主义制度的本质内涵。但是如何找到社会主义制度落地的经济基础，是中国特色社会主义经济建设过程中面临的最大难题。在计划经济时期，恪守社会公平分配，因缺乏高效率的经济支持，使得社会主义追求的共同富裕变成了共同贫困。改革开放以来，建立的社会主义市场经济，为社会主义提供了高效率的经济基础。但是以竞争机制为主导的市场经济并不存在满足社会公平、共享的内在机制，还需要利用政府主导力量解决分配问题。而当代兴起的分享经济所具有的共生协同竞争机制，使得社会主义所追求的公平、共享与效率得到了有机结合。从这个意义上讲，分享经济为中国特色社会主义找到了新型的经济形态。计划经济、市场经济、分享经济的社会主义比较见表 6-3。

表 6-3　计划经济、市场经济、分享经济的社会主义比较

计划经济的社会主义	市场经济的社会主义	分享经济的社会主义
社会主义公平与共享理念得到了保证，但支撑这个理念的经济基础不能保证	社会主义理念落地的经济基础得到保证，但资本的强大力量，使得社会主义公平不能有效地内生到经济中。具有不确定性	社会主义公平观与共享理念内生到经济中，找到了新型的经济基础

在具体落实上建议做好以下工作。

第一，建议中央要把发展分享经济上升为落实“五大发展理念”的重要经济形态来对待。以分享经济思维推动社会主义市场体制改革，促进中国市场经济从单一竞争机制的市场经济向协调共生的市场经济转型。

第二，以分享经济思维来解决扶贫的问题。许多贫困地区恰恰拥有城市中产阶层所需要的有机食品、手工艺品、生态旅游等资源。帮助贫困地区利用“互联网+”可以实现有尊严的脱贫。例如，采用把贫困地区的产品纳入国家采购范围的方式。

第三，分享经济思维推进中国混合所有制改革。分享经济创造了跨界混合所有制，使得独享资源变成了分享的资源，要利用这个原理，利用分享经济思维推动中国国有企业改革，让更多的国有资源、私有资源实现最大限度的共享使用。

（二）以分享经济探索中国经济转型升级新路径

要以分享经济激活存量经济，尤其是盘活房地产库存。可把库存和过剩产能大致分为三类：闲置资产（汽车、住房、设施等）、闲置时间（大学生待业、非正常营业的时间等）、闲置技能（作为非经营性方式可以提供的技能，如离退休专业人员的技能、丰富的经验）。从分享经济原理来看，目前中国存在的产能过剩，很大一部分是因信息不对称造成的过剩。如对大量房地产库存，要以分享经济思维推动社会租房发展。把闲置房以分享经济方式来消化。从分享经济发展来看，中国未来城市化房地产不是要增加更多房地产，而是通过分享经济方式，使现有的房地产资源得到最大化共享利用。

以共享经济平台带领参与式大众创新。要积极发展众创空间的创新共

享平台优势，要向小微企业和创业团队开放平台入口、数据信息等资源。要调动全社会力量，支持创新工场、创客空间、智慧小企业创业基地等新型众创空间发展。通过市场化方式为创业者提供低成本、便利化的社交空间和资源共享空间，加快发展“互联网＋”创业网络体系。加快发展创业服务业，积极推广众包、用户参与设计等新型研发组织模式，引导建立社会各界交流合作的平台。

以分享经济推动中国“一带一路”经济建设。大力推进“一带一路”的国际“互联网＋”与国际云计算，使“一带一路”沿线国家之间实现资源的跨界整合配置，互通有无，避免重复建设。特别是对于过剩的产能，以不求所有、但求所用的思维通过“互联网＋”推动国际租赁业务。

积极培育分享经济发展的新消费市场。中国正处在从重化工产业向服务业经济转型时期，要利用分享经济推动消费端资源再利用、再消费的方式推动中国第三产业的服务。中国在扩大内需的思路上，从凯恩斯的刺激消费的思维转向了鼓励利用“互联网＋”走消费资源再利用、再消费的思维，扩大中国的内需。大力推动旅行住宿共享、物流共享、交通共享、服务共享、闲置用品共享经济发展，以分享经济推动中国服务业的发展。

（三）以分享经济推动生态文明建设

推动绿色消费，以共享生活方式破解环境保护难题。中国加大力度推动基于消费端减量消费、绿色消费、共享消费的方式，破解环境问题。要把节俭消费和绿色文化纳入社会主义核心价值观中，倡导社会各方都要参与到绿色消费的活动中来，在全国大力推进建设绿色家庭、绿色社区、绿色校园等活动，使绿色消费成为人人自觉参与的社会活动。在倡导绿色消费中，政府部门要带头，推动政府的绿色消费从采购绿色低碳产品开始。日本政府为了鼓励政府的绿色消费，于2002年制定《绿色采购法》，该法律要求政府、企业和个人都需要进行保护环境的采购活动。建议政府要开征奢侈税和奢侈品消费税作为政府调节生产消费和社会财富再分配的手段，同时对政府要鼓励参与“互联网＋”的分享消费。

要提升国民环保意识，利用“互联网＋”建构成全民参与新环保运动。要依托现有互联网、云计算平台，大力推进环境监测信息公开、透明，构建由公众参与的新环保运动。要以分享经济方式大力构建废旧资源回收利用体系，鼓励互联网平台企业积极参与各类产业园区废弃物信息平台建设。

要以分享经济方式推动绿色生态经济发展。互联网和新能源等技术创新，使绿色发展成为可能。分享经济等生产方式和消费方式的创新，也使绿色发展更加现实。随着耐用消费品在居民消费总量中的比重迅速上升，消费品分享的经济空间越来越大。以“人人快递”和“优步打车”为典型代表，利用碎片时间提供顺道服务，是分享经济又一魅力所在。还要深化共享信息平台在现代农业发展中的应用，加速推进生态绿色农业。

要大力推动分布式、分享式移动新能源的发展。分布式能源是一种建在用户端的能源供应方式，是以资源、环境效益最大化确定方式和容量的系统，采用需求应对式设计和模块化配置的新型能源系统，是分享经济理念的重要实践形式。要按照在广大农村和边远地区大力分布式能源，尤其要发展分布式光伏发电的模式，推动全球新能源革命。同时还要大力推动分布式、分享式移动新能源发展。

（四）以共享经济的思维，推进共享城市建设

要打破部门所有，推动城市公共资源共享。要使城市的公共资源变成城市市民的共享资源。要积极推动开放社区、大学、行政学院机构独享的公共资源，例如，大学图书馆、体育设施、文化娱乐设施。大力推进大学图书馆向市民 24 小时开放制度，使其成为城市市民学习和心灵休养生息的空间。还要将分享经济理念积极融入城市规划和管理建设过程中。探索城市空间的共享方式，将生活区与产业区、生活区内的住宅区与配套商业区在空间上有效衔接，为居民分享物品提供便利。

要鼓励城市共享生活社区建设。共享社区是社区管理的一种新理念，是新形势下社会管理创新的一种新模式。要充分利用物联网、云计算等新一代信息技术，为社区居民提供一个安全、舒适的智慧化生活环境。不仅要推动共享社区自治建设，使广大社区居民都能够有权利参与到小区物业

管理活动中，还要加强物业管理的共享服务智慧平台建设，例如，停车场管理、闭路监控管理、门禁系统等相关社区物业的智能化管理。

以多中心共治思维推动城市规划与治理。大力改革目前中国城市存在的政府主导的单极化规划与治理体制，以多中心共治的思维推动公众、社区、企业、政府共同参与城市规划，要按照资源分享的思维规划未来的城市，使城市空间结构、商业模式满足分享发展需要。遏制过度满足土地财政、房地产产业的需要规划。服务于城市公共经济资源共享，建议推动城市街道和社区多元共治的改革，推动社区直接民主选举制度。

（五）以分享经济，推动“乡村＋城市”的双向流动城镇化

要从分享经济发展高度重新定位乡村的价值。分享经济的理念可让市民和农民重新认识彼此的重要价值。要让市民和农民重新认识到农村生活方式本身的价值，可加大吸引城市投入，例如，自然保护、生态旅游、“农家乐”等，可以促进农村自身的和谐。目前，农村和广大农民的分享经济需求十分旺盛，共享经济平台能够促进农产品进城和工业品下乡的双向流通，对农村经济的发展和农民收入增加具有积极的作用。

要以分享经济盘活空心村资源。让空心村成为城市市民与村民共享的新空间。当前很多农村已经逐步成为空心村，可以通过分享经济让空心村成为市民消费的新空间。要大力发展城乡间以互联网为载体、线上线下互动的新兴消费，积极建立促进“乡村＋城市”分享经济发展的激励体系。可考虑在空心村发展体验经济，发展基于互联网的农村文化和旅游等服务。此外，还要加强空心村的基础设施建设，建设公园绿地、文化娱乐、农民创业园等基础设施，让更多的市民体验到农村的幸福生活。

要大力推进“互联网＋”的乡村独特农业产品的销售。要大力发展农村电子商务平台，为促进乡村独特农业产品销售提供服务。加强农村电子商务相关基础设施建设，鼓励农民利用资源优势发展特色农产品电子商务。支持新型农业生产经营主体利用互联网技术，对生产经营过程进行精细化信息化管理，实现农副产品“从农田到餐桌”全过程可追溯，以保障“舌尖上的安全”。

要大力推动城乡共享的都市农业、社区农业发展。根据共享经济理念，城市居民可以通过互联网平台与农业生产经营公司互动。按照分享经济理念，市民可以帮助农民合作社在农业生产上转向生态农业，引导城市健康消费合作社与农村绿色生产合作社对接，通过城乡之间的直接互助，共同建设新型农业生产经营体系，共同推动都市定制式农业发展。

（六）以多中心治理构建分享经济的法律监管体系

分享经济不断挑战传统管理模式，在分享经济模式下各主体权利、义务与责任不清，存在诸多法律空白，必须以适应分享经济发展需要多中心治理的思维积极完善法律制度和治理体系。

提高对分享经济发展宽容度、提供试错机会。分享经济模式具有成本低、方便快捷、灵活性高等特点，对现有市场秩序产生了较大冲击，受到了传统产业的抵制。要为尚处于发展起步阶段的分享经济发展创造一个宽松包容的环境。放宽融合性产品和服务的市场准入限制。要降低进入壁垒，鼓励以分享经济形式开展业务。对于分享经济，政府要创造一个包容、开明的管理氛围，为多元主体参与分享经济形成自我调节机制给予足够的成长时间。

要构建服务分享经济的新治理、法规、监管体制。要完善分享经济的信息保护和信息公开有关规定。加快推动制定网络安全、个人信息保护、互联网信息服务管理等法律法规。对共享经济的监管应该是多样化、综合性的，既要鼓励业态创新，也要考虑消费者保护，同时还要协调各利益相关方，维护市场公平竞争。建议可尝试采取“政府监管平台，平台监管企业”模式。

要推动服务分享经济发展的新诚信体系。分享经济重塑了人们的信任体系，分享经济提升了人们之间的信任度，也让诚信体系被彻底重构。共享经济串起的是社会隔阂的人际关系，连接的是不同社群的文化纽带。加快社会征信体系建设，推进各类信用信息平台无缝对接，打破信息孤岛。加强信用记录、违法失信行为等信息资源在线披露和共享。

（七）要加大分享经济的理论研究、咨询与教育

加大对企业和政府进行分享经济的培训。要尽快将分享经济课程设置纳入各级党校和行政学院的培训课程体系中去，使各级领导干部都能够尽快接受和熟知有关分享经济的理念和知识。要面向分享经济的融合发展需求，带动创业、社区管理等多学科交叉研究实践。

加大对分享经济的研究与智库研究。国家要把分享经济作为重要研究课题方向纳入社科基金研究。要成立分享经济官方智库，统筹协调研究共享经济重大问题。要发挥民间智库研究机构的作用，以课题等形式与分享经济平台服务商开展海量数据分析等合作研究。

第七章
“三+龙头”复合科技体系：中国复合引领发展战略

自2008年以来，经济发展方式开始发生了转变，如何提出和选择合适的指标来衡量经济发展方式的转变是我们需要思考的问题。根据经济发展活动的本质，本书认为能源、通信、交通是构成经济发展方式的三大决定性因素，不同的经济发展方式，其能源、通信与交通技术的发展形态以及所处发展阶段都不一样。

一、决定经济形态的"三十龙头科技"："能源十通信十交通"

在所有的影响因素中，决定经济形态的并不是传统经济学理论中的各种生产要素和生产体制，而是能源、通信和交通。

关于"能源"的定义，《大英百科全书》中解释为："能源是一个包括所有燃料、流水、阳光和风的术语，人类用适当的转换手段便可让它为自己提供所需的能量"；我国的《能源百科全书》中解释为："能源是可以直接或经转换提供人类所需的光、热、动力等任一形式能量的载能体资源。"可见，能源是一种呈多种形式的，且可以相互转换的能量的源泉。确切而简单地说，能源是为人类和机器提供动力的能量资源，比如石油、煤炭、电力、水利、风力、太阳能都是能源。能源直接决定经济运行的成本，能源价格高，经济运行成本就高，经济发展的效率也就越低；而能源价格低，经济成本相对较低，经济发展的效率也就越高。因此，能源将对经济形态的形成与发展产生决定性的作用，是任何一个国家在其国家发展战略中都必须高度重视的领域。

通信技术是第二个决定经济形态的因素，空间距离的存在极大地限制了人与人的交流与经济活动的联系，千百年来人类无时无刻不在试图打破空间距离的限制，而通信就是人类在这一领域所做出的努力和取得的成就之一。1837 年，美国人莫尔斯在华盛顿和巴尔的摩试拍有线电报获得成功；1915 年，巴黎与华盛顿长距离无线电通信成功；1920 年，英国人贝尔德成功进行了电视画面的传送；1946 年，第一台电子计算机“ENIAC”在美国宾夕法尼亚大学摩尔电子工程学院问世；1962 年，美国发射第一颗人造卫星，开启电视卫星传送的时代；1979 年，传奇的美国 Xero 公司研究小组在鲍勃·泰勒的领导下研究出 Internet 的前身；1983 年，美国国防部将阿帕网分为军网和民网，渐渐扩大为今天的互联网；1998 年谷歌成立；2004 年 Facebook 成立；2011 年用户超过 6 亿的微信出现。这些成就反映了人类对相互联系的渴望，同时一次次地改变了人类社会的经济活动的发生与发展。

交通是人类渴望打破空间限制的第二个努力。从人类十万年前仰仗双脚走出非洲，到四千年前驾驭马匹，再到最近一两百年前的汽车，最后到飞机轰鸣上天和时速超过 350 千米高速铁路的出现，人类一步一步地打破空间距离的限制，一步一步地将地球变成地球村。随着交通技术的发展、交通工具速度的大幅度提高，人类之间的联系愈发紧密，生产要素的流动越来越频繁，经济结构和生产方式也在日益发生变化。每一次交通技术的重大变革实际上意味着经济形态的彻底重构。

因此，能源、通信和交通是决定经济形态的三大因素。迄今为止，人类社会已经经历了英国以“蒸汽机＋电话＋火车”引领的和美国以内燃机、“电动机＋信息＋飞机”、汽车引领的前两次经济形态的改变，而当前正处于由中国以“新能源＋互联网＋高铁”引领的第三次经济形态的形成过程中。下面将对英美引领的“三十龙头科技”进行介绍，并指出为何第三次经济形态的改变会由“新能源＋互联网＋高铁”决定，而这种改变为何会由我国引领。

二、英国、美国、中国引领的“三十龙头科技”比较

英国引领的“三十龙头科技”中，蒸汽机作为新的能源形式和动力，使得火车和大量机器的使用成为现实，彻底改变了人类社会，第一次工业革命几乎可以被称为“蒸汽时代”。蒸汽机是1765年由瓦特改进、发明了设有与汽缸壁分开的凝汽器的蒸汽机，并于1776年首次在船舶上使用，此后蒸汽机迅速成为大量机器的常规动力并迅速促进了纺织、煤炭、冶金等近代机器工业的兴起和发展。在蒸汽机的帮助下，英国生产效率大幅提高，很快超过了世界上其他国家。到1860年，英国的工业品产量、对外贸易量都已经位居世界第一位，分别占世界工业品的40％～50％，世界贸易量的40％。在强大的工业支撑下，英国的工业实力、经济实力、军事实力迅速增长，并在多次战争中逐渐获得对全球区域的支配权，建立了庞大的殖民体系，历史上赫赫有名的“日不落帝国”正式形成。在这过程中，电话的发明使得英国对外扩张的可能性不断提高，极大地促进了英国全球贸易体系和殖民体系的形成。

美国引领的“三十龙头科技”中，内燃机、电动机由于使用效率更高，迅速取代了蒸汽机成为机器生产和火车的主要动力，整个生产体系的生产效率和规模迅速扩大，而福特公司采取流水线生产模式堪称是美国对第二次经济形态影响最大也是最为彻底的一次改变。1910年，亨利福特在底特律郊区开设了新工厂 Highland Park 并采取了流水线生产模式，将

原来涉及 3 000 个组装部件的工序简化为 84 道工序，每辆汽车的生产周期由 12 小时迅速下降到 1.5 小时，这种变化导致汽车产业的生产成本急速下降，1914 年福特生产的“T”型车价格降到 440 美元，相当于今天的 1 万美元，这个价格对于当时的美国人而言是一个绝对可以接受的价格，这是一个前所未有的最普通的美国人也能支付得起的价格。而 1914 年，福特又实行了“5 美元日薪制度”鼓励自己的员工购买自己公司的产品，此举不仅增加了员工的士气与忠诚度，也为美国中产阶级消费阶层的形成做出了重大贡献。从此，一个不受地域限制，可以自由出行，无论在哪里都能自由追求美国梦的阶层开始形成。美国开始逐渐取代英国成为世界第一大国。手机的出现也大大提高了普通人互相交流的便捷度和降低了沟通的成本，人类的社会自此也进入手机时代。

而在当前正在形成的第三波经济形态中，从各种趋势来看，中国是这次经济形态的主要引领者。

能源方面：中国是世界光伏应用大国。据“我国光伏产业 2014 年回顾与 2015 年展望”数据披露，2014 年我国硅片产量达到 38 吉瓦，同比增长 28%。我国硅片产值达到近 88 亿片，约占全球 76%。2014 年我国光伏并网装机量在 10.6 吉瓦，占全球容量的 1/4。累计光伏装机量为 26.52 吉瓦。其中，分布式光伏发电量超过 5 吉瓦。市场决定需求，价格决定市场。在“十三五”期间，太阳能发电价格一旦接近、甚至低于火力发电价格，那么太阳能发电大规模替代传统火力发电会成为不可阻挡的趋势。中国也会真正进入一个太阳能时代。2014 年在环保等因素作用下，火电发电量首次出现下降。2014 年社会总用电量 5.5 万亿度，据有关机构预测，到 2030 年中国社会用电量将会达到 11 万亿度。据国际可再生能源署（IRENA）发布的《2014 中国可再生能源展望》，到 2030 年中国可再生能源占终端能源消费比重可由目前的 13%提高到 26%。如果光伏发电成本大幅度下降，2030 年中国可再生能源所占比例可能会超出这个预测，能够达到 30%～40%。这意味着未来中国将会有一个月 3 万亿度光伏发电市场，这几乎将重构全球能源市场。

交通方面：我国高铁建设速度极快。2008 年 8 月 1 日，我国第一条高速铁路——京津城际铁路开通运营。随后几年间，武汉—广州、郑州—西安、上海—南京、上海—杭州、石家庄—太原、济南—青岛、合肥—南京、合肥—武汉、宁波—台州—温州、温州—福州、福州—厦门、南昌—九江、广州—珠海、海南东环等高铁相继建成投产。2011 年，举世瞩目的京沪高速铁路开通运营，广深港高铁广深段也开通运营。截至 2016 年底，我国高速铁路运营里程已经超过 2.2 万千米，从 2002 年底秦皇岛至沈阳高铁通车，到 2013 年天津至秦皇岛高铁投入运营，中国高铁运营里程突破 1 万千米，历时 11 年；从 1 万千米到 2 万千米，仅历时 3 年，高速铁路运营里程就实现翻番。① 随着京沪、京广、哈大、兰新等一批高铁重点项目建成通车，中国高速铁路"四纵四横"主骨架已基本形成，长三角、珠三角、环渤海等城市群高铁已连片成网，东部、中部、西部和东北四大板块实现高铁互联互通，中国现代化的高速铁路网初具规模。2016 年 7 月，国务院批准了新调整的《中长期铁路网规划》（以下简称《规划》），进一步描绘了中国高速铁路发展的美好蓝图。根据《规划》，到 2020 年中国高速铁路规模将达到 3 万千米，到 2025 年将达到 3.8 万千米左右，远期将达到 4.5 万千米左右。届时，中国将建成以"八纵八横"主通道为骨架、区域连接线衔接、城际铁路补充的现代高速铁路网。一方面，高速铁路将连接主要城市群，基本连接省会城市和其他 50 万人口以上大中城市，形成以特大城市为中心覆盖全国、以省会城市为支点覆盖周边的高速铁路网，实现相邻大中城市间 1～4 小时交通圈，城市群内0.5～2 小时交通圈。另一方面，高铁已经彻底改变了人们生活和工作的模式，初步缓解了人口过度向大都市集聚的趋势，在大城市上班、小城市生活的方式成为越来越多的人选择的生活方式。比如，家住河北沧州的姜京子平时早晨 6：10 起床，洗漱、吃饭，6：50 下楼乘坐出租车前往沧州西高铁站，不堵车的情况下打车费是 14 元，赶在 7：23 从沧州始发的 G9004 高

① 秦沈客专虽然线上工程是按照时速 160～200 千米建设的，但是线下工程是按照时速 250 千米建设的。如果按照线下标准来衡量，毫无疑问秦沈客专是高速铁路；但是开通初期，它的运行时速又只有 160 千米。在当年那样一个特殊的历史时期，技术标准又是如此不上不下，所以关于谁才是中国第一条高速铁路的争论也注定要纷纷扰扰。

铁出发前几分钟上车，58 分钟后到达北京南站，高铁费用为 94.5 元。之后，跟着北京上班的人流挤上地铁，花费 4 元后，在 9：15 左右到达位于北京西南二环附近的上班地点。下午下班后，她会倒着重复早晨的路线，在晚上 8：40 左右回到沧州的家。同样，在北京南三环附近上班的李淼在河北廊坊买了房子，乘坐高铁只要 21 分钟便可到达北京南站，上班极为方便。

互联网经济方面：一方面，中国互联网经济规模已经位居世界前列。2015 年中国网络经济营收规模首次突破 1.1 万亿，为 11 218.7 亿元，年增长率为 47.3%，都达到了新的历史高度，并且未来几年依然保持较高速发展的态势。根据国家统计局统计公报，2015 年全年国内生产总值 676 708 亿元，比上年增长 6.9%。因此，2015 年网络经济在其中的占比为 1.7%，而在 2011 年该占比仅为 0.5%。网络经济在国内生产总值中占比日益提升，并且仍有较大的增长空间。网络经济市场中目前依然是由电子商务带来的营收占据核心，2015 年中国电商营收规模超 7 000 亿元（营收额，非交易额），占网络经济中的比例为 63.6%。其次是网络广告行业，2015 年网络广告营收规模超 2 000 亿元，在网络经济中的占比为 18.7%。① 另一方面，我国互联网行业中涌现了一大批具有影响力的企业，市值超过 1 万亿的互联网企业有腾讯和阿里巴巴两家，在中国上市公司市值 500 强企业中，信息技术有 63 家上榜，百度排第十五名，市值 3 957 亿人民币；京东排第二十九名，市值 2 531 亿人民币；网易排第三十四名，市值 2 038 亿人民币。还有彻底改变智能机产业的小米。这些企业不仅极大地改变了中国，同时也改变了世界，美国很多互联网企业已经开始模仿中国的企业，在美国在线约会应用程序 Tinder 兴起之前，中国就有人用陌陌来与附近的单身人士搭讪。在亚马逊首席执行官杰夫·贝佐斯提出使用无人机运送物品之前，顺丰就早已实施了这一想法。微信比脸谱更早想到向用户推送新闻，在 WhatsApp 之前就开发出了对讲机功能，在 Snapchat 之前开发了二维码的主要功能。在 Venmo 成为美国“00 后”

① 数据来自艾瑞咨询统计，http：//www.ce.cn/culture/gd/201605/20/t20160520_11815497.shtml。

转账应用软件之前，中国无论男女老少都用智能手机中的电子钱包进行投资、还款和购物。这一转变也意味着中国在全球科技产业发展方向上可能会拥有更大的话语权。在中国，已经有很多人用手机应用付账、订购物品、看视频、相亲，这比世界上任何一个国家的普及率都要高。2017 年，中国移动终端支付的成交额超过了美国，将中美的移动支付进行对比，无论是在用户规模还是在用户接受度上，中国都已经后来居上，全面超越了美国。在美国移动支付市场，苹果姗姗来迟的“苹果支付”和谷歌的“安卓支付”及三星对 LoopPay 的收购，都可以成为新闻话题，但是在美国移动支付市场，PayPal 才是毋庸置疑的老大，在美国的支付份额是苹果和谷歌的几十倍。但是在中国，支付宝在移动支付领域占据市场份额早已超过 50%，同时微信支付近几年也在迅速壮大。相比 PayPal 与支付宝，二者差距已十分明显。早在 2013 年底，支付宝移动支付总金额就已超 9 000 亿元，远远超过硅谷两大移动支付巨头 PayPal 和 Square 移动支付 3 000 亿元的总和。企业竞争上，中国大型互联网公司也是世界上唯一可与美国公司匹敌的。2016 年 8 月 1 日，滴滴出行宣布将收购优步中国的品牌、业务、数据等全部资产，这表明中国企业至少在国内可以与美国大型互联网企业一争高下。

专栏 7 - 1

小米科技的成长之路

北京小米科技有限责任公司成立于 2010 年 4 月，是一家专注于智能硬件和电子产品研发的移动互联网公司。“为发烧而生”是小米的产品概念。小米公司首创了用互联网模式开发手机操作系统、发烧友参与开发改进的模式。“让每个人都能享受科技的乐趣”是小米公司的愿景。小米公司应用了互联网开发模式开发产品的模式，用极客精神做产品，用互联网模式干掉中间环节，致力让全球每个人都能享用来自中国的优质科技产品。小米公司具有如下三个特征。

第一，改变了智能机产业。在 2011 年智能手机价格还是动辄三四千元的时候，在绝大多数人还没办法轻易使用智能手机的时候，小米科技于

2011 年发布了配置较高的 1 999 元小米手机 1，随后又发布了 799 元的红米手机，彻底扭转了智能机高价市场，让大量的手机厂商陷入激烈的价格竞争，让消费者获得了极大的福利，也为移动互联网的普及奠定了基础。

第二，改变了人们的日常家居生活。小米从手机出发，已经设计出包括笔记本、电视、空气净化器、电插座、台灯、音响等各种各样的家居用品，在保障品质的前提下，小米通过控制商品的销售渠道来大大降低产品价格，让越来越多的人开始追求有品质的生活，有力地影响了我国居民阶层的生活习惯。

第三，谋求物联网标准，准备构建一个庞大的智能硬件生态圈。从小米当前的发展战略与包括手机等产品结构来看，小米的目标是互联网的硬件基础即智能硬件，它将通过建设一个智能硬件生态圈，逐渐地制定出自身的物联网标准，三流的企业卖产品、二流的企业卖品牌、一流的企业卖标准，而小米正在向一家一流企业大步迈进。

在我国互联网经济大潮中，像小米这样的企业会越来越多，我国的互联网经济不仅会不断发展壮大，这些不断开拓的互联网企业也将不断地改变中国和世界。

三、新能源革命将会在中国首先爆发

虽然第三次经济形态的形成过程仍然没有结束，但是我们认为根据种种趋势，中国将是第三次经济形态形成的引领者。我们将从能源、交通和互联网经济三方面分析中国的优势。

美国作家杰里米·里夫金的《第三次工业》一出版，便受到中国的热捧。但2014年由中国薄膜光伏产业领军企业家李河君写的《中国领先一把——第三次工业革命在中国》却未能热起来。按道理，我们应该对李河君的书更兴奋。近代以来，中国不是一直想领先一把吗？为什么时代真的让中国领先一把的机遇来了，我们却没有兴奋起来。而社会主流乐此不疲仍在热论什么时间中国能赶上美国。但李河君所讲中国领先一把，不是梦，而是一个正在发生且将会在“十三五”期间快速显化的事实。中国将会成为世界新能源革命的引领者，具有以下新优势。

第一，中国是当今世界上内生创新活力最大的国家。如果按照国际流行的创新标准来看，中国不是世界排名靠前的创新性国家，因为国际流行的创新评价标准，主要基于创新结果进行。如从创新制度来看，中国没有发达国家完善的创新制度，而从创新结果的全要素生产率来看，我们的全要素生产率很低。但是从创新动力的社会系统和潜在创新力来看，中国是当今世界创新活力最大的国家。这种创新活力在中国走向新能源革命时代已经开始显现。从近代以来历次技术革命的规律来看，哪个国家处在世界新旧技术和新旧能源交替中心、矛盾压力最大的中心，哪个国家的内在创新动力就最大。第一次技术革命之所以在英国发生，是因为英国纺织业大规模发展带动的机器制造业的发展，形成了对新动力能源的强大需求，正是在这种巨大需求压力的推动下，使英国成为第一次技术革命的引领者。同样，美国成为第二次工业革命的中心，也是同样原理。当代中国快速走向工业化过程中，大规模制造业形成对能源的巨大需求以及由此造成的环境污染，成为世界环境与危机压力最大的国家。这种巨大压力反过来也就成为中国创新的内在动力。

当今的中国有其他国家没有的三种力量推动着中国必须创新之路：一是能源环境危机压力，是推动中国必须创新的时代大势形成的压力；二是中国正处在产业结构的重大转型时期，转型压力迫使中国许多企业纷纷向新能源新兴产业找出路；三是中国具有西方发达国家没有追赶的动力。改革开放40多年成就斐然，中国之所以用40多年的时间走完了西方发达国家100多年所走的路，就是因为当代中国有一种内在的追赶的冲动力，这种力量在今天的中国仍然很足。这种追赶也可以称其为一个国家的年轻生命力。西方发达国家工业化已经搞了 200 多年，而我们从近代开始只有 100 多年。如果说西方发达国家的工业化的生命年龄已经迈入老年，而中国还是一个生命力十足的小伙子。目前的新能源革命，意味着世界经济发展开启了另一轮新比赛，而目前站在起跑线上的是一个 20 多岁的小伙子与一个 60 岁的老人的比赛，当然年轻人更有优势。其实 20 世纪在第二次技术革命开始，也出现过同样的情景，就物质财富、GDP 而言，英国是世界头号工业帝国，但就国家生命年龄来看，英国是一个老态龙钟的老人，而美国是一个野心勃勃的小伙子。从国家生命创新力来看，美国比英国更具有创新力，这是美国继英国之后，成为引领世界经济发展的深层原因。我们再回到 15—18 世纪，世界从农业文明转型生态文明时代，经过五千年农业文明的中国，已经成为一个长寿、但也是老态龙钟的老人。而经过文艺复兴开始新时代的西欧，却是一个怀有梦想和敢于冒险的少年。由于这个原因，注定 18 世纪以后世界是属于西方工业文明引领的世界。今天的中华民族经过近代痛苦的涅槃之后，我们是一个重新获得新生的年轻民族。

使我们感到欣喜的是，在世界新能源革命开启的时代背景下，中华民族已经将追赶西方工业化的生命活力，转向应对新能源革命的创新上。在中国已经有一批年轻的企业从追赶西方工业化的跑道上，转向世界新能源革命的跑道上。从最早进入光伏发电的尚德力等开启了中国光伏产业的第一代企业，到目前在技术上已经领先世界的汉能控股集团企业，这些敢于第一个吃螃蟹的企业，所表现出的已不仅是一个企业家的创新精神，而是一个国家在生态文明时代释放出的创新活力。2010 年，中国太阳能光伏产量占据全球 47.8%的市场份额，取代日本成为第一。在此之前，中国只是光伏生产产量第一，但从 2013 年开始，中国新增装机容量为 11.3 吉瓦，成为世界第一；其次是日本 6.9 吉瓦；排在第三位的是美国，为 4.8 吉瓦。在光伏发电领域，当今中国不仅是制造业上的优势，而且已经显示出技术的优势。在光伏技术上，中国不仅是世界第一阵营的成员，而且在许多关键技术上已经占据世界领先地位。

第二，中国具有发达国家没有的发展新能源的市场优势。中国是一个尚未完成工业化的国家，相对于西方成熟的工业化而言，我们还需要追赶，但是相对于已经开启的生态文明时代的新能源革命而言，这恰恰成为中国发展新能源的新优势。2000 年后西方发达国家人均能源消耗与排放达到峰值并进入零增长阶段。环保部提供数据，中国将在 2030 年达到的电力需求峰值趋向零增长。2030 年中国社会用电量将达到 11 万亿度，2014 年中国社会用电量 5.5 万亿度。未来 15 年中国电力市场的增量空间还有 5.5 万亿度。这个 5.5 万亿度电力市场，就是中国未来发展新能源的市场空间，而发达国家则没有这样的市场空间，由此决定了发达国家要发展新能源，就会遇到对既有电力市场的替代，受既得利益的阻碍。因此，发达国家发展新能源替代机会成本比中国要大得多，而中国开发新能源市场的机会则很低。为什么在如此短的时间内，中国新能源发展能够走在世界前列，低成本的大市场是其中重要优势之一。

第三，中国具有走向发展新能源创新的低成本优势。目前，中国理论界热议中国发展工业化原有的优势正在丧失。但是我们还要看到，当代中国拥有了另一个西方发达国家没有的低成本优势，这也就是在高端产业和技术创新成本上的新优势。无论是中国经济转型发展，还是新能源革命，都需要中国从低端劳动力的竞争优势转向高端人力资本竞争优势上来。在同等条件下，中国知识阶层和科技创新领域的人力资本的成本要比西方发达国家低得多。2010 年联合国公布 72 国工薪阶层收入世界人均月工资为 9 327.7 元，中国仅为 4 134.4 元，不到世界的一半。2013 年发布的全球工资水平报告显示，中国内地排第 17 名，最低薪资水平为 0.8 美元每小时，比发达国家低 10 倍左右。当今中国人力成本低，并不等于人力资本的创新力同样低 10 倍。但由于中国人力资本成本低，由此决定了中国具有研究开发的低成本竞争优势。目前中国不仅是世界制造业大国，而且是世界上的人力资本大国。如何发挥低成本人力资本优势，推动中国创新，是中国未来发展新能源的一大新竞争优势。

第四，中国发展新能源的物质基础优势。在应对新能源革命的竞争中，当代中国不仅有西方发达国家所没有的年轻的创新活力，也有满足创新的物质基础。创新所需要的不仅是年轻优势，还有物质基础。在物质方面，发达国家占有优势，但中国作为世界经济总量第二的国家，所拥有的投资能力、制造业基础等也不是绝对的劣势。当今中国所拥有的 3.5 万亿美元的外汇储备，百万亿的人民币存款余额，使得中国是一个既具有年轻生命力，也完成财富原始累积的国家。

四、互联网革命中国与西方并驾齐驱

第一，互联网的精神与中国传统文化相契合。现代西方经济学的大厦是建立在亚当·斯密自利经济人假说的逻辑基础上的。亚当·斯密认为：“如果能够刺激他们的利己心，使有利于他，并告诉他们，给他做事，是对他们自己有利的，他要达到目的就容易得多了。”人的本性总是在自爱的引导下追求个人利益最大化，同时也有利他的一面。亚当·斯密的自由主义经济思想主张通过分工和交换来追求自身利益最大化，在这过程中间接地对他人和社会带来福利，其经济逻辑是自利中利他。

互联网时代分享经济的兴起对西方经济学最具有颠覆性革命，利他理论则是成为分享经济的逻辑前提。分享经济领域要素特性决定了必须在利他中实现自利。在分享经济模式中，参与分享要素的人越多，要素自生增值的速度越快。因此，参与分享经济的这些非物质要素的增值遵循的增长规律，是边际成本递减规律。然而，互联网下分享经济，使使用权与所有权实现了分离，独享的产品变成了可分享的产品。“我”出售一辆汽车的行为，是所有权与使用权一次出让。“我”的利益最大化，是使用权重复出让。必须先让渡利他，才能实现利己。

里夫金评论“随着物联网基础设施和相应的协同共享机制的构建，中国向零成本社会的迈进将确保其在第三次工业革命时代中的领袖地位，并且为一个更公平、更可持续、更繁荣的后碳生态文明铺平道路"。其实，里夫金所评价的共享经济利他中自利，早在中国传统儒家利他主义的天下经济观中就有体现。儒家讲的"财聚则民散，财散则民聚"义利财富观，是基于财富可持续增长的视角的财富观，基于农业时代生产财富的要素特性决定的。儒家"仁"的意境由人与人之间推演至人与宇宙万物的内在关系，意味着人与所处的宇宙是一个内在关联体，并且通过"恕"外化为行动，也就是"利他主义"。这种根植于中国人内心的儒家利他主义的天下观，潜移默化地影响着中国人的创新行为。目前，中国的共享经济发展规模及成效并不亚于发达国家，并且有着继续上升并逐渐引领的趋势。

第二，政府的大力支持。中华人民共和国成立以后 30 年的计划经济时期是属于那个时期的分享经济，其最大特征是：建立在单一公共制与集体制基础上，共同占有公共资源，实现平均分配、共同富裕的经济。最大弊端是：排斥市场经济的单一的公有制是属于低效率、供给严重短缺的经济。由于计划主导资源配置的低效率，理想中的"共同富裕"未能实现。中国改革开放 40 多年，是中国从计划经济走向社会主义市场经济的时期。在此期间，中国特色社会主义市场经济，最大的创新是将确保共同富裕公有制经济与提高社会资源效率市场经济实现了有机结合。

党的十八届五中全会提出的创新、协调、绿色、开放、共享"五大发展理念"，首次把共享发展纳入国家发展战略目标。建议提出"拓展网络经济空间。实施'互联网＋'行动计划，发展物联网技术和应用，发展分享经济，促进互联网和经济社会融合发展"。这是中央首次在五年规划中提出"网络经济空间"和"分享经济"的概念。中国已经成功举办了两届世界互联网大会（world internet conference）。首届会议于 2014 年 11 月在浙江乌镇举办，全球 1 000 多位业界精英、专家学者和政府官员参会。李克强总理在会见出席会议的代表时指出互联网既是驱动"大众创业，万众创新"的"新工具"，同时也是政府施政的"新平台"。习近平总书记出席了 2015 年 12 月的第二届世界互联网大会，并发表主旨演讲。这充分说明政府对互联网分享经济的高度重视。

第三，巨大的市场规模。据中国互联网络信息中心的报告显示，"十二五”期间，中国互联网对经济增长的贡献率明显提升，位居全球前列。互联网经济在GDP中的占比持续攀升，2014年达到7%，占比超过美国。在政策鼓励下，预计在“十三五”期间，互联网经济在我国GDP中的占比会进一步上升。最新发布的《第37次中国互联网络发展状况统计报告》，截至2015年12月，中国网民规模达6.88亿，手机网民用户6.2亿，互联网用户规模为全球之最。互联网普及率为50.3%。2015年我国分享经济规模约为1.95万亿元，分享经济催生了200余家新企业，并得到了20亿美元风险资本的注资。预计未来五年分享经济年均增长速度在40%左右，到2020年市场规模占GDP比重将达到10%以上。平台优先的互联网发展是中国走向分享经济的另一个特点。根据梅特卡夫定律，网络的价值与用户数量平方成正比，这种正外部性令互联网平台快速成长、价值极速攀升。根据相关报告，2015年初，全球互联网企业市值排名中，中国的阿里巴巴、腾讯和百度分别位居世界互联网企业市值排名的第三位、第五位和第六位。三家公司基于差异化的市场，分别专注于打造搜索平台、购物平台和社交平台，形成了各自不同的特点。他们打造的共享平台上分布着众多消费者、商家和服务商，通过频繁交易形成海量数据，优先发展的平台为发展提供大环境、开放、共享。

五、高铁技术中国领先世界

第一，建造成本较低。中国铁路呈网络规模化发展使得桥梁、隧道、车站等不同建设部分的设计可以实现标准化；具有显著的规模经济和范围经济的优势。从总体来讲，中国铁路建造成本是世界发达国家平均水平的1/3～2/3。原因有：劳动力资源丰富，劳动力成本较低；施工单位及设备供应团体建设积极性较高；业务量庞大，可以采用摊销资金的方式去购买施工设备；较完整的产业链降低了成本。中国高铁拥有全球最丰厚的运营经验，每年有几千列动车组在运营，有9亿人乘坐，这是一个无比庞大的数据库。中国高铁在不同的运营环境和地质条件下经历了各种各样的考验，由此获得的运营数据也是全球最丰富的，这些数据反过来对世界范围的高铁建设提供了庞大的实践数据支持。且中国高铁运营成本低，由此也产生了规模效益，据国外统计数据，中国高铁的运营成本是每公里7美分，而法国TGV（高速列车）该项数据是27美分，西班牙高铁该项数据是25美分。

第二，中国政府大力支持中国高铁走向世界，是中国高铁独具的优势。中国的高铁建设历来受到中央和地方政府的高度重视，特别是目前大力实施的"高铁'走出去'"战略。下面我们就来全面回顾一下习近平、李克强的"高铁外交"完整路线图。

2013年10月与泰国的"大米换高铁"：2013年10月，国务院总理李克强访问泰国，中泰两国签署被称为"大米换高铁"的协议，这是中国"高铁外交"正式发端的标志性事件，也是中国高铁由低谷走向复苏的转折事件。2013年10月11日，中泰两国在曼谷发表的《中泰关系发展远景规划》中称，中方表示有意参与廊开至帕栖高速铁路系统项目建设，以泰国农产品抵偿部分项目费用。泰方表示欢迎中方意向，将适时在2013年10月11日签署的《中泰政府关于泰国铁路基础设施发展与泰国农产品交换的政府间合作项目的谅解备忘录》基础上，与中方探讨相关事宜。2013年10月12日，李克强总理在陪同泰国总理英拉参观在曼谷举行的中国高速铁路展上提出了著名的中国"高铁三论"：技术先进、安全可靠、成本具有竞争优势，成为中国高铁被国际上认可的三条最主要论断。在这次展会上中国还将一列1∶10的CRH380A模型送给了泰方。

2013年10月向澳大利亚推销中国高铁。10月23日，李克强总理在北京会见澳大利亚总督布赖斯时，澳大利亚正在积极升级基础设施建设，已就建造澳大利亚第一条高铁进行可行性研究。中国高铁技术先进、安全可靠且具有成本优势，希望双方就此探讨开展合作。"高铁三论”再次被提及。

2013年11月与罗马尼亚“高铁换牛肉”。2013年11月25—29日，李克强总理出访罗马尼亚参加中国—中东欧国家领导人会晤，宣布中国将参与连接贝尔格莱德和布达佩斯的匈塞铁路，被媒体称为“高铁换牛肉”。

2013年11月26日邀请多国领导人参观。李克强总理邀请中东欧16国领导人一起参观中国铁路等基础设施及装备制造展，在推介中他说“中国高铁技术装备成熟，施工经验丰富，竞争优势明显，完全能够适应各国情况，满足市场需求”。

2015年11月拿下“匈塞铁路”。在中国苏州举行的第四次中国—中东欧论坛期间，中国企业正式拿下“匈塞铁路”项目合同。

2013年12月高铁模型升级为国礼。2013年12月2日，英国首相卡梅伦受邀访问中国，卡梅伦送给习近平主席一件英格兰男子足球队的球衣，上面有所有成员的签名，送给彭丽媛一副迈宝瑞手套，送给李克强总理及夫人程虹一系列包括名人传记在内的书籍。而李克强总理回赠给卡梅伦的礼物中最显眼的则是一列1∶87的CRH380A型高速动车组模型。熊猫做过国礼、茅台酒做过国礼、中国的一些非物质文化遗产做过国礼，而国礼中最具现代意义的则是高速动车组模型。中国开始摆脱8亿件衬衫换一架客运飞机的时代，以高铁为代表的高端产品开启中国“世界工厂”的新时代。

2014年5月宣布在非洲建高铁研发中心。2014年5月4—11日，李克强总理出访非洲四国，在非盟总部发表演讲，表示要在非洲建立高铁研发中心，积极参与非洲公路、铁路、电信、电力等项目建设，此后李克强总理又在5月5日举办的中国铁路航空展上大力推销中国高铁。在这次访问中，中国企业成功拿下合同总额119.7亿美元的尼日利亚沿海铁路项目、合同总额38亿美元的蒙巴萨—内罗毕铁路项目。

2014年6月主攻英国2号高铁项目题。2014年6月，在李克强总理访问英国期间，讨论了中国参与英国连接伦敦与英格兰北部的2号高铁项目投资的可能性。中英双方发表了《铁路交通领域合作谅解备忘录》，确定了合作的政策框架。外界普遍预期中国方面可能投标申请HS2（英国2

号高铁）的运营权，此后中国南车正式在英国成立了中国南车（英国）有限公司。

2014年7月“两洋铁路”横空出世。2014年7月15—23日，习近平主席出席金砖国家领导人第六次会晤，并对巴西、阿根廷、委内瑞拉和古巴进行国事访问，与巴西、秘鲁就开展连接大西洋和太平洋的两洋铁路合作共同发表声明。习近平主席建议三国组成工作组，开展包括规划、设计、建设、运营在内的整体合作。于是，有“陆上巴拿马运河”之称的“两洋铁路”横空出世，“两洋铁路”总长约5 000千米，其中2 000千米铁路线基本是既有线路，需要新建大约3 000千米铁路，一旦完成将成为与巴拿马运河、苏伊士运河媲美的跨洋运输主干线。2014年11月，秘鲁总统出席亚洲太平洋经济合作组织（APEC）会议并对中国进行工作访问，中秘签署“两洋铁路”进行可行性研究的备忘录。随后，习近平主席与巴西总统举行双边会谈时强调，推动巴方货运铁路、高铁、“两洋铁路”建设尽早取得实质进展。

2014年10月探路德国高铁市场。2014年10月，李克强总理在访问德国前夕，在德国《世界报》上发表署名文章，强调希望德国允许资质好的中国企业竞标德国的高铁项目。很多人可能觉得中国只是说说，但是2015年5月，德国铁路公司董事长汉纳戈尔特在接受媒体采访时表示，未来3～5年，中国企业将在德国铁路公司采购中扮演关键角色，他还透露要在北京成立采购办公室。消息传出，舆论一片哗然，三观被刷新。其实，消息宣布前，德国铁路公司一个代表团已经访问了中国，先后拜访了南车、北车、华为和太原重工。2015年11月16日，德国铁路公司正式在柏林举行记者会，宣布中国供应商有与欧洲同行竞争的实力，能够为德铁提供高质量的产品，并计划大规模采购中国高铁设备。此后，双方还正式签署了合作备忘录。

2014年10月14日向俄推销“高寒高铁”。2014年10月12日，李克强总理抵达俄罗斯进行国事访问，中俄双方签署了“中俄高铁合作谅解备忘录”，拟推进构建北京至莫斯科的欧亚高速运输走廊，并优先实施莫斯科—喀山段高速铁路项目。此后双方成立中俄高铁合作企业工作组，推动合作进展。10月14日，在莫斯科国际创新论坛上，李克强总理与梅德韦杰夫一起参观了中国高铁展台，梅德韦杰夫询问这种高铁是否能在高寒地区运行，李克强总理说，中国高铁拥有在高寒地区运行的丰富经验，技术有保障。12 月 15 日，李克强总理又在阿斯塔纳会见俄罗斯总理梅德韦杰夫。李克强总理表示，中方愿同俄方加强高铁合作，落实好两国业已签署的高铁合作备忘录，希望中俄高铁合作工作组抓紧研究莫斯科—喀山段高铁项目有关问题，尽早提出总体合作方案。2015 年 6 月 18 日，在俄罗斯圣彼得堡，中国企业正式签署莫斯科—喀山高铁项目规划设计合同，俄罗斯高铁项目获得突破进展。

2014 年 11 月中国出手印尼高铁项目。2014 年 11 月在北京举行的 APEC 会议成果丰硕。习近平主席跟泰国总理巴育谈了中泰铁路项目、与秘鲁总统谈了“两洋铁路”项目，还与印尼总统佐科谈了雅加达—万隆高铁项目。中国出手之后，印尼雅万高铁项目全面提速。其实早在 2011 年，日本就向印尼提出了雅万高铁的可行性研究方案，但是被否了，后来日本又提出了一个方案，但是印尼还是没有答应。2014 年习近平主席会见了印尼总统佐科之后，印尼雅万项目全面提速，在京期间，佐科还去体验了京津城际高铁。2015 年 3 月 26 日，印尼总统佐科访华，双方签订了《中印尼雅加达—万隆高铁合作谅解备忘录》；2015 年 4 月 22 日，习近平主席又访问印尼，双方签订了《关于开展雅加达—万隆高速铁路项目的框架安排》。2015 年 8 月 10 日，国土资源部部长徐绍史作为习近平主席特别代表，去雅加达当面向印尼总统递交了中国的可行性研究报告。10 月 16 日，中国企业联合体与印尼国有企业联合体签署协议，正式拿下了雅万高铁项目。雅万高铁是中国高铁第一次全系统、全要素、全产业链走出国门，将全面采用中国标准、中国技术、中国装备，中方将参与勘察、设计、建设、运营、管理全过程。

2014 年 12 月“大米换高铁”重启。2014 年 12 月，李克强总理再次访问泰国，中泰“大米换高铁”项目重启，李克强与泰国总理巴育在曼谷共同见证了《中泰铁路合作谅解备忘录》和《中泰农产品贸易合作谅解备忘录》的签署。同时，中泰铁路项目也由此前的 300 千米升级为 800 千米，连接泰国北部的廊开府、南部罗勇府港口马普达普和曼谷。12 月 23

日，习近平主席在人民大会堂会见了访华的巴育，说：“一个月来，两国合作又取得新成绩，特别是铁路合作取得重大突破，我对此感到满意。”巴育则表示，“泰中双方就铁路合作达成协议，这是送给泰国人民最好的新年礼物”。此后，巴育参观了全国铁路调度指挥中心并试乘了京津城际高铁。

2015 年 5 月印度高铁项目启程。2015 年 5 月 14—16 日，印度总理莫迪访华，习近平主席在西安会见了莫迪，印度高铁项目成为会谈项目之一。习近平主席希望双方能够重点推动铁路、产业园区等领域合作。李克强总理与莫迪共同见证了中印在铁路等领域合作文件的签署。2015 年 9 月 23 日，由中国企业牵头的中印企业联合体正式宣布中标印度首都新德里至印度最大城市孟买之间的高速铁路（全长 1 200 千米）可行性研究项目。印度高铁项目获得实质性进展。

2015 年 9 月拿下美国高铁项目。2015 年 9 月 22—25 日，习近平主席受邀访问美国。在习近平主席访美之前举行的吹风会上，中国宣布拿下美国首个高铁订单。9 月 13 日，由 6 家中国高铁企业组成的联合体，与美国西部快线公司组建合资公司签署协议，共同建设美国首条真正意义上的高铁“西部快线”。美国西部快线高速铁路全长 370 千米，将内华达州的南部与加利福尼亚州的南部连接起来。

2015 年 10 月英国邀中国参与高铁项目。2015 年 10 月 19—22 日，受女王伊丽莎白二世邀请，习近平主席对英国进行国事访问，英国 2 号高铁项目再次成为关注焦点。9 月 24 日，英国财政大臣奥斯本在成都正式宣布了英国 2 号高速铁路的建设计划，并邀请中国企业参与这个总金额高达 118 亿英镑的巨额高铁项目投标。10 月 13 日，英国高铁代表团一行 16 人，就英国高铁 2 号线项目再次来华考察。考察团由英国交通部、英国贸易投资总署及英国 HS2 公司的人员组成。考察对象包括中铁二局及中国中车。

2015 年 11 月 23 日问道新马高铁。2015 年 11 月 23 日，李克强总理访问马来西亚期间，与马来西亚总理纳吉布进行会谈时，向马来西亚推销两条铁路，他建议将中方技术与成本优势同马方基础设施建设需求相对接，通过积极探讨开展马来西亚—新加坡高铁建设。纳吉布表示，中马两国已经就南部铁路等一系列合作规划达成共识，欢迎中国企业参与马新高铁投标。

2015年11月25日中国高铁体验式营销。2015年11月25日，李克强总理邀请参加第四次中国—中东欧论坛的国家领导人，从苏州共同登上了开往上海的高速列车，这是我国京沪高铁的一段。媒体称这是李克强为中国高铁做的性价比最高的一次“代言”：一趟高铁，邀请中东欧16国领导人一起乘坐。此前一天，他以“高速列车”妙喻“16＋1”合作，并向前来苏州参加第四次中国—中东欧国家领导人会晤的客人们发出邀请：共同乘坐“既舒适又安全”的中国高铁。飞驰的动车组因此迎来了最密集的“高端乘客”。

第三，中国高铁快速且安全。据《国外铁道机车与动车》杂志统计，在目前全世界运营速度最快的20条高铁排名中，中国囊括了前6名。2008年6月24日，中国制造的和谐号动车组，以时速394.3千米从北京驶至天津，创造了中国高铁最高时速。2011年12月，中国南车制造的CIT500型动车试验时速达到了605千米，打破了法国的最高纪录。中国高铁的行驶速度超过法国、西班牙、日本等国家，开始领先于世界。中国高铁不仅速度跑在世界前列，在安全可靠方面也毫不逊色。就轨道技术来说，中国已经建成1 000多千米长轨道的无缝线路，而日本只有几百千米；中国的高铁轨道实现了100℃温差不变形，而德国、日本尚未掌握该项技术。

第四，庞大的生产制造能力，修筑时间短。在保证交货期方面，中国的竞争力是世界上最强的。比如，印尼的高铁项目是140千米，要完成它，日本最少需要5年。而对中国人而言，5年时间大概能完成京沪高铁间长达1 000多千米的项目。中国高铁已经是批量的工业化生产制造方式了，快到了什么程度呢？正常的一列动车组由8辆构成，2014年前后，中国的工厂在生产制造巅峰时可以达到1天产7辆，也就是差不多一天生产一列动车组。

第五，中国高铁勘测设计与施工领先。中国铁路在勘测设计中已广泛应用全球卫星定位系统、遥感和地理信息系统技术等，实现了勘测设计一体化，为中国高铁勘测设计的高效精确提供了有效保证，铁路工程勘测技术跻身世界先进行列。中国的高铁施工队伍在高铁路基、桥梁、隧道、线路、电化、电力、通信、信号、车站的建设方面具有十分丰富的经验，曾建设总里程世界第一、最高设计时速 350 千米的武广高铁；我国首条时速 350 千米的寒地高铁——哈大高铁；有“世界第一条山区高速铁路”之称的成贵高铁以及采用目前世界上最先进的 TBM 掘进机建成了我国目前里程最长、直径最大的铁路隧道——兰渝线西秦岭隧道。这都表明我国的铁路施工技术达到了世界领先水平，我国在复杂地理条件下修建高铁的成功经验也是世界上任何国家都无法比肩的。

第八章

复合开放：新时代全球化战略

在世界经济形态向复合经济形态转型的背景下，我国的开放战略也在发生转型，从单向开放走向双向开放、从引进外资为主转向对外投资与引进外资并重、从被动参与到主动开放、从竞争体走向共同体、从商品贸易到服务贸易。中国在新时代下的开放战略是全方位的开放战略，必将引领全球经济一体化的新时代。

一、走出去战略：从单向开放走向双向开放

自1978年党的十一届三中全会开启“改革开放”以来，中国的对外开放历经了40年的征程。在这个过程中，中国对外开放的范围不断扩大、领域不断拓展、层次不断升级，逐步构建了“经济特区—沿海开放城市—沿海开放区—沿江开放港口城市—沿边开放城镇—内地省会开放城市”的开放体系，对外开放由点向面、由沿海向内陆逐渐推进，形成了全方位、多层次、宽领域的对外开放格局。回顾40年的改革历程，中国的“走出去”战略经历了从单向开放到双向开放，从以单向型和政府管制为特征到以双向型和自由化为特征的过渡阶段。

（一）传统对外开放特征：单项型和政府管制为主

在刚刚实行改革开放政策的时候，我国与其他国家的经济往来还十分少，发展缓慢，主要有两个方面的原因：一是担心其他国家的意识形态对我国造成冲击，而故意减缓开放的速度；二是当时中国各方面的基础设施还不够完善，市场经济不够活跃，不能够有力吸引外商投资。但是缓慢也有好的一方面，人们可以有充裕的时间改变传统的观念和着重发展商品经济。1992 年是一个转折点，我国加快了对外开放的步伐，鉴于本国的经济比较落后，外汇储备不足，投资吸引力弱，抵抗风险能力欠缺等国情，我国制定了以出口导向和招商引资为主的外向型战略。从国家层面上对外汇和经贸领域进行了广泛干预，主要措施如下：①国家鼓励企业对外出口，限制进口。利用税收上的优惠政策来支持鼓励企业走向国际，例如，税务部门的出口补贴和退税，等等。经过长时间的政策支持，我国通过贸易顺差积累了大量的外汇。②支持鼓励外商投资，限制我国企业对外投资。在改革开放初级阶段，我国市场需要大量的资金支持，单单依靠国内的资本不能够满足资本市场的需要。因此，一方面为了吸引外商投资而制定了一系列优惠政策，例如，对外商企业的部分税收进行减免甚至给予财政补贴；另一方面设立了复杂的审批程序来限制国内的资金流向国际市场。③中国从政府层面上对外汇市场和汇率开展了专项的管理，防止国际上的外汇市场风险波及我国。我国对于外汇的储备统一由中央银行管理，外汇的汇率浮动也经历了几个时期：双轨期、并轨期和改革期。在这几个时期之内，中央银行还调整了人民币的汇率，由原来的市场化调整为去市场化。从以上材料可以看出，我国在对外开放的初级阶段主要利用的资本就是外商投资，单项对外开放，通过依靠外国发达的资本主义市场经济的带动促进我国市场经济的发展。并且在开放的过程中，政府进行了干预，对外汇市场进行管制。这就是对外开放初期的两大特征。

（二）新经济时代特征：双向型经济和贸易自由化

在对外开放初期国家的政策引导下，我国市场经济主要以外商投资和对外出口为主，极大地带动了我国市场经济的发展，甚至起到了导向作用。但是我们也需要看到这一模式的弊端，长期以国际资本和市场为主导致我国经济出现了许多问题：①由于政府干预导致的长期的贸易顺差使得我国的外汇储备急速增加，截至2014年底，我国的外汇储备已经接近4万亿美元。这样巨大的外汇储备不仅会引起国内市场的通货膨胀，还会产生巨大的管理成本。②长期的以外向型经济为主，不注重国内资本市场的发展，无法带动经济长期稳定发展。在投资消费出口拉动经济增长的“三驾马车”中，消费对GDP的贡献率一直只有50%；然而发达国家的消费贡献率基本都在80%，即使是一般的发展中国家，平均的消费GDP也有70%，显而易见，我国的消费还比较薄弱。③我国政府的限制进口措施在保护了我国民族企业的同时，也影响了市场正常的自由竞争，影响了产品的创新和产业技术革新。比如，之前我国游客在日本疯狂地抢购马桶盖事件，就在一定程度上反映了此类问题。④我国政府过于依赖房地产业和重工制造业带动经济发展，长期的积累导致产能过剩妨碍我国市场经济的正常发展。基于以上种种原因，我国改变了原来的单项型经济模式，开始向双向型经济模式过渡。一是改变了经济结构，由原来的出口经济为主转变为进出口双向经济贸易。二是改变了原来的以吸引外商投资为主转变为鼓励企业对外投资和吸引外资两者并驾齐驱。这两方面的改变实际上是开放中国对外贸易的市场，利用我国的市场经济带动其他国家的经济发展，然后再使之反作用于我国的经济发展。这种平等的对内对外开放经济，利用资本发展经济的模式就是双向型开放。

从出口导向转向进口与出口并重。2014年，国务院召开的常务会议指出，我国市场需要加强对进口的鼓励，制定经济措施扩大进口，尤其是对尖端科技，高科技含量的产品和优质的客户服务方面，不断提高人们的生活水平，增加国内市场的供给。紧接着在11月，国务院又颁发了《关于加强进口的若干意见》，从政策上提供企业进口的支持。主要是对企业先进的工程设备以及各种零部件、各种稀缺资源制造的产品、部分一般的消费产品和国际先进的服务等方面进行鼓励和支持。国家加大对进口各环节的管理力度，使得国内进口更加便捷，建立促进进口交易平台方便企业自由贸易，积极参与国家间多边合作。积极发展市场自由贸易，促进进口对于我国国内企业产业结构调整和科学技术革新的推动作用。推动进口促进战略，对打造进出口并重的经济发展格局具有重要的意义，主要表现为以下几个方面。

首先，更多的高质量的产品和服务涌入国内可以增加人们的选择多样性，并且享受到具有更高使用价值的商品，这将提高中国消费者的福利水平。表8-1反映了2005—2014年主要消费品进口情况。从消费品进口的内部构成来看，我国进口消费品中，光学照相设备、车辆及其配件、塑料制品、珠宝首饰、食物所占比重较大，衣着鞋帽类、毛皮、人造毛皮及其制品和日化用品类等需求收入弹性低的消费品的进口比重相对较低。随着我国居民收入水平的提升和消费结构的升级，国内消费者对产品质量、标准、品牌、服务等附加值的需求不断提高，海外中高档消费品必将成为消费者追逐的重要对象，其进口比重将继续上升。

表8-1　2005—2014年主要消费品进口情况　　单位：亿美元

项目名称＼年份	2014	2013	2012	2011	2010	2009	2008	2007	2006	2005
食品16～21合计	78.60	79.70	68.00	59.40	38.80	26.10	25.00	18.60	17.30	13.60
饮料、酒及醋22	30.00	31.00	31.00	26.00	16.00	11.00	11.00	8.70	5.90	4.10
烟草24	17.00	15.00	13.00	11.00	7.90	8.40	7.90	5.40	4.60	3.80
精油及香膏33	28.00	24.00	22.00	19.00	15.00	12.00	11.00	8.10	6.00	5.00
日化用品34	40.00	37.00	34.00	33.00	28.00	21.00	22.00	19.00	15.00	12.00
塑料制品39	752.00	724.00	694.00	702.00	637.00	485.00	489.00	453.00	378.00	333.00
皮革制品42	20.00	19.00	19.00	17.00	11.00	7.10	7.00	5.10	3.60	2.50
毛皮、人造毛皮及其制品43	13.00	12.00	9.40	8.20	6.40	4.70	4.50	3.90	3.50	3.40
书籍、报纸、印刷品49	19.00	19.00	15.00	14.00	13.00	10.00	8.20	6.50	5.40	4.30
针织或钩编的服装及衣着附件61	21.00	17.00	13.00	12.00	8.20	6.30	8.50	7.90	7.20	7.00

续表

项目名称＼年份	2014	2013	2012	2011	2010	2009	2008	2007	2006	2005
非针织或钩编的服装及衣着附件 62	35.00	31.00	27.00	24.00	14.00	10.00	12.00	10.00	8.70	8.20
鞋帽 64～67 合计	6.70	7.80	9.40	12.20	10.90	13.50	19.70	21.70	24.00	26.60
厨房、卫生间器具 69	7.80	6.90	6.60	7.30	5.90	4.20	4.50	4.40	3.40	3.00
珠宝首饰 71	419.00	183.00	132.00	149.00	108.00	66.00	75.00	63.00	46.00	35.00
车辆及其配件 87	895.00	741.00	706.00	654.00	495.00	284.00	270.00	221.00	171.00	123.00
光学照相设备 90	1 058.00	1 076.00	1 061.00	991.00	899.00	670.00	777.00	695.00	589.00	500.00
钟表及其零件 91	34.00	39.00	41.00	33.00	22.00	16.00	19.00	14.00	11.00	11.00
乐器及零附件 92	3.20	2.90	3.00	2.70	2.30	1.80	2.00	1.70	1.30	1.30
家具及配件 94	34.00	31.00	29.00	28.00	31.00	18.00	15.00	13.00	9.40	8.20
玩具游戏产品 95	21.00	14.00	14.00	14.00	10.00	10.00	12.00	13.00	7.60	6.10

资料来源：根据联合国贸发会数据库整理。

其次，中国经济的发展对资源的需求越来越大，中国已经成为世界上最大的能源消费国，但是在诸如石油、铁、铜、铝、钾盐等诸多领域自给严重不足，对外依存度处于高位，所以加强进口可以增加资源储备。图 8-1 反映了 2001—2015 年中国石油进口依存度的变化。根据图 8-1 可以看出，除 2004—2005 年出现微弱反弹以外，10 年间的中国石油进口依存度几乎呈逐年递增态势。实际上，我国目前是世界第一大石油进口和消费国。相对于其他国家而言，国内原油产量不可谓不高，但原油供需依然存在巨大的缺口。根据国土资源部数据显示，2009 年中国就已经成为仅次于俄罗斯、沙特阿拉伯、美国之后的第四大原油生产国，其原油产量一直稳定在 1.9 亿～2 亿吨。但从近几年的趋势来看，这个产量与国内巨大需求量相差甚远，每年需要进口原油量约 2 亿吨。

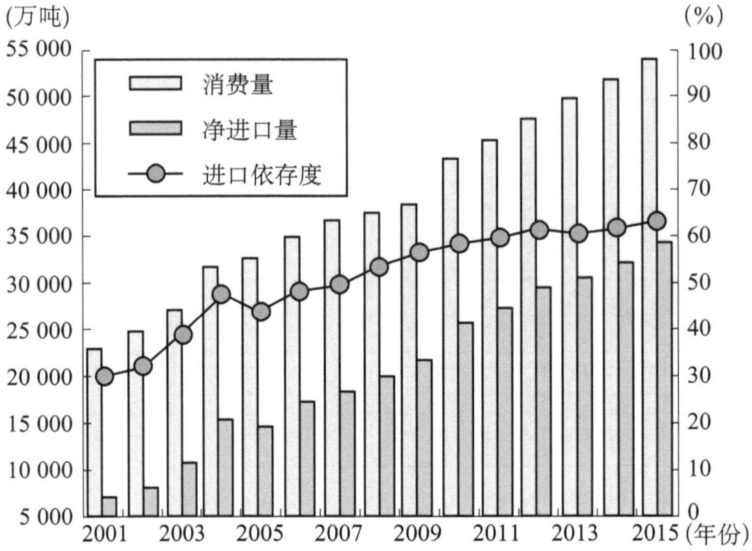

图 8-1　2001—2015 年中国石油进口依存度

再次，产品和服务的进口具有技术溢出效应，尤其是那些高新技术类产品和技能性的服务，中国企业可以通过使用、合作、雇佣等方式进行学习和创造，从而提升自己的技术水平和生产效率。国内的出口企业必须使用具有一定技术含量的机器设备或零配件等中间投入品生产出符合国际出口市场要求的产品。中国本土制造业企业提供的机器设备或关键零配件与原材料难以生产出符合国外消费者需求的高质量产品，这实际上反映了中国与发达国家在装备工业和关键零配件原材料生产方面的“技术差距”，也导致了中国出口产品与国外市场需求存在“质量差距”。因此，中国出口企业只能采取“为出口而进口”的策略来弥补“质量差距”，即依靠大规模进口国外先进机器设备或关键零配件原材料的方法，弥补其“生产率差距”和“技术差距”。

从次，通过进口对国外先进的技术、商业模式和管理经验等的学习也有利于创新创业的发展，激发全社会创新创业活力，提高全要素生产率，促进经济增长方式由要素和投资驱动型向创新驱动型转变。

专栏 8-1

荣华鸡败于肯德基

肯德基是美国著名的快餐连锁企业，1987 年在中国建立了首家西式餐厅，此后在中国快速发展，遍布中国各大中城市。

进入中国餐饮市场的肯德基及另一家快餐连锁企业麦当劳，以其鲜明的特色，优美、简洁的环境，按标准化制作的食品，热情周到的服务，吸引了以青少年为主的大批中国人，这种全新的业态形式及其获得的丰厚利润大大地冲击并刺激了中国传统的餐饮业。一些国内的餐饮业决心一比高下，创办中式快餐连锁，上海的“荣华鸡”就是其中之一。

20世纪90年代初，上海新亚集团成立了荣华鸡快餐公司拟与洋快餐对抗。公司老总去肯德基考察一番后，自己配置了几种调料，做了油炸鸡。每份快餐配以鸡腿、罗宋汤、咸菜炒毛豆、酸辣菜。公司成立之初，“荣华鸡”以其适合中国人的口味和比洋快餐便宜的价格受到消费者的欢迎，一时间门庭若市，最高日营业额达11.9万元，月均营业额达150万元，其后又在全国各大城市开了众多分店，在一些地方的生意超过了“洋鸡”，它也准备走出国门。

可是，随着时光的推移，“荣华鸡”在与肯德基的较量中逐渐落入下风。到2000年，随着“荣华鸡”快餐店从北京安定门撤出，“荣华鸡”为期6年的闯荡京城的生涯结束，在与肯德基的大战中落荒而逃。而此时的肯德基在中国的连锁店已突破400家，2001年在中国大陆的营业额接近40亿元人民币，全球营业额达220亿美元，居世界餐饮业之首。

肯德基的优势可以归纳为4个方面。

（1）严格的质量标准

标准涉及进货、制作、服务等所有环节。

（2）完善的培训计划

为保证员工能服务到位，肯德基对餐厅服务人员、餐厅经理到公司的管理人员，都按其工作性质的要求进行严格的培训。如新进员工每人必须有200小时的“新员工培训计划”，对加盟店经理的培训更是长达20周的时间。

（3）细致的管理规范

肯德基在全球推广CHAMPS冠军计划，其内容包括：

C（Cleanliness）：保持美观整洁的餐厅；

H（Hospitality）：提供真诚友善的接待；

A（Accuracy）：确保准确无误的供应；

M（Maintenance）：维持优良的设备；

P（Produce quality）：坚持高质稳定的产品；

S（Speed）：注意快捷迅速的服务。

（4）工厂化、规范化、标准化的生产和管理体系

这是依靠手工操作的包括“荣华鸡”在内的中式快餐没有做到也难以做到的。

1997年“荣华鸡”老总姜伟在闭门思过两年后，归纳出二十大失误，其中较主要的一大失误是“管理规章不实不细”。他有一条刻骨铭心的教训：法规的制定仅仅是第一步，其后必须增加两方面的内容，即法规实施细则和实施检查细则。

最后，产品和服务的进口将会加剧国内市场竞争，从而迫使国内企业改善经营或转型，这有助于产业结构优化升级，促进经济结构调整，推动经济在更高质量的水平上继续发展。

（三）从引进外资为主转向对外投资与引进外资并重

2015年，中国非金融类对外直接投资达到1 180.2亿美元，同比增长14.7%，对外投资再创历史新高。截至目前，中国对外直接投资已经实现了连续13年的增长，年均增长率高达33.6%。2012年，中国就已经成为世界第三大对外投资国，仅次于美国和日本。与此同时，2015年，中国实际利用外资1 262.7亿美元，同比增长6.4%，2018年中国对外投资1 298.2美元，同比增长4.2%。从而中国成为资本净输出国，并且在此之后，对外投资将逐渐拉开与引进外资的差距，也就是说，新常态时期是中国对外投资实现快速发展和全面反超的时期。国家也越来越重视中国对外投资的发展，采取了一系列措施促进企业对外投资，包括：取消或简化对外投资事项的审批程序，98%的对外投资事项不再需要审批，只需要备案；发起成立丝路基金和亚洲基础设施投资银行进行对外投资；等等，这

些措施将会促进中国对外投资在新常态时期获得快速发展。

国家之所以要重视对外投资，是因为对外投资对于中国的经济发展具有重要意义，主要表现在以下几个方面。

第一，中国的对外投资具有逆向技术溢出效应，也就是从东道国经由跨国公司最终传导至投资者母国的技术溢出效应，这是因为中国企业在对外投资过程中可以通过学习其他国家的技术或管理经验、雇用其他国家的人才、租赁或购买其他国家的技术专利等来提高自身的生产效率和管理水平，并将这些传导至中国国内，从而促进国内全要素生产率的提高。

第二，中国产能过剩行业的对外投资将会为相关企业寻求更大的市场，从而避免企业破产倒闭，给企业转型升级带来"喘息期"，并且释放积聚在这些行业中的过剩劳动力和资本，使其流动到配置效率更高的领域，从而实现资源的优化配置。

专栏 8-2

重庆摩托的"前世今生"

20 世纪 90 年代初期，可称为中国民营摩托车企业的萌芽期，在这个时期，由于行业竞争不充分，市场需求旺盛，重庆民营摩托车企业赢得了发展的契机。雄厚的制造基础、绝佳的历史机遇、独特的产地效应、巨大的卖方市场为重庆摩托的腾飞创造了绝佳条件，以力帆、隆鑫、宗申为代表的民营企业开始崭露头角。在全国早期消费者心目中，"重庆造"蕴含着"正宗"之意，"重庆造"成为中国摩托车制造的"领头羊"，只要是重庆生产的摩托车就能得到市场的认可。

但在不到 10 年的时间里，由于丰厚利润的驱使，技术门槛偏低，全国多省民营资本的进入，产量飞速提高，竞争进入白热化阶段。虽然中国市场容量巨大，但是数百个品牌都各显神通，全力以赴地抢占全国份额，导致整个行业陷入恶性竞争的泥潭。

站在发展的十字路口，重庆摩托车繁荣的背后，隐现三大挑战。

第一，国内外市场的挑战。在重庆摩托车看好的时期，许多厂家把摩托车从城市市场推向农村市场，从国内市场推向东南亚市场，并在国外建厂做长远发展打算。但由于重一时销售、轻性能开发等诸多因素，重庆摩企几年后就在国外市场退却下来。而国内市场重庆又面临着广东、江苏、浙江等省份摩托车板块的强大竞争和挑战。

第二，重庆产业结构优化升级的挑战。目前，电子信息产业已成为重庆第一支柱产业，汽车越来越“高级”，越开越“快速”，摩托车与汽车已难以“称兄道弟”了。另外，基于摩托车产业技术含量和附加值的局限，当年“五大摩头”都有了自己的新产业，不能一心一意“开摩托”了。

第三，摩托车基地空间升值的挑战。重庆的摩托车生力军诞生于主城区，主力军成编于主城区。30 多年弹指一挥间，主城区已成为都市核心区，寸土寸金，似乎干什么产业都比干摩托车更有效益，更有前途。摩托车的一般生产退出主城区是或早或迟都会发生的事情。

面对上述三大挑战，重庆摩托的出路该向何方？随着全国各个省份摩托车板块的日益壮大，国内摩托市场已相对饱和，同时随着国内居民收入水平的不断提高，汽车市场也在不断挤占摩托市场的整体份额。因此，摩托产业的出路在于消费需求层次相对较低的国外市场。然而，由于国外摩托市场的进入壁垒较低，单纯依靠价格策略无法实现整个产业的长久发展。总体而言，为应对新的发展环境和三大挑战，重庆摩托业的发展应具备三大理念。

第一，创新理念。中国摩托车产业将迈入一个专利创新时代。“优质产品优质价，垄断性产品垄断价，大路产品只能竞相杀价”。重庆摩托车企业是一个群体，群体内个体之间不可避免地存在着竞争，重庆很多摩企的产品外观雷同，配件类似，只是品牌不同，要争夺市场只有展开无休止的价格战，结果两败俱伤。只有通过不断创新，整合、投入更多资金进行技术性能开发，才能走向国内外市场的前沿；只有走差异化路线，才能利用不断调整优化的摩托车产品结构占领技术和性能的制高点。

第二，价值理念。由于摩托车市场早已从卖方市场变成买方市场，价格的高低决定了消费者购买意愿的主要因素。目前推行的生产准入、排放标准的提升为摩企有序竞争创造了一个好的环境。实施价值战的基础是加强成本管理，实行事前管理和目标管理，树立全面核算控制观念，降低制造费用，在保证质量和价值的基础上降低配件直接材料的进价。通过优化决策、改进设计、改进工艺、改进作业方法、改进管理降低成本来巩固价值。价值战还要考虑到需求价格弹性、降价和个性功能的边际效应，即消费者需求对价格变动、功能变动的反应程度或敏感程度，同时又要考虑产品的市场状况，还要考虑盈亏平衡点、市场占有率、投资收益率参数。

第三，服务理念。从商品经济，到服务经济，再到体验经济，企业所面临的已是全球化竞争，在新经济环境中，服务品质的提升与个性化服务的加强，已成为企业生存的必要条件。客户群关系着企业的命脉，把服务战进行到底将成为许多企业的共识，否则便不能立足。在当前摩托车品牌不断涌现，质量和价格相差不大的时候，除了摩托车外观质量、动力性能、功能配置等硬件外，吸引消费者的另一个重要因素就是服务这个关键软件。因此，树立服务意识，制定服务策略是重庆摩企必须认真面对的工作。

第三，企业在对外国进行资本投资的时候，可能仅仅是把本企业产品制造的某一环节分配给其他国家，剩下的制造环节仍然是在国内完成的，这样该行业的生产企业就需要更多的产品需求，然后增加投资，扩大生产，同时也会缓解就业问题。

第四，企业资本和市场劳动力随着国际化深入而加快，国内生产总值已经不能够完全反映出国家的经济实力，需要用国民生产总值来进行计算，这一计算方式把所有的企业经济收入全都囊括在内，从这个角度来看，走向国际市场能够促进我国经济飞速发展。

第五，我国在对外投资的过程中，增加了其他国家对人民币的认可度。目前，已经在多个地点建立了跨境贸易人民币结算点和人民币离岸交易中心。在我国经济高速发展的背景下，许多国家为了引进我国企业的投资也会增加对人民币的储备。由此看来，对外投资能够促进我国的经济增长、稳定国际地位、扩大国际影响力。

二、"一带一路"建设：从被动参与到主动开放

随着商品、劳务、技术、资金在全球范围内不断地流动和配置，全球各国相互依存、相互联系的趋势也逐渐明晰。自冷战结束以来，世界正逐渐演化出多个力量中心，并在政治、经济、军事等领域形成制衡。而随着交通设施和通信技术的发展，人与人之间的交流、各类文化的传播和扩散也更为频繁和普遍。世界多极化、经济全球化、文化多样化、社会信息化的发展趋势更为明显。在这样的时代背景下，谋求发展成为世界各国（尤其是发展中国家）人民在追求进步过程中的共同心声。为此，全球各国通过开展区域性质的多边或双边合作积极参与到全球化合作中去。

经济全球化会给一个国家带来许多经济上的援助和外来的投资，中国从 20 世纪 80 年代起就开始不断地加深对外开放的程度，不断地跟随全球化的脚步。虽然在这个过程中中国发生了一些政治上的动乱，使中国在国际上处于十分被动的地位，但是近年来一直在不断地加快全球化的进程，以求在国际上树立一个良好的大国形象，全球化给中国带来的先进的技术和成熟的管理经验对中国来说是十分可贵的，迫于国际的社会环境，中国只能不断地加快全球化的步伐。随着改革开放的深入，中国的国际地位和综合国力出现了显著提升，而国际形势也发生了许多微妙的变化：全球经济放缓、贸易保护主义盛行、国际金融机构改革缓慢。

（一）全球经济放缓

国际金融危机爆发后，全球经济增速放缓，全球外商直接投资规模也

由 2007 年的 1.98 万亿美元下降至 2012 年的 1.3 万亿美元，跌幅达 34.34%。随着各国救市政策的相继推出，全球经济进入一个相对平稳时期，金融危机逐渐缓和。但是由于没有解决先前的危机，全球经济处于缓和与未知动荡并存的状态，仍然存在动荡性和不确定性。

（二）贸易保护主义盛行

在经济全球化的进程中金融危机的影响也变得十分严重。当金融危机发生时，一些国家为了维持自己国内经济的稳定，实行贸易保护主义，通过增加关税，禁止一些国际贸易来减少经济危机对自己国内的影响，但是这样做对于全球经济来说是不利的，这样会使经济要素在全球范围内的自由流动受到阻碍，降低生产效率，对全球经济的恢复是十分不利的。

（三）国际金融机构改革缓慢

国际金融危机频发主要是由于一些新兴的金融工具的使用造成的，这些金融工具一方面可以极大地促进全球经济的增长，另一方面也将金融危机发生的概率不断地提升。同时，经济全球化的不断加深，使金融危机可以迅速地传递，通常一个国家发生金融危机后可以在很短的时间内影响到其他国家。而当前国际上对金融危机的防范措施非常少，近些年发生的金融危机给世界经济造成的巨大损失，都在警示着我们必须要加快世界经济体制的改革。

正是基于上述考虑，打破旧的贸易合作壁垒，谋求新的经济增长动力，对于作为全球第一大贸易国的中国而言，是至高无上的使命和义不容辞的责任。为此，2013 年习近平主席先后提出了“新丝绸之路经济带”和“21 世纪海上丝绸之路”的战略构想（简称“一带一路”倡议）。2015 年 3 月，国家发展改革委、外交部、商务部联合发布了《推动共建丝绸之路经济带和 21 世纪海上丝绸之路的愿景与行动》（以下简称《愿景与行动》），“一带一路”建设框架进一步完善。《愿景与行动》指出：共建“一带一路”旨在促进经济要素有序自由流动、资源高效配置和市场深度融合，推动沿线各国实现经济政策协调，开展更大范围、更高水平、更深层次的区域合作，共同打造一个开放、包容、均衡、普惠的区域经济合作架构。

在与沿线国家共同推进“一带一路”建设的进程中，我国将会秉持和平合作、开放包容、互学互鉴、互利共赢的理念，遵循“坚持开放合作、坚持和谐包容、坚持市场运作、坚持互利共赢”的基本原则，以“五通”，即政策沟通、设施联通、贸易畅通、资金融通、民心相通为主要内容，全方位推进务实合作，打造政治互信、经济融合、文化包容的利益共同体、责任共同体和命运共同体。

专栏 8-3

“一带一路”的内涵、建设诉求及发展建议

（一）“一带一路”的内涵——文化内涵和空间内涵

从文化内涵上讲，“一带一路”倡议中提到的“一带”和“一路”均围绕“古丝绸之路”展开。顾名思义，“丝绸之路”因横跨亚欧大陆桥的丝绸贸易而得名，最早指的是路上丝绸之路。实际上，“丝”“桑”“蚕”等字样在甲骨文中就有记载。而到了汉代，汉江流域的石泉县一带养蚕业开始兴盛，缫丝业也逐渐发展起来。为了鼓励生产，官府曾以鎏金铜蚕作为奖励奖赏给养蚕大户。在汉武帝时期，随着张骞出使西域，一条以丝绸为主要贸易品的商路逐渐形成。贯穿欧亚大陆贸易通道，在将丝绸、瓷器、铁器等商品输入西方的同时，也为中国带来亚麻、胡椒、香料、葡萄、石榴等物产。而佛教、伊斯兰教、基督教等也经由这条路传入中国，中国的养蚕术、冶铁术、造纸术、印刷术和火药也由此流向世界。其间，沿边经历的驿站和商业城镇，诸如酒泉、敦煌、吐鲁番、撒马尔罕、巴格达、大马士革和君士坦丁堡等也曾因此而繁荣一时。历史上，这种跨国的长途贸易交流没有一个专有的名词界定，直到德国地理学家李希霍芬1877年在《中国旅行日记》一书采用了“丝绸之路”（Silk Road）这一概念。至于“海上丝绸之路”，则是在“西北丝绸之路”“草原丝绸之路”“西南丝绸之路”开辟之后，随着航海和造船技术的发展而逐渐演化出现的。“海上丝绸之路”也承载着众多文化符号，随着海上贸易的开展，广州、泉州、宁波等沿海城市以此成为中国重要的港口和繁荣的商埠。在丝路贸易的推动下，唐王朝都城长安成为一座繁荣的国际化大都市和东西方文化交流的中心，居住着数万名来自世界各国的商人和留学生。

从空间内涵上讲，“一带一路”勾勒出一个动态演化的开放体系。首先，它作为东盟、南亚次区域联盟、海合会、欧亚经济联盟等沿线国家的区域合作组织的重要补充，而不是作为现有地区合作机制和倡议的替代。“一带一路”建设秉承的是“共商、共建、共享”的原则，不由哪个国家制定标准，而是兼顾各方利益和关切，寻求利益契合点和合作的最大公约数。其次，它为我们提供了一个促使区域合作沿着开放、包容、均衡和普惠方向发展的创新型合作平台。它是在现有双边、多边、次区域和区域合作机制框架基础上的整合优化升级。最后，其作用对象的复杂性决定了“一带一路”建设的动态演化特征。历史上，“一带一路”经历的路线是经过多次变迁的，但“古丝绸之路”主要存在于和平时期（战乱时往往中断）。现实中，“一带一路”建设也面临众多挑战，包括来自域内固有的冲突矛盾以及域外的威胁等。而空间尺度层面涉及各个国家、地区、企业及各类组织间的协调合作，由于各地区在意识形态、宗教信仰、地域文化等层面存在差异，实现单一平台基础上的跨区域整合并非易事，只有建立在共同利益的基础上，秉承和平合作、开放包容、互学互鉴、互利共赢的共同信念才能维持其长久的生机与活力。基于此，“一带一路”建设强调“古丝绸之路”的和平友好、开放包容精神，不搞排他性制度设计，鼓励任何有合作意愿的沿线国家都参与进来。

（二）“一带一路”的建设诉求——经济建设诉求和政治安全诉求

“一带一路”倡议自提出以来之所以能得到广泛的承认和赞同，是因为“一带一路”倡议能够满足沿线国家、地区和人民在“走出去”进程中强烈的经济建设诉求和政治安全诉求，有利于强化“一带一路”沿线国家和地区间的经济联系、政治联系和社会联系。

对我国而言，经济上，“一带一路”建设能够加速我国西部地区发展，通过沿边地区开放对接以及沿线地区的开发建设，培育新的增长点。由于沿线地区具有大量未充分利用的资源和市场，国内具有相对优质的过剩产能、相对先进的技术设施以及大量的外汇储备，这样就能形成优势互补。将以基础设施建设为主的经济开发转移到国外，对于缓解国内结构过剩矛盾，培育形成国内“腹地经济”都有一定帮助。政治上，“一带一路”建设能够提高我国的国际话语权和政治影响力，并有利于推动人民币的国际化进程。这主要表现在大国崛起策略和当前三大关系问题的认识和处理上，后者包括中美等大国的博弈关系、亚欧非板块的经贸合作关系以及与周边地区的地缘政治关系。在大国关系博弈层面，“一带一路”建设有利于突破由美国主导的TPP对我国经贸的围堵，对美国的“重返亚太”战略形成制衡，促进形成大国竞合关系基础上的空间发展格局。在区域板块合作层面，无论是陆上的“一带”还是海上的“一路”，其终点都是欧洲，“一带一路”建设有利于推动欧亚非板块的经贸往来，协调带动沿线国家的经济发展和文化交流。在地缘政治关系构建层面，中国的安全利益主要集中在“一带一路”沿线的周边地区，“一带一路”建设有利于维护我国周边的政治和经济安全，这为我国的大国崛起策略营造了良好的地缘政治环境。从这个意义上讲，“一带一路”建设是实现中华民族伟大复兴地缘大战略中的一个重要组成部分。

对沿线国家和地区而言，“一带一路”建设首先能够满足其经济建设诉求。由于沿线国家和地区多处于工业化、城市化的起步或发展阶段，技术经验不足、建设资金短缺是其经济发展面临的首要问题，尤其是有部分国家和地区的基础设施亟须进行建设。中国政府及有关企业主导的项目开发和资金投入对于相关国家和地区的社会建设和经济开发具有重要的社会价值和战略意义，其中包括路网设施、能源项目及各类园区建设等，例如，阿尔及利亚的大型水利设施工程、麦加铁路建设项目、塔吉克斯坦公路隧道工程、巴基斯坦水电项目、中白工业园、中埃苏伊士自由贸易区和中马关丹产业园等。此外，“一带一路”建设有利于重塑沿线国家和地区的地缘政治格局。作为“一带一路”建设的目标，“一带一路”致力于打造大周边视野下的利益共同体、责任共同体和命运共同体。由于沿线大部分是发展中国家，所处种族、所受宗教信仰以及文化背景的差异，加之贸易往来和经济联系并不十分紧密，地区间的隔阂长期存在，区域矛盾和地区冲突时有发生。而“一带一路”建设对于维护沿线国家和地区稳定，建设社会和谐、经济繁荣、文化包容的欧亚非大陆具有重要的意义和作用。

（三）“一带一路”的发展建议——“五通”建设

1. 政策沟通

政策沟通是国家间务实合作的基础和重要保障。自“一带一路”倡议提出以来，政策沟通对于“一带一路”沿线部分国家参与态度和政治立场的转变起到了决定性作用，出现了诸如上合组织框架、亚欧大陆桥协商机制、“欧亚经济论坛”等对话形式。上述组织形式多数是在现有双边、多边、次区域和区域合作机制框架的基础上，通过多轮协商磨合和整合优化之后形成的。然而，中国与“一带一路”沿线国家在互通互知和具体项目层面的沟通上，仍停留在协议制定和框架融合层面，尚未深入到法律法规和政策协调的核心层面。一方面，受制于“一带一路”沿线国家多元文化、地域安全和政局波动的影响，政策沟通存在着诸多现实挑战；另一方面，由于“一带一路”沿线地区在经济发展现状和社会体制环境（包括劳工政策、土地政策和产业政策等方面）上的差异，政策沟通也面临着一定的壁垒和障碍。鉴于此，不少学者主张发挥平台优势，通过智库建设和大众传媒的形式实现区域政策、产业政策和贸易政策中多层次、多渠道的沟通磋商。

2. 设施联通

基础设施建设在“一带一路”中起到先导性作用，高速公路、高铁列车、港口轮船、跨境光缆等项目的境外投建不仅彰显了我国推行“一带一路”的决心和自信，同时也为境外经济发展，强化区域间联系做出了一定贡献，并直接造福于当地的企业和百姓，使其生产生活沿着现代化和便利化的方向前进。当前，我国在基础设施领域开展了一批具有标志性的建设项目，如中老铁路、印尼雅万高铁等，“国家队”起到了良好的示范和带动作用。而在企业“走出去”的过程中也要注重提升两方面意识：一方面，企业应注意提升风险防范意识。由于政策环境、社会环境和经济环境的不同，“走出去”的企业必然面临各类风险，包括政治风险、社会风险和经济风险等，这就要求企业在兼顾当地文化习俗和政策规定的同时，还要增强自身的政治敏锐性、法律防范意识和风险抵御能力。在一些比较敏感和难于协调的领域，政府也应及时出面沟通和协商。另一方面，企业应注意提升主人翁意识。在项目投资建成之后，企业应注重后续的运营和维护，这不仅要求其立足于当地发展实际，强化组织管理；还要求企业树立正确的义利观，落实应尽义务，注意维护中国企业在海外的投资形象和社会环境。

3. 贸易畅通

贸易畅通是“一带一路”建设的核心内容，同时也是其他“四通”建设的重要使命。现实中，我国与周边国家的贸易往来一方面会受到本国外交导向和贸易条件的影响；另一方面也会受到其他国家的经济状况、政局风向的制约，而后者是我们很难决定和改变的。近两年来，为营造良好的贸易环境，国内领导人积极走访“一带一路”沿线各国，通过与其他国家联合签署各项合作协议，一定程度上扩大了国际间的贸易合作领域，增进了贸易合作深度。与此同时，为进一步提高国内开展国际贸易的便利性，2016 年 7 月我国正式加入《国际公路货运公约（TIR)》，通过相关体系建设和各项制度安排减少运输时间和贸易成本，最大可能地清除阻碍“一带一路”贸易畅通建设的制度壁垒。

4. 资金融通

2010 年以来先后组建的上合组织开发银行、金砖国家开发银行亚洲基础设施投资银行、丝路基金为“一带一路”沿线建设提供资金支持，在满足基础设施投资领域高额投资需求的同时，在一定程度上也促进了区域内的资金结算和贸易往来。表 8-2 反映了“一带一路”四大资金池的筹建渊源、参与成员、进展情况和成立目的。其中，上合组织机构，中国只是作为其中的参与国之一，在项目投建方面与其他成员国有着利益共享、风险共担的权力和义务；而相比其他三家金融机构，“丝路基金”属于主权投资基金，在资金来源和使用上具有效率优势，但同时也面临着法律环境、税收政策等风险。因此，从某种意义上说，“丝路基金”项目与其他三只基金在机制设计和融通业务上形成互补，一定程度上，为“一带一路”沿线国家投资贸易环境的改善，以及沿线国家本币互换与结算规模的扩大提供了有力保障。

表 8－2　“一带一路”四大资金池的情况介绍

名称	筹建渊源	参与成员	进展情况	成立目的
上合组织开发银行	温家宝 2010 年 11 月 25 日在杜尚别出席上海合作组织成员国第九次总理会议上提出	中国、俄罗斯、哈萨克斯坦、吉尔吉斯斯坦、塔吉克斯坦、乌兹别克斯坦	习近平主席 2013 年在上合组织成员国元首理事第十三次会议上指出，成立上海合作组织开发银行和上海合作组织专门账户	以共同出资、共同受益的方式，扩大本币结算合作，促进区域经贸往来
金砖国家开发银行	概念最早提出于 2012 年	巴西、俄罗斯、印度、中国、南非	2014 年 7 月 15 日，“金砖五国”正式签订协议，成立金砖国家开发银行	对金砖国家及其他发展中国家提供基础建设的资金帮助，金砖成员国可获得优先贷款权
亚洲基础设施投资银行	2013 年 10 月 2 日，习近平主席在雅加达同印度尼西亚总统苏西洛举行会谈时倡议筹建	中国、印度、新加坡在内的 21 个国家	2014 年 10 月 24 日，21 个首批意向创始成员国在北京签约，共同决定成立亚洲基础设施投资银行	向包括东盟国家在内的本地区发展中国家基础设施建设提供资金支持。减少亚洲区内资金外流，弥补亚洲发展中国家在基础设施投资领域存在的巨大缺口
丝路基金	2014 年 11 月，习近平主席在 2014 年亚太经合组织工商领导人峰会上宣布	“一带一路”沿线国家	投资方向确定为基础设施建设、资源开发、产业合作	利用中国的资金实力直接支持“一带一路”建设，以建设融资平台为抓手、打破亚洲互联互通的“瓶颈”

5. 民心相通

民心相通是“一带一路”长远谋划的社会根基，同时也是“一带一路”建设的难点。2015 年 6 月颁布的《愿景与行动》在有关“五通”合作重点的阐述中，“民心相通”的介绍最为具体，主要涉及旅游、教育、医疗、文化艺术、网络传媒、公益事业等领域。其形式是通过搭建合作平台和沟通渠道，促进地区层面、国家层面和地域层面的民众交流和文化传播。一方面，这有利于中国传统文化宣传，树立中国和平、友善、包容的大国形象；另一方面，也有利于推进“一带一路”其他“四通”建设，强化“一带一路”沿线国家和地区间的政治联系、社会联系和经济联系。但同时，应注意到“民心相通”建设作为一项长远的战略谋划，在具体推进过程中，前期渠道沟通和环境建设往往以地方政府和公众媒体为主体。因此，对于地方政府而言，一方面，有必要通过相应的政策条例规范地方政府行为，防止“急功近利”的思想出现；另一方面，也应通过合理的评估机制设计考核地方政府主导的“民心相通”建设项目的实际影响力，避免出现“形式主义”和“面子工程”。对于公众媒体而言，一方面要强化公众媒体责任意识，营造形成“一带一路”建设良好的舆论氛围；另一方面也要注重公众媒体的话语体系创新，通过多元化、通俗化的平台设计，发挥新媒体的传播特色和优势，真正使“一带一路”沿线国家接受和认同中国的声音。

“一带一路”倡议的提出，是改革开放向纵深推进、经济转型升级的需要，是中国从被动参与到主动开放、积极谋划，参与世界事务的需要，同时也是中华文明继吸收佛教文化以后从近代以来开始的与西方文明实现平等对等、双向多边交流互鉴的需要，更是恢复世界强国、实现中国梦的需要。

三、大国关系构建：从竞争体走向共同体

在当今的全球化进程中，国际上的任何一个大国都不可能脱离世界的经济体系而独立存在。虽然每个国家在世界经济体系中发挥的作用大小不同，在世界经济体系中地位也有所差别，但是只有在这个全球经济体系中，各个国家才能得到最大限度的发展。在经济全球化的进程中，国家与

国家之间，国家与世界之间的关系不断地加深，当一国家发生经济危机时，可以通过其他国家的援助来渡过经济危机，通过相互的扶持和帮助减少经济危机所带来的损失。虽然国与国之间可能存在着一定的竞争，但是这样的竞争可以促进双方共同的发展，同时国与国之间必须承认对方存在的价值，共享发展成果，共同构建更加完善的世界经济体系，维护全球经济的稳定，实现世界各国共同的利益。

优化现有的全球性共生关系是任何大国的最佳选择。构建新型的经济体，加深国与国之间的共生关系是当今经济形势下一条十分重要的路径。欧盟的成立和其在近些年取得的成就证明了国与国之间共同发展的重要性。而且当前的政治和经济形势为采取国与国之间更加深入的合作提供了广泛的途径和空间，只有进一步加深共生关系，不断地开展更大范围内的合作，构建新型的经济体，才能在共同发展的道路上走得更远。

在当前的经济形势下，和平发展显得十分重要，但是目前国际形势的发展，构建新型的国际关系显得十分重要。实现国与国之间的相互尊重，实现世界的和平和繁荣发展是我们的共同愿望。国与国之间合作时应该本着相互尊重的原则，不要侵犯对方的利益，使双方的合作更加持久、更加稳定。推动新形势下新的国际关系的建设，实现共同发展的可持续性，共同维护世界经济和政治的稳定，为了实现全人类共同的利益而努力，实现传统的大国关系的转型，为此，我们必须坚持以下三点原则。

（一）破除传统大国关系屏障，避免全球性结盟分裂对抗

传统的大国关系在本质上是分裂的，这是不利于世界经济发展的，对世界经济要素的自由分配是十分不利的。大国直接分裂和不断地争夺世界霸权是传统的大国关系的两个十分显著的特点。在第二次世界大战之后，美苏两国之间的关系就是这种传统的大国关系，虽然当时两国之间并没有发生战争，但是两国一直处于冷战的状态，在政治和经济上一直处于不断的分裂状态，使当时的世界出现了两极的格局。世界各国的关系本来就应该是统一的，而在当时两国并没有意识到这一点，所以陷入了传统的大国关系中。

当前的国际环境下虽然不太可能出现两极分化的格局，但是中国必须时刻保持警惕的状态，避免陷入国与国之间的恶性竞争中，为此，中国不能再延续使用传统的大国关系，必须致力于构建新型的国际关系。中国必须发展和世界各国的共同利益，扩展共同发展的空间，构建良好的国际竞争环境，保持竞争的良好、对良好的竞争行为以更加平和的心态来看待、坚持自己的底线，遏制恶性竞争的发展。在当前的全球化经济背景下，中国必须和各国采取更加广泛的合作，实现国与国之间共同的发展利益。要遵循良好的竞争原则，要明确恶性竞争和良性竞争之间的界限，对这两种竞争进行区分，处理好和其他各国之间的竞争关系，争取在国与国的竞争中实现双赢。对国与国之间的良性竞争，我们应该把它当成一种常态，要将良性竞争和恶性竞争区分开来，不要对竞争一味地排斥，同时对于恶性竞争，我们应该进行坚决的抵制，防止恶性竞争关系给双方和世界各国带来的不利影响。对于良性竞争，我们应该积极地去接受，实现自身在竞争中的不断发展。同时，我们更应该坚守自己的底线，避免陷入恶性竞争关系中，当在竞争中一方超过良好竞争环境所需要的底线时，我们应当对对方进行积极的提醒，促进对方在规定的原则下行事，并且以不要损害有关国家的根本权益为前提。相反，如果在一个国家出现恶性竞争的行为时，我们不去制止，而是以相同的恶性行为进行报复，这样只会在恶性竞争的道路上越走越远。我们应该采取一定的反制措施，来使双方的竞争回到正常发展的轨道上来，避免双方的核心利益受到损害。

（二）搭建大国对话新平台，构建新型大国关系

当前形势发展状态下，中国提出了“新型大国关系”的理念，以此来自主构建新时期与其他大国的关系。2010 年 5 月，国务委员戴秉国在分析了新时期中美大国之间的关系之后提出，中美应当在全球化的背景下，充分认识对方的文化，在此前提下寻求更为稳定的大国合作关系。2012 年 2 月，国家副主席习近平在访问美国之后，针对新时期与美国关系提出了全新的理念，提出了“前无古人，但后启来者”的理念。新型大国外交关系随着中国领导班子的换届，逐渐成为一个极其重要的话题。2013 年

3月，新就任的国家主席习近平在出访俄罗斯期间，针对新时期大国关系提出了新的见解，并与俄罗斯总统普京达成相关共识。同年5月，国务院总理李克强出访印度，与印度总理就中国与印度两个大国之间应当在新时期下建立新的合作关系达成共识。6月，习近平主席到访美国，与美国总统奥巴马就新时期中美关系达成了重要共识，并主要从三个方面进行了详细阐述：①不冲突、不对抗。中美两国在战略方面有自己的方法和策略，应当通过正常的谈判协商进行沟通，避免较大的冲突。②中美双方应当互相尊重，两国在社会制度和经济发展方式等大方面存在很多不同之处，两国应当互相尊重对方的利益，求同存异，共谋发展道路。③互利共赢，在追求自身发展的前提下也要充分考虑对方的意愿在发展中促进合作水平的提高。

当初提出新型大国关系主要针对的对象是中美两国，因为在与大国交往过程中，中美之间的问题往往较为典型和突出。诸多相关学者也均认同这个看法。宏观层面上分析，新型大国涵盖了多种大国之间的关系类型，而且有高低的区别，区别的依据主要是自身的发展地位和水平。新型大国关系在构建过程中应当以和平共处为前提，力图营造和谐的竞争环境。虽然在大国竞争过程中合作关系会因此削弱，但是由于良好的竞争环境不仅可以促进本国的经济发展，也可以为世界其他国家创造发展机会，激发整体的创造水平。通过构建国际相关规则和约束，可以有效地对大国合作进行管理，有利于大国合作的长远发展。虽然以民主的方式对大国关系进行管理是较为理想的方式，但是这一方式实现的可能性较小，对大国的约束力也较小，可以考虑通过大国之间的合作关系进行约束，进而建立起相对公平有效的规则。

（三）开拓新型国际关系建设，构建人类共同命运体

构建新型的大国关系对于现在的中国来说是一个必须要走的外交途径。只有和世界上的其他大国建立新型的外交关系，我们才能更好地发展。中国需要建立的国际关系不仅是世界大国的国际关系，还应该包括中小国家的国际关系。中国在历史上曾经用过几个方法建立自己的外交关

系，从“以大事小，以小事大”的外交方法，到无论国家大小一律平等对待的外交方法。在当前的形势下，我国必须建立在新形势下的新的外交战略，合理地处理好与不同国家之间的外交关系，我们必须本着国家之间一律平等的原则，在处理国际外交关系的过程中加入新的理念，在国际上树立中国良好的大国形象。中国应该摒弃以往的外交战略，处理好中国和大国、小国之间的关系。中国外交方面的学者也应该加紧对我国与各类非国家组织的外交关系之间的研究，对我国的新型的外交关系构建提出一定的建议，推进我国新型外交关系的构建，使我国在全球化的进程中得到更好的发展。

2015 年 9 月，习近平主席在第七十届联合国大会上发表的题为《携手构建合作共赢新伙伴　同心打造人类命运共同体》中强调：“和平、发展、公平、正义、民主、自由，是全人类的共同价值，也是联合国的崇高目标。在当今经济全球化的背景下，国与国之间关系更加的密切，遵循着联合国的宪章构建新型的国际关系显得尤为重要。”现在世界上的各国已经成为一个整体，任何一个国家都不可能脱离这个整体独立存在，同时在这个过程中出现的一些问题，世界上的各国也应该共同去面对。推行“命运共同体”思想不仅有助于克服和解决当今日趋严重的全球性问题，也有助于推动世界各国的共同繁荣和进步。

四、对外开放重点：从商品贸易到服务贸易

党的十八届三中全会指出，推进金融、教育、文化、医疗等服务领域有序放开，放开育幼养老、建筑设计、会计审计、商贸物流、电子商务等服务领域的外资准入限制。扩大服务业开放是推动我国经济发展转方式、

调结构、提质增效的重要抓手和新引擎。中国将秉承开放、合作共赢的理念，扩大同各方利益的汇合点。稳步扩大金融、物流、节能环保等领域的对外开放，鼓励外商投资专业设计、软件开发等知识密集型服务业领域，扩大服务供给，激发服务业发展活力，完善政策环境，鼓励全球技术、研发、服务等要素在中国发展，在品牌、信息资讯、人才、知识产权等领域加大工作力度，实现服务贸易与货物贸易良性互动、协调发展，充分发挥知识密集型服务业的示范效应，推动服务贸易创新发展，推进世贸多哈谈判以及双边和区域范围内服务贸易投资便利化。作为新一轮对外开放的重点领域，我国加快服务业的开放应着力从以下几个方面入手。

（一）积极有序地推进服务业开放

服务业是中国新一届政府打造中国经济“升级版”的新引擎，以市场化、产业化和国际化为取向，坚持生产性服务业和生活性服务业并举，现代服务业和传统服务业并重，以服务业的发展推进结构优化升级。要充分引进学习和利用国外发达的生产性服务业，加快我国制造业的转型升级；要进一步清理现存的有关服务业发展的各种法律法规，打破服务贸易开放中的地方主义和部门主义倾向，增强对服务业管理的法治化和透明度。

发挥中国（上海）自由贸易试验区的示范引领作用，尽快形成服务业开放可复制、可推广的经验模式。积极推进我国已签署的贸易协定中的服务业开放的实施，利用内地与香港关于建立更紧密经贸关系的安排（CEPA）和海峡两岸经济合作架构协议（ECFA）打造面向港澳台服务业的先行先试区推进浙江舟山、深圳前海、珠海横琴、广州南沙、福建平潭综合试验区先行先试，使其成为深化服务业开放的先导地区，成为推进我国服务业国际化的先行示范区。鼓励沿海发达地区和中西部中心城市根据自身优势，建设国际航运、旅游、医疗服务、教育、商品分销、技术交易、文化贸易等各种类型的国际服务贸易中心，实现国际贸易与吸引外资、国际服务与国内服务、服务业发展与制造业转型升级相结合。

构建体系完备、功能健全的生产者服务体系。体系完备、功能健全的生产者服务体系是现代制造业升级的重要支撑力量，是推进经济发展方式转变的基本动力来源。发展现代生产性服务业，要下大气力完善服务结构，提高服务质量和服务产业层次。要不断完善服务业发展的政策体制环境，打破长期以来形成的部门分割和行政垄断，积极承接服务外包，打造具有技术和品牌优势的服务平台，鼓励制造类企业向服务环节延伸；要发挥大城市本身的服务聚集优势，加快服务基础设施建设，大力吸引服务领军人才，加快高端服务人才培养。

加大知识产权保护，加快发展文化创意、工业设计、专业服务等知识密集型高端服务业和新型服务业，持续加大知识产权保护力度，推进全社会的创新创造热情。要加强对服务业中具体行业所涉及的国家经济安全的专业性研究，不简单以外商投资规模和市场占有率为划线标准，要建立有效的服务业开放预警、救济和摩擦应对机制，建立服务业开放的“安全门”，最终形成一套既有综合性又体现特殊性、全面科学有效的管制体系。

（二）利用国际标准倒逼国内改革

服务贸易的投资及开放与货物贸易不同，货物贸易的开放主要是依靠关税减让，服务贸易的开放则主要依赖相应法律法规以及政府管理规则的调整，要积极面对美国主导的跨太平洋伙伴关系协定（TPP）和跨大西洋贸易与投资伙伴协议（TTIP）谈判，学习善于利用规则，主动拓展发展空间，以服务业开放缓解经济下行压力，加快经济转型升级的步伐。

我国已正式提出加入国际服务贸易协定（TISA）谈判，目前 TISA 正处于起步阶段，“挚友集团”既存在共同利益也有各自不同的关注点和个别利益诉求，尽管目前中国还没有被批准加入，但中国无比巨大的服务业市场是参与谈判的最大砝码。可见，中国作为创始成员国参与规则制定，对中国赢得于己有利的地位是大有帮助的。要坚持积极稳妥、有序开放的原则，解决好积极主动开放与适度保护问题，既要积极大胆又要考虑我国发展阶段、服务业发展水平和承受能力，对已经承诺开放的 100 个部门，要解决外商进入的实质性困难，简化审批流程，缩短审批时间。要在创新服务业开放模式上下功夫，学习借鉴印度等国服务业开放的经验，推进形成开放、稳定、透明和可预期的服务贸易政策体系。

（三）发挥现代生产性服务业的产业链整合能力

制造业服务化和生产性服务业的兴起是与当代国际产业转移相伴随所发生的一个现象。国际分工形态以产品内分工为主，生产性服务环节包括相当多的环节、工序和区段。大部分产业收益的服务环节包括产品研发、设计、供应链管理、品牌营销、金融服务等。在国际产业价值链中，研发和设计环节为前端，销售服务环节为后端，这两个环节所产生的利润占整个利润的20%～25%，中间加工制造的环节收益不超过5%。三个环节的利益价值分布大致呈现“V”字形曲线。2010年世界500强企业中，服务类企业占五成以上，即使在制造业企业中，服务业所收获的利润也已逐渐逼近甚至超过制造业所获得的收益。如今部分传统工业企业也在向服务行业转型，例如美国IBM，之前是生产性企业，以生产计算机为主，如今已转型IT服务行业，并已是该行业的领先企业。

在世界经济全球化的今天，服务业作为一个单独的行业大放异彩，制造业和服务业之间的关系也发生了变化，成为两个行业之间的内部的深度融合。制造业的创新激发服务业服务的改进，服务业对制造业创新的需求又反作用于制造业的创新，两者相辅相成、共同发展。当今世界，工业国家的利益增长已日趋饱和，各个国家都在寻找新的利益增长点，而生产服务业作为新兴的行业，无论是利益增值点还是盈利点，都吸引着各个国家的目光，现如今国内也开始关注这一产业，它已成为中国经济飞跃发展的新跳板。

制造业的服务化是新一轮科技革命的重要特征。总体来看，中国制造业的现有水平已经相当于发达国家20世纪90年代末和21世纪初的水平，要推进中国产业结构转型和升级，必须寻找新的支撑点。应大力推动电子商务、现代物流、工业设计、软件和信息服务等现代生产性服务业的发展，为中国产业走向高端提供不可或缺的坚实支撑。

（四）推进龙头企业“走出去”，提高服务出口能力

目前，我国在商业、通信、建筑及有关工程领域以及销售、运输、旅游等领域都取得了长足发展。应采取有效措施，支持和鼓励我国服务业“走出去”，提高我国服务业龙头企业的竞争力和国际化水平，带动我国服务业出口。要统一服务贸易发展政策体系，解决现有政策碎片化、零散化问题，要建立与外汇管理部门国际收支统计和商务部门业务统计相结合的服务贸易统计制度，提高对我国服务贸易发展情况和趋势进行跟踪监测及研判的能力。

第九章

复合共生：城乡两元共生新型城镇化

人类文明起始于乡村，乡村是人类文明的母体，乡村与城市是人类文明不可分割的两极。新型城镇化跳出工业化经济思维对乡村的解读误区，要重新认识乡村价值，发展一、二、三产业，走城乡两极均衡、循环发展之路，实现城乡双向流动、城乡融合的中国特色城镇化。

一、中国特色：走出两元替代的共生之路

近代以来，中华民族之所以处在落后挨打的局面，就是因为中国是一个以乡村社会为主导的农业社会。西方成为引领世界文明发展的位置，就是因为他们的文明是一种以城市为载体发展工商业经济的社会。按照时代的逻辑、历史发展实践，都说明中国不能例外，也必须走这样的城市最终替代乡村的两元归一的现代化之路。

认识中国乡村文明的命运，是基于工业文明的逻辑，还是基于生态文明的逻辑，蔓延五千年的中国乡村文明处在历史的十字路口。如何认识中国乡村文明命运，取决于从哪一个时代的文明看。从工业文明的逻辑来看，中国乡村文明的命运确实是主流所认定的那样，乡村文明终结之日就是中国最终实现现代化之时。如何使中国从乡村主导农业社会走向城市主

导工业化社会，成为近代以来中国追赶西方现代化的目标。在这样一个大历史背景下，当我们今天的城市化率超过51%的时候，这意味着中国苦苦努力追赶西方为当代人类确立的现代的目标就会越来越近。51%的城市化率意味着，历史天平已经发生倾斜，标志着中国已经进入一个城市文明主导的现代社会中。

所以，在这样的背景下，我们提出加速推进中国的城镇化并一鼓作气实现中国几代人努力奋斗的现代化目标，正是基于这样一个时代的逻辑。按照这个逻辑，城市化被看成是时代必然，而乡村走向终结也是时代的必然。这个工业文明的逻辑非常强大，不仅现代工业文明开创者和引领者的西方社会是这样走过来，而且围绕这个时代逻辑，还形成了一整套的理论体系。这就是美国经济学家刘易斯提出工业化中，从城乡两元结构走向两元归一的理论。

但问题是，在人类文明进入21世纪的今天，确实出现了一个值得我们研究的“中国例外”的问题。这就是在当代中国的城市刚过半背景下，时代向中国开启了另一条文明之路，这就是党的十八大提出的生态文明新时代。正是从这个意义上来讲，当代中国处在历史抉择的十字路口，一种选择是走既定的以西方工业文明为参照系的现代化之路，另一种选择是走党的十八大提出的另一条新现代化之路，这就是生态文明之路。

目前我们的主流理论尚未把生态文明上升到新时代的高度来认识，这也恰恰是对中国乡村文明命运的判断未能导入时代高度来认识的根源所在。

为什么生态文明会是中国走向不同于西方的文明之路主要基于两大逻辑。

第一，如果中国继续走西方式工业文明之路将会是一条成本巨大、充满风险之路。也许有人讲，为什么西方甚至东方的日本、韩国都能走下去，中国走不过去。这是由外部时代原因和内部的中国国情原因决定的。随着时间的推移，我们越来越发现，工业文明模式高能耗、高成本、高风险，属于少数国家享受的文明。在中国已经踏上追赶西方工业文明的快车之后，我们突然发现，在人类的足迹已经超出地球承载力30%的背景下，地球的能源和环境无法承载一个拥有14亿人口的大国走西方式工业化之路。科学家统计，中国达到美国消费水平需要5.6个地球，这是外部的压力。另外就是内部风险，如果中国继续西方式城市化，中国城市化实现之日，也将是中华文明传承断根之时。因为中国文明之根在乡村，不在城市。特别是今天对中国3亿农民工做出的城市让他们生活更美好的承诺，如果不能落地，将给中国社会带来巨大的粮食安全、政治与社会风险。

第二，走党的十八大提出的生态文明之路，恰恰是一条低成本、低风险的文明之路。而且是与党的十八大提出中华民族伟大复兴高度契合的文明之路。我们欣喜地发现，中国乡村命运，遇工业文明衰，甚至是死，正在兴起的生态文明与中国五千年文明，而且与中国乡村具有高度契合性。主要表现在这样几个方面：支撑生态文明发展新能源，对于中国来说并不陌生。因为古代中国农业生产就是一种依靠可再生太阳能、风能的生产。万物生长靠太阳。围绕农业生产现场技术体系中，其中最重要的技术就是如何最大限度地利用太阳能、风能为农业生产服务的技术。比如，中国的二十四节气的理论，就是古人根据太阳和地球之间的运行关系，形成了太阳一年中有24种不同类型的能量理论。这些理论对于我们今天如何开发太阳能都有启发。太阳能在中国古代就充分使用着，即使在现代也是如此。由于太阳能、风能是一种相对均衡，可以直接使用的新能源，可以说有人的地方就有太阳能，那么太阳的这个特性，决定了人越少的地方，人均可以利用的太阳能资源越丰富。按照太阳能的这个特性，人口分散居住的乡村具有的太阳能比城市人均可利用太阳能多得多。从这个意义上讲，生态文明时代的新能源喜欢农村，而不是城市，特别是人口密集的大城市。目前，这已经不是理论，而是事实。目前中国有三项新能源技术、清洁能源的产品走在世界前列。它们是屋顶太阳能热水器、电动自行车、摩托车和沼气。其技术发展、生产能力、市场额度均是世界第一。特别是电动汽车的保有量已经达到3亿辆，远超过汽车保有量。而且三项技术产品的主要市场不是大城市，而是乡村和小城镇。

为什么这三项技术使中国能够走在世界前面，是欧洲和美国人没有开发这个技术的能力吗？绝对不是，深层根源是他们没有这个市场。因为中国尚未完全城市化、汽车化，我们还有大量的乡村和尚未进入汽车时代的小城镇，所以，相对于工业文明的劣势，在生态文明时代成为发展新能源的优势。按照新能源技术发展趋势，未来中国能够最大限度地开放新能源，因为使用新能源的市场在乡村和小城镇。未来的乡村和小城镇完全可以实现能源自足，甚至会形成乡村新能源向城市输送。搞生态文明建设的新能源优势在中国的乡村。

从世界范围来看，搞生态文明建设所需要的天人和谐的自然观、利他伦理系统整合观，也与中国古代文明就是文明观这个字要相吻合。正是由于古代农业生产依靠天地之力，由此形成中国古代尊天敬地的天人和谐观、天地人三才合一的利他伦理的系统观。从这个意义上来讲，党的十八大之后，习近平主席提出基于中国传统文化自信的中华民族伟大复兴的中国梦，其深层根源是当今时代需要中华文明与中国传统文化。因为生态文明建设需要中国传统文化，特别是中国的儒道文化。

其实，当代人类遇到的不仅仅是能源和环境危机，在能源和环境危机的背后，是当代人类文化与精神的危机。西方工业化对人类的最大贡献，是形成让物质财富高效率生产的文明体系，但失去文化与精神制衡的工业文明，使人类对物质的过度追求，成为工业文明危机的深层原因。医治当代工业文明病，需要一种新自然观和伦理观。这种新自然观与伦理观，在中华民族的文明体系中早已存在。这种文化的价值，在工业文明时代未能创造出飞机、大炮。所以在工业文明时代，中国传统文明处在被解构和批评的境地。但在生态文明时代，当人类文明拥有高度发达的物质财富后却缺失精神制约时，古代东方文明中却蕴含着医治西方工业文明的解药。中国古人所讲的“三十年河东，三十年河西”就是这个道理。

二、两元对立：失衡世界的城乡关系

（一）乡村与城市是人类文明演化全信息的两个载体

一粒种子中有大乾坤，复杂多元化的生命世界的统一性，以及其演化的秘密隐藏在小小的一粒种子中。

考察人类文明演化的秘密，则可以发现乡村与城市就是构成人类文明演化的阴阳两极，是人类文明演化种子信息的携带者。文明是人类社会在不同地区和不同时代，生产方式与生活方式、居住方式和文化形态的总和。在属于人类文明的组织中，能够把属于人类文明的全部要素集合起来的是乡村和城市。虽然国家也集合着人类文明的全部信息，但国家不是人类文明演化的种子信息源，而是乡村和城市所携带文明信息的显化形态，就像种子和大树的关系一样。

（二）乡村与城市携带的信息等量、功能生克互补

乡村与城市就像太极的阴阳两极一样，属于一体两面对立统一、相生相克的关系。按照孤阴不生、孤阳不长的自然演化之道，城市与农村之间的对立统一，相生相克的互动机制，形成了人类文明演化生生不息的动力。

近代以来，在西方城市文明占据主导地位的背景下，形成的所有理论都是为城市文明服务的。即使有关于乡村的理论，也是站在城市的一端所看到的乡村。乡村缺乏属于自己的独立的解释性理论。其实乡村与城市所携带信息是等量的，两者所具有功能既正反相对又阴阳相合，两者不可分离、不可偏废，见表 9－1、表 9－2。

表 9-1　城市与乡村形态的多视角比较（1）

	生产方式	居住方式	社会特性	社会关系	治理方式	天人关系
乡村	农耕经济 自足经济	分散居住 低成本	熟人社会 亲情互助	利他共生 封闭传承	结果法治 内圣外王	天人对立 科技主导
城市	工商经济 交换经济	集中居住 高成本	生人社会 理性契约	自利竞争 开放冒险	内生宗法 殖民霸权	尊天敬地 文化主导

表 9-2　城市与乡村形态的多视角比较（2）

	经济功能	社会功能	演化特性	副作用	主导时代	文化功能
乡村	生存基础	稳定传承	多样包容 可持续强	保守封闭 动力锁闭	农业文明 东方主导	宗教文化 关系天道
城市	发展平台	冒险创新	对立排斥 可持续弱	竞争创新 传承断裂	工业文明 西方主导	理性科技 实体物道

在工业文明主导时代，形成了一整套根源于城市文明系统的概念。以这些概念为标准，形成了一整套现代化的理论标准。如来自城市开放、自利、竞争、创新、自由、理性等概念都被认为是进步的概念，相反，与此相对的封闭、利他、共生、传承、保守等都被认为是落后的概念。如果我们滞留在当下工业文明主导的世界空间中，这是对的。

但是在 21 世纪的今天，当我们站在时代高度看乡村与城市时，可以发现，乡村与城市是构成人类文明演化不可缺少的阴阳两极。中国太极理论告诉我们，一阴一阳则为道。老子在《道德经》讲“天下皆知美之为美，斯恶已；皆知善之为善，斯不善已。有无之相生也，难易之相成也，长短之相刑也，高下之相盈也，音声之相和也，先后之相随，恒也”。一阴一阳之谓道，讲的就是宇宙中不存在绝对孤阴、孤阳的事物。因为宇宙生生不息的演化动力就寓于阴阳的生克互动之中。

如果说自足封闭的乡村就一定落后，恰恰自足封闭的乡村形成的城市没有物质财富的自养体系，使乡村获得了城市所没有持续、安全发展的特性。中华文明成为世界文明史中最长寿的文明，其秘密就在于中华民族有一个乡村所提供稳定安全的自养系统。这个高度分散的乡村自足、自养体系文明，一方面使中华文明获得一种长治久安的稳定的物质给养保证，另一方面也使中华民族文明的种子在大空间高度分散中，获得了规避风险的作用。而各种要素高度集中的城市系统，使城市获得了乡村没有的要素集聚效应。在开放系统中依靠外源获得财富快速增值功能的，同时也使城市文明成为持续发展差、规避风险不足的文明。2000 多年前，快速崛起的古希腊、古罗马的城邦文明，同时也是一种短命的文明。

乡村形成的封闭熟人社会，形成的以宗法、村规民约为依据的乡村自治治理模式，与城市生人社会基于个人权利保护的民主法治模式相比，就一定是落后的治理模式吗？其实不然，基于内生约束机制的乡村自治管理模式，恰恰是中国古代社会成为一个管理成本最低、管理难度最小的国家。而基于外部约束的法治社会，则是一个高成本管理的社会。当然，并不是中国的乡村宗法自治管理就一定比城市生人社会的法治民主管理优越，其实这两种管理是适于两种不同的社会关系而形成，各有自己独特的适应性和功能的模式。20 世纪 80 年代末，我们把本来属于生人社会的民主选举制度不加改造地输入到熟人社会的农村，几十年过去了，仍处在乱象中，无法落地。

在受土地制约导致物质财富供给有限性所形成节约、低能耗、慢节奏、慢流量的乡村生产与生活方式，就一定是落后的吗？其实并非如此。相反，开放的城市系统形成的交换经济，确实有乡村所没有的高效率生产方式，但维系这种高效率的生产方式，又必须以高能耗资源来支持，以不断膨胀的高消费来满足，以高成本的政府管理和社会管理来支撑。在一系列高度分工复杂的系统所支撑的城市文明，又成为一种高能耗、高消费、高成本，同时也是高风险、不可持续的文明。而当代人类遭遇的能源环境危机，恰恰是城市文明形态发展到一定程度带来的弊端。

三、城市乡村契合论：两元共生新型城镇化

（一）城乡互动

在城市化浪潮的推动下，当代中国出现的乡村凋敝、萧条的景象，使更多人认为乡村价值贬值、中国五千年乡村文明的终结成为不可避免的潮流。然而，随着时间的推移，在多种力量的作用下，出现了因乡村价值升值而导致城市资源与人口向乡村回流的新情况。

第一，长期以来，在中央一系列的支村政策积累性效应的作用下，使城乡差距缩小，乡村价值开始升值。进入 21 世纪以来，中央高度重视城市化过程中导致的城乡发展的差距问题。从每年出台的惠农支农一号文件，到持续 10 多年的新农村建设，以及美丽乡村建设等一系列重大反哺农村发展战略与政策，有效地推动了乡村基础设施建设、公共服务、农村医疗、养老等保障、社会文化的改善与发展。随着城乡差距的缩小，最近几年，使乡村价值升值的最直接表现，就是农村户口在农民心目中“含金量”越来越高。从 2016 年《中国青年报》刊登的该报记者在多个省份的调查报告发现，新型城镇化综合试点工作展开后，在农民进城落户“零门槛”前，农民落户意愿普遍不高。以某个县城为例 2015 年“农转非”数量仅 200 多人。随着农村户口“含金量”逐渐提高，相当一部分农民愿意在城市买房、工作、生活，但选择把户口留在农村。试点城市户籍人口城镇化率普遍低于预期。农村户口“含金量”提高，吸引具有农业户籍的人放弃进城落户的机会，这种情况在东部发达地区已经持续多年。早在 2009 年浙江省户籍管理部门公布了一组数据：全省“农转非”数量从 2004 年时的 57.7 万人降到 18.9 万人，降幅高达 67%。浙江农林大学的数据显示，2010 年新生把户

口迁到学校的不足20%。2016年4月6日，中国社会科学院农村发展研究所、社会科学文献出版社及河南财经政法大学共同进行《中西部工业化、城镇化和农业现代化：处境与对策报告》，调研结果显示，一半左右农民工不愿进城。"中西部农民向城镇转移意愿分布"所做的调查数据显示，"很想"占11.83%，"比较想"占21.73%，"一般"占17.45%，"不太想"占24.82%，"完全不想"占24.13%。

第二，正在兴起的"互联网+"、绿色消费、文化消费给乡村产业发展带来新契机，使远离市场的乡村获得了新优势，弥补了乡村经济发展的短板；乡村与城市市场连接起来的"互联网+"，使长期以来无法转化财富的乡村生态土特产品、手工艺产品、乡村旅游成为城市中产阶层青睐的生态、文化消费品。2016年4月12日，阿里研究院发布的《阿里农产品电子商务白皮书（2015）》披露，在阿里平台经营农产品的卖家数量从2013年的39.40万个，增加到2015年的90多万个，完成农产品销售额695.5亿元。商务部数据显示，我国农产品在线经营企业和商户达100万家，预计全年交易额将超过2 200亿元。截至2014年12月，全国已发现各种类型的淘宝村镇212个。

特别是在城市环境污染、高压力、高成本生活倒逼下，乡村特有的优美环境、天人合一的乡村绿色慢生活表现出巨大的吸引力。目前，以农家乐为新型业态的乡村生态旅游急剧升温，成为乡村发展的新亮点。2014年，全国有200万家农家乐，10万个以上的特色村镇，带动了3 300万农民致富。游客数量达12亿人次，占到全部游客数量的30%。可以说，农家乐是承包制后中国农民的又一伟大创举，值得我们关注研究。

在当代中国正在发生的新能源革命，农村已经成为这次革命最大的受惠者。当今中国最前沿的新能源产品，如屋顶太阳能热水器、电动自行车、小型电动汽车、入户的光伏发电，其最大的市场是农村。这些事实充分说明，虽然乡村无法像城市那样承载工业产业，但在生态文明时代，发展绿色生态产业却具有城市所没有的独特优势。乡村绿色生态产业的发展，将成为乡村文明复兴的经济基础，这也是吸引更多人返乡创业的动力所在。顺应乡村产业发展的新要求，《国务院办公厅关于推进农村一、二、三产业融合发展的指导意见》，内容涵盖各农村产业融合发展的方方面面，拓宽农民增收渠道，给农业、农村、农民更多实打实的红利。

第三，已经出现端倪的逆城市化，将会出现城市人向乡村流动的新趋势。城市化是恒定不变的直线运动。近代以来，西方城市化的历史是在城市化与逆城市化的周期波动中进行。中国随着城市病爆发、空气污染、生活成本提高、城市生活审美疲劳等多种因素，在大城市已经出现逆城市化迹象。目前已经出现一批艺术家下乡、退休者告老还乡、组团到乡村养老等迹象。在逆城市化推动下，出现了许多城里人到郊区买房，城里人到农村去办农家乐，到山区去办各种旅游项目。伴随着城市化人口向乡村流动，也带动了城市资本下乡搞有机农业、乡村旅游、古村落改造的新趋势。

（二）重新认识乡村价值，走城乡相契合的新型城镇化

首先，需要调整一个认识，在推进中国城镇化过程中，乡村的价值要科学评估，而不能低估。乡村在农民心目中的价值，与我们处在城市的角度对农村认识的价值是不一样的。目前对乡村价值，更多是从经济利益和物质的角度来认识。其实乡村的价值，在农民心目中，除了这些物质的价值外，还有被城市人忽略的另外一些价值，这就是乡村特有的社会资本与文化资本价值。

作为承载中国五千年文明的熟人社会，农村保持着一种特殊的亲情文化。这种文化具有一种混合的价值。其一，它是农民精神归属和文化生活的重要内容，给农民带来一种归属感和安全感。其二，在农村生活的礼尚往来中，形成了乡村特有的社会关系，从经济学来说叫社会资本。这种社会资本在农民遇到重大事情时就能发挥作用，其功能是货币所不能替代的。自改革开放以来，这些价值处在不断衰减中，但并没有消失，在农村继续顽强地存在着。由此可以理解，为什么一些地方的平坟遭到农民如此强力的反对，为什么许多华侨同胞已经离开乡村有几代人之久，但仍然在老家修房子、修祖坟，每年清明节都要回来祭奠。

总之，我们对农民不愿意放弃农村户口这件事，不能用简单思维来认识。血脉、乡土文化与社会关系的价值，是构成农村户口“含金量”的一部分。如果我们对这个问题认识不到位，认为只要给农民足够的物质与货币，就可以让农民放弃农村户口，很可能事与愿违。

其次，还应该认识到，农民户口“含金量”的升值才刚刚开始，未来还会有升值空间。最近几年，不仅农民不愿意放弃农村户口，而且还出现了一些城市人想到农村去的现象。值得我们关注的是，目前中国经济社会发展的三种力量正在推动乡村价值升值。一是正在兴起的绿色消费和文化消费，使乡村特有的青山绿水、有机生态食品、乡土文化的价值，越来越被城市的中等收入群体消费者青睐。在这种新消费的带动下，以农家乐为新业态的乡村旅游方兴未艾，潜力巨大。二是正在兴起的互联网，缩小了城市与农村在信息上的鸿沟。乡村电商使以前难以进入市场的乡村土特产品、乡村手工艺产品进入城市消费市场，为乡村产业发展带来新希望。三是随着乡村价值逐渐上升，一批回乡的新乡贤，正在成为乡村文化复兴的中坚力量，在他们的作用下，乡村文化价值正在创造性复活，乡村价值自我认同感也出现了回升。

当中国经济进入新常态后，我们需要顺应时势，以二元协同思维方式，从城乡双向流动来认识中国特色的新型城镇化之路。我们需要把中国城镇化发展的着力点，从关注农村到城市单一通道的疏通，转向城市与农村双向流动通道的疏通上来。我们需要认识到，不放弃农村户口的两栖式城镇化，在很长一段时间也许是一个常态。农民的选择，是农民自身收益最大化的选择，也是对中国特色城乡二元共生、双向流动城镇化的贡献。这不仅可以使中国五千年文明之根在乡村得以延续，也符合城乡统筹的城镇化要求，有利于多元文化的发展，也将为中国人提供多元化的生活方式。

四、中国乡村经济学：工业化经济学解读困境与误区

（一）农业现代化与小农经济存亡论争

以家庭经营为主要特征的小农经济在人类进程中有着很长的历史，对

于人类的生产生活发挥着至关重要的作用。工业革命促成社会化大生产，引发亚当·斯密、西蒙斯第、罗雪尔、马克思等人对小农经济命运的讨论，而考茨基、列宁、斯大林发展了马克思的理论，并在苏联（俄国）经济政策制定中付诸实践。恰亚诺夫对小农经济展开系统研究并对后世有深远影响，他在《农民经济组织》中充分肯定了小农经济的生命力和稳定性。与此相反，在刘易斯二元结构论述中小农经济则属于落后的产业，势必被现代部门所取代。舒尔茨的理性小农的假设强调农业和重新审视小农问题，并用市场机制来改造传统农业。

在现代化的背景下，一些学者提出要慎重考虑大规模经营，认为适度规模的小农家庭农场应当是中国未来农业发展的主要力量。国内学者关于小农经济的论争愈演愈烈，大体形成三种思路：①城乡一体化之下，要求逐步放开农村生产要素，缩小城乡差距，以此快速推进中国现代化。其实质是进行农业生产方式的变革，通过市场竞争加快城乡要素流动，其潜在的结果是小农经济被非农经济所取代。②从对马克思经典论述的理解中强调小农经济生命力的短暂性及最终衰亡论。但有学者认为这类观点误解了马克思有关小农经济的论述，不符合小农国家农业现代化发展的现实，小农生产方式仍旧存在合理性。③基于中外农业经济竞争力的对比，得出农业经济的发展必然是大规模化取代小农而富有竞争力的观点。但有学者认为，中国农业现代化无法遵循西方经典理论预设的模式，小农农作将成为中国多元农作系统中的重要组成部分。

各界对于小农经济命运的论争实质上是对小农经济生产经营方式与农业现代化适应性的讨论。激进者认为小农经济与农业现代化格格不入，小农经济势必被农业现代化所消灭。可以说，农业现代化激进主义没有认识到农业生产发展或者说推进农业现代化中亟待解决的问题，也没有真正认识到中国小农经济的生命力。

（二）农业现代化的反思

第一，功能错位调整。农业现代化是保证农民就业和收入的重要手段，为当前全面建成小康社会目标服务，但农业现代化并不是小农经济的发展目标，也并非国家核心竞争力的单一化体现。在农民分化、兼业化的小农经济时代，并不是所有或者说大部分农民都通过农业生产来致富。农业生产是农民收入的基本保障，也是农民就业的基本补充。中国还有 2 亿多农户 6 亿农民，其中农民工数量超过 3 亿人，“80 后”新生代农民工超过 2.5 亿，而农民工回流是中国当前乃至今后很长一段时间内的一种特殊现象。如果农业现代化没有正确认识到小农经济对 6 亿农民所起到的保障作用，而一味地“去小农化”，可能会导致农民工无法回流及原有小农失去就业机会和收入。保障国家粮食安全是提升国家核心竞争力的重要前提，农业现代化作为推动农民生产积极性、种粮积极性的手段，并非是国家核心竞争力的单一化体现，两者也不能简单地互为因果。农业现代化只能是手段，不是目标。

第二，经营主体不明。在现代化进程中，有些学者和政策制定者对农业经营主体的理解有所偏颇，认为是以大规模化为方向，忽视小农，甚至主张取代小农。实际上，无论什么时候，农业现代化都是小农经济向前发展的手段，农业经营主体始终要以小农为基础，要在小农经营基础上发展新型农业经营主体，推进农业现代化。农业现代化归根结底是全体小农农业生产经营的现代化，其实质是在稳定农户承包经营权的基础上实现适度联合，以抵抗大市场风险而并非是通过大资本下乡挤占小农生产空间。所以农业现代化应该是小农经营基础上的现代化。

第三，大规模化失灵。农业现代化起初的基本内涵是规模化和产业化，而最初“以土地规模经营”为主要内涵的农业现代化却是伴随着西方殖民化而产生的。曾有不少学者倡导中国农业现代化应走美国农业现代化之路，即大规模、超大规模农业生产。近代以来，西方农业生产方式是按照工业经济生产方式而建立起来的。美国农业现代化的实质是将工业化模式导入农业领域，以此获得成功。追求单位生产效率最优、创造最大资本收益的大规模农业生产在美国行得通，但难以普遍适用于“人均一亩三分地，户均不过十亩”且地块分散的中国式小农经济。大规模农业下单一植物抗病虫害能力下降，于是就要使用农药，其结果是食物品质下降，食品安全问题频发。大规模农业违背了农业本身满足人类生存的功能，形成了资本收益和社会收益分离问题。农业现代化只能是小农基础上的适度规模经营。

第四，世界农业“回归”趋势。因资源广阔而得以实现大规模生产的美国大农场模式，因农业劳动力外迁且兼业化的中产市民较早经营而实现农业资本化的欧洲中小农场模式，以及因人地关系高度紧张而维持着小农经济的东亚模式等，作为世界范围内有代表性的农业形态，近年来不同程度地追求一种具有健康、安全、环保、本地化、可视的生产过程等特点的小规模农业。这种新业态的农业生产方式被称为“团结经济”“社区支持农业”等，名称虽不同但其核心理念是相似的，其共同特征是趋向于小规模。越是发达的国家（地区），这类小规模农业受关注度越高，原因在于发达国家（地区）在工业化进程中普遍遭遇了环境污染和食品安全频发问题，人们越来越关心从土壤中获得食品的安全性，以及参与生产过程所获得的喜悦。大规模农业所隐藏的食品质量备受质疑，减少甚至是杜绝化肥、农药在农业生产过程中的使用，或许只能依靠小而美的小规模农业。

五、双向流动的城镇化：中国特色城镇化之路

一种新的力量正在中国城市化进程中发挥作用，这就是正在悄悄发生的来自从城市到乡村的新回乡运动。改革开放以来，中国城市化进程，主要表现为农村人口和资源向城市流动与集中，但是，最近几年，一种相反流动正在悄悄发生，人口和资源从城市开始向乡村流动，这个现象值得我们关注。从目前情况来看，有五类走在回乡路上的人群值得我们关注。

第一类是“新告老还乡者”，或者叫“回乡新乡贤”。这个群体是指1977年恢复高考后，通过上大学从乡村走进城市的群体。“少小离家老大

回，乡音无改鬓毛衰”。千百年来，多少从农村走出的杰出之士，或为官治学，或经商习艺，最后会落叶归根，走向回馈故乡之路。被称为乡贤的这个群体，在中国几千年的文化传承、沟通城乡文明交流中发挥着无法替代的作用。在新历史时期，这种现象在当代中国再次出现。在已经退休的人群中，已经有一些人走向告老还乡之路。他们带着割不断的乡情、乡愁，带着在城市获得的智慧、知识、资金回到故土，在农村从事义务教育、国学教育、乡村图书馆、乡村博物馆、村史、村志编写、传统文化保护、产业发展、乡村治理等活动。虽然他们还只是极少数人，但他们对推动乡村文明建设与文化传承发挥的作用却非常明显。发生的许多新乡贤的故事，往往是一个人的作为就会造福一方，改变一村。正因为如此，回乡新乡贤得到了中央的高度重视。在中宣部 2014 年 9 月召开的“培育和践行社会主义核心价值观工作经验交流会上”，中宣部部长刘奇葆对回归乡村的新乡贤的作用、根植乡土乡贤文化给予了充分肯定。2015 年中央一号文件也首次提出了“创新乡贤文化，弘扬善行义举，以乡情乡愁为纽带吸引和凝聚各方人士支持家乡建设，传承乡村文明”的要求。1977 年恢复高考之后，到 1980 年录取的大学生有 123 万人，其中 90%来自农村，未来 5 年，大部分将会进入退休年龄。如果顺应这个趋势，进行正确引导和推动，他们将会成为乡村发展的中坚力量。如果未来有 50%的人通过各种方式，短期或长期回到老家发挥作用，这将会影响 50 万～60 万个乡村的发展。

第二类是返乡养老或创业农民工。根据国家 2013 年统计数据，在 2.7 亿农民工中，50 岁以上的农民工占 14.3%，也就是说未来 5～8 年内有 3 800 多万农民工将进入 60 岁到 70 岁的年龄。许多农民工的就业岗位，超过 60 岁很难就业。除了少部分收入高的技术农民工或是工头、小老板等能够留在城市，80%约 3 000 万人要返回家乡养老。但这批年迈的农民工已经不是原来的农民，他们将带着城市文化和经历回乡养老或再创业。这些青少年时期在农村长大的农民工，与 20 世纪 80 年代、90 年代后出生的新生代不一样，他们对乡村有着一种无法割断的情结。对这些农民的访问调查发现，他们均表示要回乡养老，包括北京市许多开出租车的农民，虽然他们也在北京的郊县买了房子，但他们讲，儿子会住在城里，他们是打算回到老家去。

第三类是新下乡知识青年。随着城市就业难和乡村的发展，最近几年，出现了一些来自农村的大学生回乡创业的新趋势。新回乡知识青年中有一部分是村干部。经过连续几年的选聘，目前全国在岗大学生村干部已经达到 20 万人，根据计划，到 2020 年，大学生村干部要达到 40 万人的规模。除此之外，还有一批自愿回乡创业的大学生。为了给返乡大学生提供服务和支持，在全国近 30 个省份，在 200 多所高校建立了 200 多个支农社团。这些社团深刻地影响了一大批青年人的价值观及整个社会的文化走向，这种催化作用，将在未来 5 年内发生很大的连锁放大效应。

目前在中国兴起的“互联网＋”，已经不是城市独享的时代红利，“互联网＋”也成为乡村发展的最大受益者。把乡村与城市市场连接起来的“互联网＋”，催发乡村绿色产业的发展表现出了巨大潜力和魅力。且使长期以来无法转化财富的乡村生态土特产品、手工艺产品成为城市中产阶层消费的生态奢侈品。而在这个新兴领域从事工作的创业者，正是这些以不同方式回乡的大学生。

此外，“文化大革命”期间的老知识青年再下乡也值得我们关注。“文化大革命”期间下乡的知识青年，陆续进入退休年龄。一些退休在城的老知青，他们结伴返回他们曾经下乡的地方进行回访，帮助当地做各种各样的公益事业，有些甚至长期住在乡村养老、帮助乡村发展。从 20 世纪 50 年代到 70 年代末，前后历经 25 年，知青总数达 2 000 万左右。这些老知青，对于过去下乡，既有伤痕，也有珍贵的青春回忆，是他们心目中的第二故乡。这是城市反哺乡村中不能忽视的重要力量。

第四类是回乡村养老的城市人。最近几年，随着环境污染、交通拥堵、生活成本上升、食品安全等问题的出现，城市生活吸引力减弱的同时，相反，乡村特有的环境优美、天人合一的绿色慢生活、自足的有机食品等却表现出很大的吸引力。正是在这两种力量的作用下，在中国的大城市已经出现了逆城市端倪。一些城市退休的老人开始到乡村养老。未来 5～8年内中国将会出现一个退休高峰，截至 2013 年底，中国老人达到 2

亿人，其中城市退休人员1亿人，未来5年将会达到2亿人。目前在上海和北京等大城市，已经出现一些老年人到农村养老的现象。随着城市病问题的加剧，城市人到乡村养老将会成为一个新趋势。如果未来城市有20%人回到乡村养老，将会形成4 000万人的乡村养老市场。

第五类是中国6 000万华侨同胞将会寻根回乡。随着祖国的强大，在国外的华侨将会出现一个回乡寻根热。中国人往上推三代，大部分都是农村人，所以，他们要寻找的根，不在城市而是在乡村。他们的返乡，还会把世界文化、信息和市场带回乡村，搭起中国乡村与世界交流的桥梁。

目前的回乡者，虽然只是少数人，但他们代表了一种发展的新趋势。按照目前的发展趋势，未来5年将会出现一个返乡的高峰。他们回乡后将会成为新农村建设的新力量。这种趋势也说明，在中国城市化进程中，将会出现城市与乡村之间人才、资源和文化交流的双向流动，将会成为中国特色城乡均衡、循环互动发展新途径。对此，我们需要调整原有的思维定式，顺应时代潮流，以双向流动的城市化思维，重新看待中国特色的城市化之路。这就需要我们把中国城镇化发展的着力点，从关注农村人到城市单一通道的疏通，同时要关注城市向农村通道的畅通。

目前的中国，不仅农民进城有诸多障碍，上述五类回乡的人群到乡村去也有许多障碍。农村特有的土地制度、人口管理制度，也是一个易出难进的封闭系统。希望国家与地方对出现的新回乡趋势，要研究出台相关政策鼓励与推动正在升温的新回乡者返乡。如对于告老还乡的新乡贤，是否可以让他们获得村民的身份，参与农村治理、文化教育和乡村党支部活动，是否可以允许他们保留城市与农村的双重户籍，让他们没有后顾之忧在乡村发挥作用。对回乡创业的大学生和农民工，是否可以在涉农资金、土地流转中给予倾斜和激励。

前几年，随着农村人口向城市集中，出现了教育、邮局、金融服务等从农村撤走。随着新回乡运动的出现，需要地方政府改变思维，关注改善乡村公共服务环境，增加乡村的吸引力。特别是在乡村教育、金融、通信、环境保护、水电、公路等公共服务和设施方面，要给予重点投资。尽量缩短城市与乡村在公共实施和服务上的差距，为使更多人在乡村与城市进行自由选择创造条件。

此外，也要将目前中央自上而下推动的精准扶贫与出现的新回乡运动结合起来思考，探索精准扶贫的新途径。其实有许多远离市场的偏僻的乡村、少数民族的乡村，恰恰是受污染最小、保留传统文化特色的乡村，这些资源对于当地农村是没有价值的，但对于回乡的文化艺术人、知识分子、厌倦城市生活的人，恰恰是最有价值的。我们或许可以出台政策鼓励这些人到乡村进行活化开发，使其成为乡村走出贫困的新出路。在现实中，我们发现，一个艺术家活化一个乡村的故事很多。一些在政府眼中属于需要搬迁的小村庄，在艺术家的眼中，却被发展为一个写生和摄影基地，使濒临死亡的乡村恢复了活力。

六、复合乡村经济：一、二、三产业融合发展

农业现代化是小农基础上的现代化，原封不动地继承小农经济生产方式与“去小农化”的农业现代化都不符合中国国情。小农经济与农业现代化并非是不可调和的矛盾体。反思农业现代化进程中的一些认识误区有助于走出中国特色的农业现代化道路。农业现代化是发展小农经济的手段，而非最终目标。农业现代化的功能定位不是发展具有国际竞争力的现代农业，而应是小农经济所承载的维护国家粮食安全和农村社会稳定。农业现代化归根结底是全体小农农业生产经营的现代化，并非是通过大资本下乡挤占小农生产空间。大规模农场道路不适合中国农业现代化的选择，世界农业经济有小规模化回归趋势，对于农业现代化的反思应放在中国小农经济历史与现实的长周期中。

与此同时，小农经济所呈现的顽强生命力需要得到进一步认识。中国

的工业化也是在城乡二元结构下的小农经济基础上发展起来的，在这个过程中，小农经济体制为城市的工业化发展提供了廉价原料和大量劳动力，在中国现代化进程中也起到了蓄水池和稳定器的重要作用。小规模经营依旧是当前中国农业生产经营的主要方式，小农经济发挥着保障国家粮食安全、维护农民生计以及成为农民精神家园的重要作用，其所承载的乡村文化是农耕文明的重要体现，小农经济生命力远远大于农业生产环节。农业现代化是小农经济时代发展的又一阶段，但农业现代化不能忽视小农作为服务主体。当前，小农经济的发展面临着小规模与大市场之间的困境，构建综合性农民合作组织是化解这一难题的有益探索。同时要完善农业社会化服务体系，发展乡村产业，走出中国特色农业现代化之路。

（一）“小农”与“大市场”的嫁接

“以家庭经营为基础、统分结合的双层经营体制”极大地调动了农民的生产积极性，为国家粮食安全做出了巨大贡献，是小农经济随着时代发展具有顽强生命力的体现。但“分有余而统不足”是现代化过程中小农经济必须面对的问题，也是最大的难题。小规模经营且分散的特点使得单个农户无法与大市场衔接，抵御市场风险能力低，交易费用成本高，农户与消费者在市场交易中处于劣势，但这并不表明传统小农经济与现代市场经济不匹配。随着我国农业经济不断改革发展，农业经营主体已呈现出多样化特征，由改革初期相对同质性的家庭经营农户占主导的格局向现阶段多类型经营主体并存的格局也随之转变。农业经营主体类型比较与路径选择在中国当下的学术界基本形成四种意见流派：①主张中国农业走规模化、产业化的道路，其典型模式是发展大面积连片经营的机械化农场模式；②无论是在旧有计划经济体制下，还是在新的市场竞争体制下，分散、弱小的农村户经营经济都必然被集中；③鼓励工商企业投资农业，形成农业龙头企业以应对多变的市场环境和激烈的国际竞争；④从农业生产的性质或是中国独特的国情认识上，中国都应选择家庭经营模式，并在此基础上构筑以合作社为媒介的纵向一体化。

（二）构建“小农”适度合作组织

从前面的分析来看，大规模、大机械化农场经营模式势必对中国农业可持续发展造成破坏性影响，大规模农场不适合中国国情，也不应是中国农业现代化的选择。唱衰小农经济，认为小农经济势必“去小农化”的观点忽视了小农经济的生命力，缺乏对小农经济发展历史和客观现实的正确分析。鼓励资本下乡、促成农业资本化的观点则片面强调市场，忽视小农经济在生产之外的其他功能及其对国家、农民的重要性。基于中国独特的国情分析，选择以农户经营为基础构建适度合作组织才是化解“小农”与“大市场”矛盾的可行路径。“小农”适度合作组织将“小农”联结起来，解决小农经济规模太小而无法与市场对接及无法单独解决基本生产条件的问题。在这方面，日本、韩国等国家的综合农协模式值得借鉴，但因其形成发展的历史条件不同、现实情况也有差异，借鉴时要加以辨别，要克服其高度专业化分工，以及对农协提供的服务高度依赖等弊端。某种程度上，当下形成的农民专业合作社联合的趋势是对过于专业化分工以及组织服务单一性的一种反思。相反地，中国涌现出的农民自发型、政府主导型及科研院所主推型综合农协模式值得比较、分析、总结、推广，其区域综合性农民合作的可能性也值得进行试点研究。

（三）发展基于小农经济的立体乡村产业

以家庭为单位的小农经济的农耕生产方式，遵循农业生态系统，也是适合生命物质财富增值的规律的组织方式。小农经济不落后，是现代化的有效组织方式；相反，农业现代化目标应从追赶西方向自主创新转变。西方农业现代化相对单一，其农业文明成分很少，远不及中国小农经济所蕴藏着的多样化的文明形态。中国农业现代化应该是小农基础上的现代化，同时也是自主创新的现代化，基于小农经济的立体乡村产业的发展是迈向农业现代化的重要步伐。基于自然资本的小农经济蕴含着立体化的乡村产业，包括生态有机农业、乡村旅游业、乡村手工业、乡村农副产品加工业、乡村新能源产业、乡村养老服务业、乡村文化创意产业，以及乡村总部经济（借助古村落等乡村诗意情景形成独特的企业总部办公环境）。其中，有机农业、乡村旅游、乡村文化创意产业正在成为发展乡村经济的新潮流，也是城乡互动的重要元素体现。乡村新能源产业、乡村养老服务业以及乡村总部经济尚未被主流所关注，但其发展潜力巨大。发展基于小农经济的立体乡村产业，是对中国生态布局和产业城乡布局的调整，也是未来中国经济保持中高速增长的动力。

（四）切实转变农业现代化服务对象

农业现代化必须是惠及小农的现代化，特别是要实现全面小康，农村居民人均收入比2010年翻一番，现代化服务的对象必须是农户。中共中央已经明确多种形式的农业适度规模经营必须坚持以农户家庭经营为基础，因实现农业现代化而采取的各种优惠政策必须切实惠及农户。坚决遏制以发展新型农业经营主体为由进行“跑马圈地”、骗取国家补贴的行为。因农业生产规模、生产方式、承担风险能力、利益导向等差异性，小农与新型农业经营主体对于国家农业现代化提供的服务需求截然不同，且全国范围内仍旧以小农为农业生产经营的主要力量，农业现代化在全国范围内服务于新型农业经营主体并不可取，忽视各地小农具体情况势必造成恶劣影响，加大中西部农村贫困人口脱贫难度。推进农业现代化，必须转变农业现代化服务对象，惠及更多的小农。发挥小农经济的独特优势，完善小农的利益联结机制，让小农共享现代化带来的收益增值。这对于促进农民收入较快增长，缩小农村内部贫富差距，确保如期实现全面小康社会有重要意义。

（五）完善农业社会化服务体系

中国农业社会化服务体系经过多年来的发展不断完善，组织载体多层次、服务内容多元化、服务机制多形式的格局基本形成，但是农业社会化服务组织不健全、服务内容与农民的需求差距大、生产要素配置不合理等问题仍然突出，完善以服务农户为主的农业社会化服务体系是发展中国特色现代农业的重要途径。当前，完善社会化服务体系要紧扣农民增收的长效机制，围绕降低农业生产成本和提高农产品效益开展多类型、多层次的社会化服务。针对各地土地细碎化程度、农户兼业化程度的不同，开展精准服务。强化现代农业科技创新推广体系建设，尤其是乡村两级的农技、水利、畜牧和农机服务，加大本地种质资源保护利用力度。将农业社会化服务与脱贫攻坚结合起来，完善贫困地区基层农技推广体系，加大农村实用人才带头人培养力度。因人因地施策，分类扶持贫困家庭，坚决打赢脱贫攻坚战。

第十章
资本与人本：效率与公平的复合社会主义经济

与传统复合经济理论强调商品经济与计划经济的复合不同，复合社会主义经济本质上是社会主义经济的升级版，它统筹平衡社会、市场与自然的关系，并将其关系进一步划分为四个维度：市场与社会、资本与人本、货币资本与自然资本、资本与民本，力求实现这四个维度的均衡。通过实现这四个维度的均衡，推动经济平衡充分发展，为当前消费转型升级的关键时期提供坚实的物质、资本、自然基础，从而满足人们日益增长的美好生活需要，构建幸福生活最大化社会。

一、社会主义经济升级版：市场与社会、资本与人本复合均衡

2013 年“两会”期间，李克强总理在会见中外记者时提出“中国经济升级版”，开启了党和国家对中国特色社会主义经济升级优化进行探索的新篇章。

历史经验表明，自中华人民共和国成立以来，中国经济每隔一段时间（10 年或 20 年）就会出现一次升级：改革开放初期，着力建立充满生机的社会主义经济体制；党的十四届五中全会提出将经济体制从计划经济体制

向社会主义市场经济体制转变。

（一）社会主义经济升级版内涵

从历史来看，中国经济的发展过程本就是基于我国基本国情和发展阶段做出的重大战略抉择，是结合国家各个发展阶段不断优化升级的过程。所谓升级，从技术角度来讲中国经济的升级过程是对过去版本的不断“打补丁”的过程，其本质上是一种路径依赖性的升级，即在维护最基本内核不变。我国经济的几次重大升级都是建立在一个共同内核基础上的，即坚持社会主义经济的主体地位。

社会主义经济是指具有社会主义性质的经济，具体地说，是指以公有制为基础，劳动者是经济的主人，实行按劳分配，没有剥削和两极分化，走向共同富裕的经济。社会主义经济属于经济制度的范畴，它与非社会主义经济共同构成了社会主义市场经济体制的制度基础，社会主义市场经济体制则是“两个经济”的具体运作形式。李克强总理提出的“中国经济升级版”其实就是指“对社会主义市场经济体制”的升级，通过对具体运作形式的升级不断解放社会主义经济的内在驱动力，不断解决当前国家所面临的新问题，不断体现社会主义经济的内在优越性。可以说，“中国经济升级版”就是“社会主义经济升级版”。

（二）构建社会主义经济升级版的路径选择

市场经济体制决定了市场资源配置的作用，在市场经济中，家庭或个人以自身的满足为动机，以市场价格为信息，自主决定每种产品的购买量；生产者以利润为动机，根据市场价格决定生产的方式以及购买投入的数量；家庭和生产者的相互作用决定商品的价格和生产数量。市场经济本质上是在“以资为本”的资本原则基础上建立一种分配制度来鼓励经济主体积极性，推动社会资源有效配置，产生最大的社会效益。

构建社会主义经济升级版的基本原则是要健全和完善市场经济体制。但是，建立健全和完善的社会主义市场经济体制的基本原则，就必须推动实现下面几个均衡。

首先，资本与人本的均衡。社会主义中国经济发展的目的，归根结底是为了人的发展。想要升级版的社会主义经济能够惠及全体人民，就必须处理好资本与人本的关系，推动资本与人本的均衡。

历史活动的第一要义，就是物质生产活动。资本的本性是追求无限的剩余价值，由此产生了资本力求全面发展生产力的必然趋势。资本是社会化商品经济的基本范畴，在社会主义市场经济条件下资本原则仍然是经济领域的第一原则。

打造经济升级版需要不断健全和完善市场经济体制，根据“资本”原则充分调动市场主体积极性，不断解放市场活力，推动国民经济又好又快发展。但是“资本”原则本身脱胎于资本主义生产关系，内在地带有阶级特性，包含着资本家对劳动人民的剥削，这种剥削集中体现在劳资关系方面，劳资关系是影响利益关系的重要因素。在价值生产的过程中，劳动是价值的唯一源泉。但是在私有制条件下，在价值分配的过程中，劳动者却无法获得其生产的全部价值，资本所有者无偿占有了劳动者所创造的剩余价值。这种对于剩余价值的剥削决定了“以资为本”原则与“以人为本”的社会主义本质要求之间存在着不可调和的矛盾。

资本与人本在逻辑上的内在矛盾，决定了在打造社会主义经济升级版的同时要时刻维持控制资本与人本的均衡，对市场经济的配置机制进行调控和采用符合可持续发展原则的效率准则的同时必须坚持以人为本的思想，在发挥市场资源配置效率的同时要兼顾社会公平。充分肯定人在经济社会发展中的主体地位和作用，既要强调人在经济社会发展中的主体地位，又要强调人在经济社会发展中的主体作用。必须坚持尊重人、解放人和塑造人。

其次，市场与社会的均衡。市场作用发挥的程度、经济体制完善的程度，在很大程度上取决于政府职能转变和服务型政府建设的程度。打造中国经济升级版必须加快建设高效、透明、服务型的政府。持续推进健全和完善的社会主义市场经济体制，关键在于政府职能转变。

转变政府职能，就是要解决好政府与市场、政府与社会的关系问题，通过简政放权，进一步发挥市场在资源配置中的基础性作用，激发市场主体的创造活力，增强经济发展的内生动力；就是要把政府工作重点转到创造良好发展环境、提供优质公共服务、维护社会公平正义上来。

但是很多时候，市场无法对资源进行有效配置，这种失效体现在以下几个方面。

（1）外部性与公共物品导致市场机制失灵。外部性是指经济体在生产过程中产生不为自己承担的额外成本或者收益，但是这种成本与收益并不在自己的决策当中，这就会导致这样的经济体在决策过程中出现资源配置的扭曲，导致市场机制失灵。公共物品是指在使用上具有非竞争性和非排他性的物品。公共物品在现实经济中是广泛存在的，由于其非排他性和非竞争性的特点，消费者都想无偿使用这些产品，于是就出现了“搭便车”现象，即不支付成本但获得利益的行为。产品的提供者无法收回其成本，就会丧失提供产品的积极性，从而导致生产的萎缩。这些特点使边际私人成本与边际社会成本，边际私人受益和边际社会收益的偏离，从而导致市场失灵。

（2）市场经济也会产生垄断，垄断会损害社会的全体效应。在垄断市场上垄断企业完全可以把价格定在最有利于自己的位置上，因而垄断企业一般长期存在超额利润，垄断被认为是经济效率最低的一种市场结构，从资源配置的效率来看，垄断使产量不足，市场价格偏高，因而缺乏效率。

（3）想要打造社会主义经济升级版，就必须处理好外部性、公共物品以及垄断带来的市场机制失灵的问题。政府职能转变，简政放权，意味着政府对市场的介入减少，在这种情况下，就必须增强社会职能，有效推进社会职能与市场机制的均衡。

社会的职能，就是指社会自治的职能，其目的在于通过社会自治实现对社会利益的维护。通过推动社会自治能力，发挥其对市场经济的制约能力，抑制市场经济带来的负面影响。想要维护社会职能与市场机制的均衡，就必须创新社会治理机制，推进政社分开，加快社会组织与政府脱钩，推进社会组织明确权责，依法自治发挥作用。

资本与人本的关系以及社会与市场的关系是相辅相成、相互影响的，前者是后者的理论基础，后者是前者的实现形式，只有有效维持资本与人本、社会与市场的复合均衡，才能有效打造社会主义经济升级版。

二、货币资本与自然资本均衡：社会主义生态经济

生态经济脱胎于美国经济学家肯尼斯·鲍尔丁（Kenneth Boulding）于20世纪60年代后期提出的生态经济学的概念。生态经济通过研究自然生态环境与经济活动相互作用，以研究生态与经济构成的复合系统协调持续发展的可能性。随着人类从工业文明向生态文明转型，生态经济作为一种不同于传统西方经济学的全新的经济理论，开始在全世界范围内受到广泛的关注。

（一）生态经济的概念

自鲍丁尔提出“生态经济学”概念已经近60年，学术界对于“生态经济”以及其核心概念仍未形成共识。当前主流的生态经济学观点将生态经济看作是在生态系统承载能力范围内，运用生态学等原理和系统工程方法改变生产和消费方式，充分挖掘可利用的资源潜力发展经济和生态高效的产业，建设体制合理、社会和谐的文化及生态健康、景观适宜的环境，力求生产发展与环境保护、自然生态与人类生态、物质文明与精神文明高度统一和可持续发展的经济。

生态经济包含着生态系统与经济系统三个层面的关系。

（1）生态与经济的平衡。生态经济重视生态环境与经济发展的平衡，强调经济的发展必须遵循生态规律。

（2）生态与经济的系统。生态经济将生态系统与经济系统看作是一个

以技术系统为基础的复合系统。生态经济系统不是简单的组合，而是将其看作一个相辅相成、相互影响的系统，并且可以通过一定的技术手段，实现两者之间在物质形态、能量上的转换。

（3）生态与经济的效益。生态经济推动生态与经济两者之间价值的变换，实现经济效益与生态效益的复合，创造对人们有用的各种有形资产或者无形资产。

生态与经济的平衡、系统与效益构成了生态经济一脉相承却又前后递进的三个核心概念。其中，“平衡”是比较朴素的生态经济观，也是对于生态与经济之间关系比较简单的组合，体现了“人们利用自然同时受制于自然”，强调了两者之间的对立关系；“系统”则是充分考虑经济与生态的协调性，认为经济应当是主导、生态是基础、技术是手段，在生态与经济对立基础上，提出了两者统一的可能性；“效益”在“系统”基础上，进一步提出了生态与经济统一的最终形式，即生态与经济在价值上的转换。

（二）我国对生态保护与经济发展关系的探索

生态文明建设一直是中国特色社会主义文明发展的重要内容。我国对生态保护与经济发展之间关系的探索很早就已经展开，根据认知程度的加深，主要可以分为三个阶段。

第一阶段（1978—1984 年）：以维护生态平衡为核心。自 1978 年，党在十一届三中全会上提出从社会主义现代化建设目标包括从滥用资源、破坏生态环境转为保护自然资源和改善生态环境，开启了我国对生态与经济关系的初步探索，这一阶段主要认为发展经济必须遵循经济规律与生态规律，保持生态平衡的相对稳定。

第二阶段（1984—1994 年）：以生态与经济协调发展为核心。1984 年“全国生态经济科学讨论会暨中国生态经济学会成立大会”的召开，开启了我国对生态经济的焦点集中到生态经济协调发展上，提出生态与经济存在密不可分、相互影响的复杂关系并探索构建二者协调系统之间的理论基础。

第三阶段（1994 年至今）：以生态环境与经济社会可持续发展为核

心。1994年中国发布《中国21世纪议程——中国21世纪人口、环境与发展白皮书》中明确提出走可持续发展道路，推动经济、社会的发展与资源、环境相协调。可持续发展理论的提出是我国探索一种新的可持续发展经济理论的重要实践，这一经济理论考虑了维持自然生态财富的重要性，考虑了生态环境支撑能力的有限性。

可以发现，我国生态文明建设的三个阶段与生态经济理论中生态与经济相互关系的前两个层面内容基本一致，充分反映了我国对于生态经济认知不断加深的过程。当前，我国正处于政府与企业职能转变基础上，推进政府法律、企业法规与公众认同的他律的有机统一，本质上是实现公众监督的生态文明。但是，光靠政府引导与宣传来推进整个社会层面的监督机制不仅成本高昂而且需要持续投入，并且仍有将生态保护与经济发展割裂的嫌疑，我国需要找到一种能够自动维持生态保护与经济发展协调可持续关系的长效机制。

（三）构建生态文明新途径——社会主义生态经济

生态经济内涵的第三个层面——生态与经济的效益提出生态保护与经济发展在价值上统一的可能性，这为我国推进生态文明建设，构建自动维持生态保护与经济发展协调可持续关系的长效机制提供了理论指引——发展社会主义生态经济。

社会主义生态经济，并不是对我国当前社会主义市场经济体制的推翻，而是在充分考虑我国当前面临的生态与经济问题的基础上对市场经济体制的升级。社会主义生态经济是一种特殊的制度安排，它是以生态文明为指导，以中国特色社会主义市场经济体制为基础，将市场导向经济与生态法则导向经济相统一的生态与经济一体化的现代市场经济体制。

首先，社会主义生态经济需要引入自然资本。想要准确度量经济发展与生态之间的相互作用，就必须要引入自然资本的概念。自然资本论是针对自然资源系统提出的全新理论。早在费雪的资本概念中，就已将环境列入资本范畴。目前对于自然资本定义仍然具有较大争议，学界普遍接受的一种定义是：自然资本是指能够在现在或未来提供有用的产品流或服务流的自然资源及环境资产的存量（Daly，1996）。

自然资本是继传统的人造资本、金融资本与人力资本后，又一将非商品产品资本化的概念，其本质上是将自然看作资本，所谓资本，即“能够在未来提供有用产品流和服务流的存量”（Hicks，1974），认为其符合资本的内在规定性，完全可以按照投资资本那样对自然资本进行投资。这一理论落脚于自然资源和生态环境对人类社会的经济价值，强调的是自然资源本身在经济社会发展中所起到的重要作用。

其次，社会主义生态经济本质上是平衡自然资本与货币资本。一方面，社会主义制度为平衡自然资本与货币资本提供了制度保障。货币资本脱胎于资本主义生产循环中，资本主义经济的本质决定了货币资本的增值是其经济增长的唯一途径，资本家唯一的目的是资本投资于利润积累，资本主义政府的唯一目的则是为更多的生产与财富提供国家机器保障。这决定了资本主义国家必须不断消耗资源生产更多的商品与服务，这一过程伴随着自然资本向货币资本的不断转化，可以说，资本主义制度条件下自然资本与货币资本存在不可调和的矛盾。而在我国，虽然借鉴了资本主义国家生产方式，制定了市场经济制度，但是仍然坚持了社会主义经济制度的主体地位，在遵循“资本的逻辑”的基础上，为其套上了“政治的枷锁”，从而有效防止货币资本的过度积累，避免了自然资本与货币资本之间存在的矛盾。另一方面，二者平衡造就社会主义生态经济。传统西方经济学用货币资本表示货物和服务的货币价值，但货币价值中没有包含产品或服务在生产、运输以及消费过程中所消耗的生态资源以及吸收污染物所需的能力。

在这样的经济理论中，各类生产投资决策仅仅是考虑制造资本、人力资本和金融资本，而忽视了自然资本，或者把自然资源的价值看得极低，这势必造成对自然资源的投入超过了其最优水平，导致社会对帕累托最优的偏离。

自然资本与货币资本都是资本，可以产生资源流或服务流，从而体现资本增值特性，并通过核算其质量与存量确定其未来的升值空间与财富。同时，作为资本，自然资本与货币资本不可避免地在投资活动中存在边际报酬递减的特性。

一直以来，资源消耗、环境损害与生态效益在投资活动中一直是一个不被关注的变量，将自然资本引入核算，为平衡生态保护与货币资本关系提供了技术基础。一方面，自然资本显化了货币资本增值过程中的社会总成本，即货币资本需要消耗多少自然资本；另一方面，自然资本与货币资本作为资本也存在着增值与边际报酬递减特性，为政府对自然资源消耗在更大范围内进行最优配置提供了可能。

三、从资本与民本均衡：社会主义民本经济新内涵

（一）民本经济内涵

民本这一概念脱胎于中国传统思想，如《尚书——五子之歌》中就提到“民为邦本”的说法，但是民本一直作为政治术语存在，“民本经济”的诞生则是这几年的事情。严炳洲（1998）在《中国民本经济之我见》中首次明确提出民本经济的概念，即确立劳动者主体地位的一种开放式的自主经济。民本经济概念的提出，开启了我国学术界对这一概念的持续探索，但是这一探索均局限在所有权的理论研究上。2001 年 6 月，李兴山率领中央党校浙江经济调研组前往浙江，对“浙江经济现象”进行了深入的调查研究，最终将浙江的经济发展模式定义为民本经济模式，他结合现场考察程度对民本经济进行了更加深入的阐述：“民本经济以广大劳动人民为主题，以民有、民办、民营、民管为基本形式，以民需、民享、民主、民富为最终目的的经济形式。”在李兴山的认识的基础上，高尚全认为民本经济“就是以民为本位、立足于民、民有公用、民有享用的经济”。无论学界对民本经济的定义如何，其核心都是“确认劳动者主体地位”，

承认人民是财富的主体、经营活动的主体、产权的主体。

从政府治理角度来看，民本经济是对立于“官本经济”提出的一种经济形势。所以官本经济就是政府控制和配置所有资源，政府包办所有企业，政府作为创造社会财富的主体，这种以“公有产权”为基础的经济体制，依靠的是行政配置资源而非市场配置资源，我国20世纪的“计划经济”就是官本经济的重要实践。民本经济虽然最终目的在于“为民”，但是这样的经济理论依靠行政命令进行资源配置，违背了市场优胜劣汰的规律，违背了市场“公正、公平、公开”的原则，通过垄断市场，以最低的投入获得总体上最好的经济效益，其“为民”的成果反而是建立在对人民财富的掠夺基础上，导致居民参与经济的积极性遭到扼杀，这决定了官本经济无法承担起解放生产力的重任。作为官本经济对立面提出的民本经济则是依靠市场机制进行资源配置，强调民众在经济中的主导地位，政府主要发挥引导、协调、监督、服务的职能，这极大程度上调动了民众的主观能动性，调动其参与市场活动的积极性。

从所有制角度来看，民本经济的“民有”制与资本主义私有制存在巨大的区别。民本经济的“民”，是一个抽象化的概念，指的是全体劳动者，是人的集合。

马克思指出，私有制作为公共的、集体所有制的对立物，只是在劳动资料和劳动的外部条件属于私人的地方才存在。但是私有制的性质，却依这些私人是劳动者还是非劳动者而有所不同。一种是靠自己劳动挣得的私有制，即以各个独立劳动者与其劳动条件相结合为基础的私有制；另一种则是劳动者和劳动条件相分离（包括原始形式和派生形式）的私有制，其中最典型的是资本主义私有制，即以剥削他人的但形式上是自由劳动为基础的私有制。

可以发现，民本经济作为以劳动者为主体，劳动者占有全部生产资料的经济形式，实现了劳动资料与劳动外部条件的“民有”，这符合马克思论断中的第一种私有制，它与资本主义带有阶级属性的私有制存在着本质的区别。

民本经济作为劳动者和劳动条件相统一的经济，无论从性质、发展趋势还是最终目的上来看，都具有鲜明的社会主义经济特征，从根本上符合社会主义的性质和要求，这为我们探索社会主义和市场经济相结合的现实途径、持续推进构建和完善社会主义市场经济提供了重要理论指导。

（二）民本经济新内涵——资本与民本的均衡

民本经济是“劳动者占有主体地位”的经济，这种区别于社会主义经济的表述方式不可避免地涉及经济属性的界定，但是当前学界对于民本经济所有制的研究大多局限于基础上的从“民有”与私有的区别阐明民本经济与资本主义经济的属性差别，并没有从更深层次分析在发展民本经济过程中如何处理资本与民本的关系。

资本，就是“以资为本”的资本原则。长期以来，传统马克思主义经济理论一直将资本看作是资本主义范畴独有的概念，看作是其资本主义生产关系的产物，这是因为：在马克思时代，资本始终建立在私有制为主体的资本主义社会生产关系基础上。这一观点是具有马克思时代特殊性的资本观点，如果剔除其中蕴含的阶级特殊性，就可以发现，一般化的资本就是经济运行过程中的价值增值，资本的一般观点为生产力落后的社会主义国家发展生产力提供了极其重要的指导意义。

但是我国创造性地推行社会主义市场经济，巧妙地将市场经济体制与社会主义基本经济制度相结合，构建以公有制为主体的社会主义社会的生产关系，公有制的主体地位有效限制资本的阶级属性，而将其经济属性巧妙地纳入社会主义的生产过程中，通过激发其在运行过程中的价值增值特性，有效地促进经济社会发展。可以说，剔除阶级属性的资本，是我国社会主义市场经济的基本范畴。利用资本发展生产力，最终普惠大众，是社会主义市场经济的重要逻辑。

民本经济中“民有”范畴虽然表面上与“公有”“私有”相区别，但实际上是“私有”向“公有”的过渡，形式上是“公有”的变种，本质上仍从属于“公有”。发展民本经济，关键是借助“资本”原则充分调动大众积极性，激励他们参与到经济活动当中，不断解放市场活力。但是，“资本”原则本身会带来剥削问题，这种剥削主要体现在劳资剥削方面，这种剥削反过来会对我国“公平正义”社会造成破坏，与民本经济中“劳动者占主体”的原则相矛盾，与民本经济“民需、民享、民主、民富”的最终目的相悖。因而，我国在发展民本经济过程中，必须正确处理好民本与资本的关系，清晰地定位资本的地位，有效地界定资本的作用边界，推动资本与民本在经济发展中相适应，实现资本与民本的动态均衡。

四、经济增长的新动力：社会消费者觉醒与生活方式升级

（一）消费对经济增长的驱动力

消费需求已经成为我国经济增长的根本动力。从宏观角度来看，拉动经济增长主要依靠“三驾马车”——投资、出口、消费。但是当前各国经济发展势头普遍不足导致进口需求疲软，出口不能承担起拉动经济发展的重任。在这种情况下，消费与投资就成为经济增长的主要驱动力。

早在2004年严先溥就提出，我国居民的消费升级对我国经济发展具有重要的拉动作用。程立（2005）则肯定了严先溥对消费重要性的论断，并提出了影响我国消费的多方面因素，在此基础上提出政府应当采取积极的消费政策。方建中（2007）则进一步指出，消费力对我国经济的整体运行和经济增长有着决定性的意义，消费力对再生产发挥着重要指导作用，是经济整体增长的最终动力。刘东皇等（2015）在前人的基础上，结合当前我国面临的实际情况，提出自改革开放以来，中国走的是“投资和出口驱动”的发展模式，当前外围经济不良制约着“高增长”，同时也提供了一个非常好的“转型”机遇。消费驱动意味着在“三驾马车”中消费对经济发展起着越来越重要的作用，以培育国内市场为主导的经济发展内生能

力。王茜（2016）结合我国互联网的重要地位，提出互联网将成为我国未来消费发展的一个重要着力点。

消费与投资对经济增长的驱动力主要通过 GDP 创造中的投资消费链条体现。一方面，当消费需求增加带来社会总需求增加，企业的意外性存货减少，带来企业投资需求增加，这进一步创造了社会总需求，引导供给向潜在供给水平接近；另一方面，投资需求增加带来的总产出的增加又表现为居民收入的增加，这又进一步增加其消费需求，从而形成一个良性循环。其循环流程具体表现为：消费需求增加—GDP 增长—投资需求增加—GDP 增加—消费需求增加……

历史经验表明，我国过去多年的投资拉动型经济增长模式导致的三大产业分布中，长期以来都是第二产业占主导地位。投资拉动型经济，就是依靠加大固定资产投资实现增长的经济增长模式。这一经济增长模式的基础来自高储蓄。但是，首先，当前我国正面临“人口红利”的消失，这将导致高储蓄模式难以为继；其次，投资拉动经济的实质是为了生产而生产，通过资本的不断积累增值实现经济增长，这势必会导致环境污染严重、资源消耗过多、产能过剩、增长效率下降等诸多问题。

当前我国深化社会主义市场经济体制改革势必要求政府寻求职能转变，从过去的介入、主导型政府逐步向服务、引导型政府转变，通过激发市场主体的活力实现经济的良性增长。市场经济是需求导向型经济，而市场需求中最重要的是消费需求，因为它是最终需求。马克思认为消费是生产的最终目的。英国经济学家马歇尔认为，一切需要的最终调节者是消费者的需要。因此，通过消费拉动经济增长就成为我们当前经济增长的必然选择。

消费需求不同于投资需求，居民的消费不仅仅是对产品的消费，还有对服务的消费，消费需求的增加有助于产业结构调整，引导经济增长点从第二产业向第三产业转移，这与我国调结构、促转型的重要发展战略具有内在一致性。

消费需求不仅是拉动经济增长的主导力量，也是缓解经济剧烈波动的稳定力量。这种稳定能力主要表现为：消费需求波动相对于投资需求波动更加稳定，这是因为消费需求相对于利率波动弹性更小，而利率波动是经济社会波动的重要传导机制。依赖于消费需求的经济体相比于依赖于投资需求的经济体，其波动势必更小。并且，消费需求对投资需求起着约束作用，因为消费需求往往滞后于投资需求，这导致投资需求的出现迅速增加时（此时可能经济过热），消费需求上升缓慢，限制投资需求增加空间，对经济过热起降温作用。而当投资需求迅速下降时，由于消费需求下降缓慢，导致短期经济受到的需求下降冲击有限，局限于投资需求方面，从而对经济的衰退起缓冲作用。

（二）消费升级

理解消费对经济增长的重要驱动力，不但取决于消费量上的变动，更取决于消费质上的变动或者层次上的变动，这就必须要理解消费升级。消费升级，一般指消费结构的升级，是各类消费支出在消费总支出中的结构升级和层次提高，它直接反映了消费水平和发展趋势。消费升级主要来自国民经济的发展带来的居民收入水平和消费水平的上升以及个人需求层次的上升。我国经历过三次消费结构升级。

第一次消费结构升级：改革开放之初。这一时期，居民基本上解决了温饱问题，开始对生活消费品产生巨大的需求，从而导致粮食消费下降、轻工产品消费上升。这一转变对我国轻工、纺织产品的生产产生了强烈的拉动，带动了相关产业的迅速发展，并带动了第一轮经济增长。

第二次消费结构升级：20 世纪 80 年代末至 90 年代末。在这一阶段的前期，“老三件”（自行车、手表、收音机）和“新三件”（冰箱、彩电、洗衣机）分别是温饱和小康时期的标志性消费品，作为一种时尚受到消费者的青睐，并带动了相关产业的迅猛发展。随着经济的进一步发展，消费热点开始向高档家用电器方向转变，大屏幕高清晰度彩电、大容量冰箱、空调器、微波炉、影碟机、摄像机普及率逐步提高。这一转变对电子、钢铁、机械制造业等行业产生了强大的驱动力，带动了第二轮经济增长。

第三次消费结构升级：2000 年左右。增长最快的是教育、娱乐、文化、交通、通信、医疗保健、住宅、旅游等方面的消费，尤其是与 IT 产业、汽车产业以及房地产业相联系的消费增长最为迅速。

我国消费升级的历史经验表明，消费升级进一步推动了我国产业结构的升级，对经济发展起到了“助推器”的作用，我国的经济结构主导产业逐步从第一产业向第二产业再向第三产业升级，从低附加值产业向高附加值产业升级，从科技含量低的产业向创新为驱动、科技含量高的产业升级。产业结构的不断优化升级为我国经济的又好又快发展不断注入新的活力，创造了我国改革开放 40 年来的经济奇迹。

（三）未来消费升级长期动力分析

未来中长期内，我国消费升级动力仍然强劲，主要体现在以下几个方面。

首先，城乡居民收入长期高于 GDP 增速。从图 10－1 中可以发现，自 2010 年以来，我国城镇居民可支配收入的增速始终高于 GDP 增速，同时，可支配收入中住户部门占比在 2012 年以后始终位于 60%以上。居民可支配收入不低于经济增长速度，保证了居民对于更高质量更高价格的商品的需求要高于当前市场的实际供给，居民对高质高价商品的旺盛需求意味着未来消费升级空间巨大。

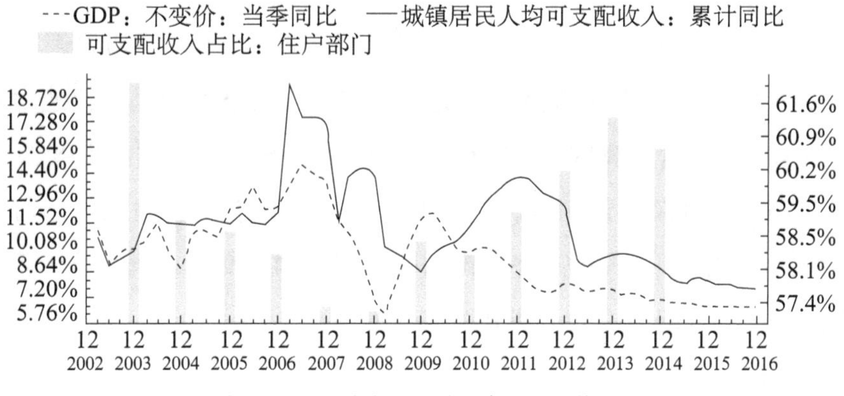

图 10－1　城乡居民收入与 GDP 增速

资料来源：wind 金融终端。

其次，居民服务型消费增长旺盛。如图 10-2 所示，2014—2016 年，我国城镇居民用于医疗、教育、娱乐、旅游、交通等各项服务性消费的支出比重在一年四个季度之间呈现周期性变动的趋势，均为 3 月最低并且逐季上升，但是 2016 年的每个季度支出占比同比增加，而用于服装与食品的支出占比则同比下降。这表明居民对于消费结构的改变幅度逐年上升。

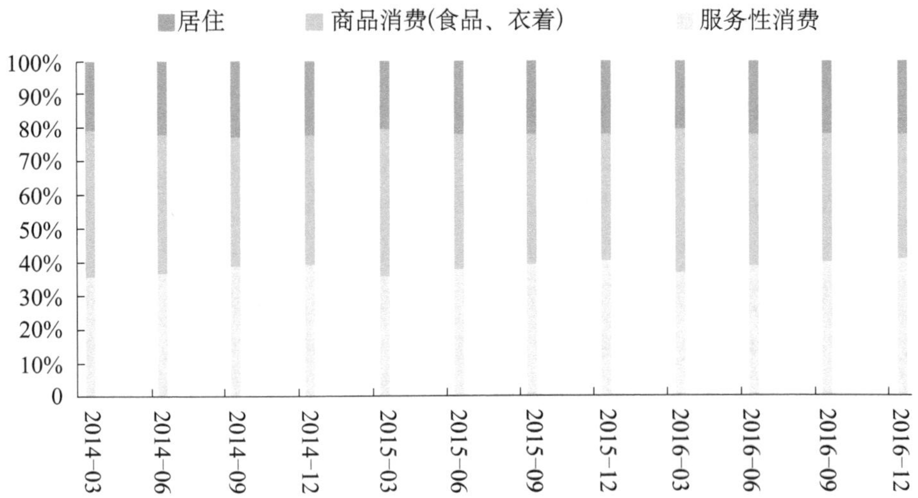

图 10-2　2014—2016 年我国居民服务型消费增长情况

资料来源：wind 金融终端。

最后，网络消费成为消费升级新的增长点。近年来，随着互联网技术，移动 4G 技术、物流配送体系的逐步完善，网络消费呈现快速增长态势。图 10-3 显示了我国 2014—2017 年的网上零售额数据，以及 2018—2020 年网上零售额的预测量。这一发展趋势意味着，我国互联网对于居民消费活动的渗透加深的态势稳定增强，网络购物交易市场持续向好，这将在未来很长时期内推动消费升级持续推进。

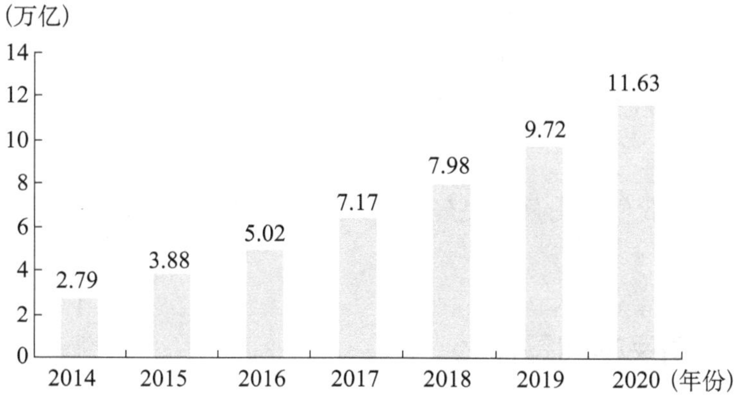

图 10-3　2014—2020 年我国网上零售额增长情况

资料来源：国家统计局网站。

五、国民经济增长的新指标体系：国民生活福利指标

针对 2020 年全面建成小康社会的宏伟目标，党的十八大报告中首次提出"实现国内生产总值和城乡居民人均收入比 2010 年翻一番"的新指标。十八大代表、清华大学国情研究院院长胡鞍钢指出："一个是经济总量指标，一个是人民生活指标，指标设定以 2010 年为基期，这两个指标的指导性、方向性更加鲜明，尤其是将人均收入翻一番指标写入党代会报告，分量更重，彰显出今后我们更注重百姓生活幸福度。"

在党的十九大报告中更是首次提出，我国社会的主要矛盾已经转变，"转化为人民日益增长的美好生活需要和不平衡不充分的发展之间的矛盾"。对于社会主义现代化强国前的定语，也是增加了"美丽"一词。

从党的十八大经过砥砺奋进的五年，到党的十九大顺利召开是一个新的起点。党和国家不断增强对人民生活的重视，对人的全面发展的重视。我国社会主要矛盾的变化也意味着，衡量国家发展、评价改革成果，不能仅仅依靠单纯的宏观经济数据，更要将人民需求的满足情况纳入考虑当中。

这就需要我们在衡量国民经济增长时，引入新的指标——国民生活福利指标。

（一）国民福利是什么

国民福利即一个国家的国民能够享受到的、由国家通过相应福利制度而给予的合法福利，对于缓解低收入人群生活压力、提高其他收入人群的生活品质有着重要意义。国民福利是国家经济发展成果向国民的福利回馈，是维护国家繁荣稳定、消除社会矛盾、推动社会不断进步的重要因素。国民福利反映着国家的经济发展水平，也反映着政府的执政水平。对于普通的国民而言，为了拥有更好的社会福利不仅需要通过个人的不懈努力，更需要国家经济的不断发展和社会保障制度的不断完善作为保障。

（二）福利测度方法概述

关于福利测度的研究众多，测度方法主要有三大类。

第一，基于国民经济核算体系及其扩展的单一指标测度方法。该类方法主要包括以下四种指标：①以 GNP 或 GDP 为代表的传统宏观收入和生产指标；②经济福利测度指标（MEW）；③可持续经济福利指数（ISEW）；④真实发展指标（GPI）。

第二，基于生活质量和社会发展的指数测度方法，这类方法主要使用综合指数指标来描述生活质量状况和社会发展过程。它包括以下六类代表性指数（以开发时间为序）：①加权的社会发展指数（WISP）；②物质生活质量指数（PQLI）和人类发展指数（HDI）；③社会健康指数（ISH）；④生活质量指数（QLI）；⑤经济福利指数（IEWB）；⑥幸福星球指数（HPI）和环境友好型幸福国家指数（ERHNI）。

第三，基于生活满意度（主观福利）的测度方法。此类方法主要有五类代表性做法：①直接询问法：该方法通过直接询问一个代表性样本人群对自我生活的感受来测度福利；②经验取样法：通过收集受访者在他们自然的环境条件和真实生活时间中的信息来实施；③昨日重组法（DRM）：要求受访者填写一个专门的调查表，首先把自身前一天的活动拆分成一系列的事件（episode），然后再将每个事件对自己的情绪影响按照积极的效应或消极的效应分别记录，最后研究者分别从宏观和微观两方面将这些数据进行汇总；④U 指数法：个体每天感觉不快乐的时间段占全天的比例；⑤脑成像法（brain imagines method）：通过扫描个体脑部的活动情况来完成。

比较上述三类福利测度方法，可以发现：从指标性质上来看，第一类方法使用的是相对客观的单一指标；第二类方法使用的是相对客观的复合指标；第三类方法使用的是相对主观的测度方法。

（三）中国的社会主义福利制度

20 世纪 50 年代起，中国逐渐形成了比较完整的社会福利体系，对于促进经济发展和保障人民生活至关重要。

中华人民共和国成立初期，中国社会的福利制度主要包括两大方面，即民政福利和职工福利。计划经济体制下，中国社会福利制度经过 20 余年的探索在曲折中发展并且不断扩充，逐步形成了国家负责、板块分割与封闭运行的框架。

20 世纪 90 年代，随着全面经济体制改革的进行，市场经济运行机制逐渐得以确立。中国开始实现从传统社会向现代化、法治化与文明化的社会进行转变，社会主义福利制度也不断完善。

当前，我国的国民福利制度呈现出以下特点。

（1）国民福利的接受对象日趋均等化、一体化。中华人民共和国成立以来，发展迅速，同时也产生了发展不平衡、不充分的问题。城乡二元经济结构也影响到我国的国民福利结构。过去，我国的社会福利制度也存在着“城乡二元”结构。但随着新型城镇化的不断推进，国民福利的“城乡二元”将趋向一体化，农民、农民工、城市居民之间的福利区隔将逐渐缩小。三大群体享受的社会保障项目、待遇水平将体现为均等化、一体化。

（2）国民福利的涵盖内容不断丰富。公共福利内容包罗万象，凡是能增进国民福祉、提高国民生活质量、促进国民生活幸福的公共政策均可列入。我国目前的社会保障制度和公共服务体系都在不断完善。在此基础上，国民的精神生活也日益得到重视。当前的国民福利已经不再仅仅局限于物质生活，而是涉及精神生活，涉及人的全面发展。

（3）国民福利的供给方式呈现信息化、智能化特征。随着科技的发展和“互联网＋公共服务”的不断推进，我国相关的社会保障电子平台已经逐步建立起来，国民福利的获取也变得方便快捷。

中国社会主义福利制度的形成、发展及改革都自始至终地着眼于一个关键点，即对民生制度的安排。此点不仅有效促进了经济发展、保障了人民的生活，而且均与其存在的政治、经济、社会环境相适应。

（四）国民经济增长与国民福利

社会福利制度既是社会主义发展的重要目标之一，又是促进社会发展的制度工具。国民经济的增长影响国民福利，国民福利是对国民经济增长的体现。

党的十八大以来，我国国民经济稳步增长，国内生产总值（见图 10－4）不断稳步攀升。

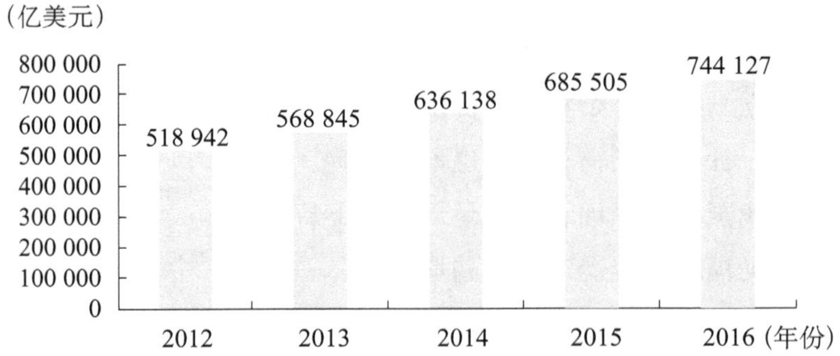

图 10－4　2012—2016 年国内生产总值

资料来源：国家统计年鉴。

一方面，国民经济的增长给国民带来的福利首先体现在物质生活上。最直观的体现就是，居民人均可支配收入（见图 10－5）的不断增加，收入的增加有利于国民生活水平的提升和生活质量的改善。

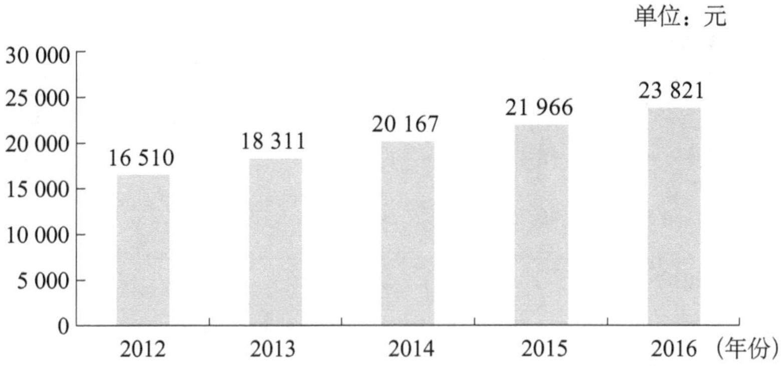

图 10－5　居民人均可支配收入

资料来源：国家统计年鉴。

另一方面，国民经济的增长带来的是国家社会保障制度与体系的不断完善，使人民生活得到越发充实的保障。我国国民参加社会保险（主要为五险：城乡居民基本养老保险、失业保险、城镇基本医疗保险、工伤保险、生育保险）的情况（见图 10－6）也越来越好。社会保险是社会的“稳定器”，既有利于保障社会劳动力再生产顺利进行，也有利于实现社会公平，有利于推动社会进步。参与社会保险的国民数量上升，也反映了国民福利水平的稳步提升。

由此可见，国民经济的增长是国民福利增加的基础和保障，国民福利也应该成为衡量国民经济发展成果的重要指标。

国家与社会发展的最终落脚点还在于服务于人的全面发展。为了实现国民福利的不断改善，应当不断加强经济全面发展，带动居民可支配收入提升，并需优化国民福利制度，健全社会福利机制。国民福利水平得到相应提高，国家的长治久安和进一步繁荣发展才能拥有坚实的基础。

随着我国经济社会发展进入新的阶段，对于国民经济增长的评价也应该与时俱进，国民生活福利已经成为其中不可或缺的指标。这也就是说，国民生活福利是国民经济的直观反应，国民生活福利之高反映的是国民经

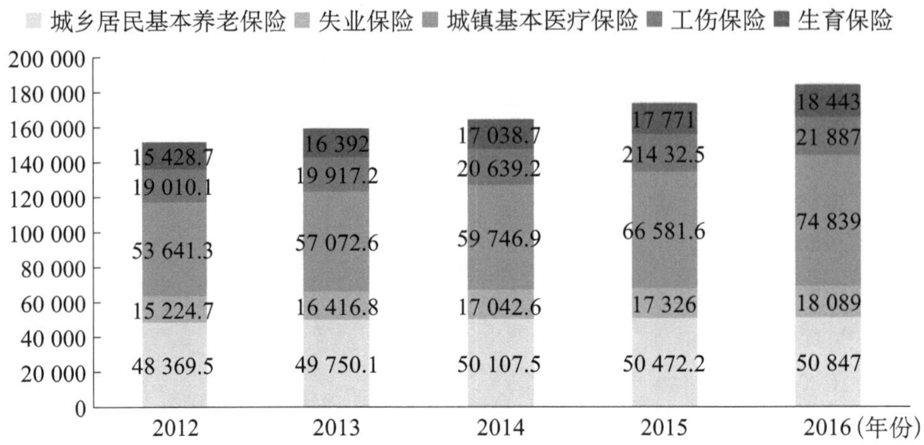

图 10－6　我国国民参加社会保险的情况

资料来源：国家统计年鉴。

济发展之好。

六、小康社会升级版：幸福生活最大化社会

党的十九大报告中提出，我国社会的主要矛盾已经转变，“转化为人民日益增长的美好生活的需要和不平衡不充分的发展之间的矛盾”，还强调“使人民获得感、幸福感、安全感更加充实、更有保障、更可持续”。随着经济的发展，人民物质生活水平的不断提高、精神生活世界的不断丰富，人们越来越重视“幸福感”。

（一）幸福的定义

古往今来，幸福一直是众多哲学家、文学家探讨的对象，而在近些年，幸福也开始成为经济学家、社会学家的研究对象。幸福是什么？这并没有统一的定义。甚至可以说，每个人对于幸福的定义都不尽相同。

在哲学上，最早对幸福进行研究的是梭伦，他认为幸福是人所追求的最高目的，幸福在于善始善终。苏格拉底认为幸福是由智慧和知识决定的，亚里士多德认为幸福是关于人的功能之最充分的发挥。弗洛伊德认为："我们所说的幸福（相当突然地）产生于被深深压抑的那些需要的满足。"

在经济学上，艾考斯认为幸福与快乐是相同的，经济的任务是致力于福利，亦即致力于人类的快乐；莱亚德认为幸福无疑是社会唯一值得努力并采取行动来使整个社会和个人获得最大幸福的目标。在经济学中，效用（utility）和福利（welfare）都是对个体主观幸福的描述。从本质上讲，它们是同义词，指的是人追求的利益，人对生活的评价，和它们类似的还有满足感（satisfaction），都是在不同理论体系背景下对个体幸福的测度，但是，它们对一般的经济学者而言所能联想到的内涵可能很不相同。效用是内涵最小的，它主要指商品消费带来的满足；福利是稍为广泛的概念，但也大多和经济因素有关，它往往在评价经济行为和经济政策时使用；而幸福和快乐应该是最广泛的概念，它和生活状态等联系在一起。

（二）"幸福悖论"与影响幸福的因素

1. 幸福悖论

经济收入的增加通常能够带来生活质量的改善，但是未必能够带来"幸福"。据调查，2010 年中国居民的幸福水平反而比 1990 年略有下降。

表 10－1 显示了各国 GDP 的横向比较，2016 年 GDP 排名前 10 的城市为上海、北京、广州、深圳、天津、重庆、苏州、武汉、成都、杭州。但是在 2017 年发布的"中国经济生活大调查（2016—2017）"（以下简称"经济生活大调查"）显示，拉萨、成都、长春、银川、天津、合肥、长沙、武汉、海口、石家庄 10 座城市被推选为"中国十大幸福城市"，GDP 排名前 10 的城市中，仅有天津、成都、武汉三座城市上榜。可见，经济

发展已不再是幸福的决定性因素。在对幸福感的调查中，内容涉及城市总体幸福感、生活节奏、人情味、赚钱机会、生活便利、自然环境、文明程度、文化娱乐、治安状况、贫富分化、发展速度、教育质量、医疗卫生、社会保障、政府威信、生活总体幸福感、生活质量等具体指标。它打破了以经济指标评价城市发展的传统模式，将重心放置于市民的生活满意度等生存状况以及人际和谐程度，让城市决策者更关注普通市民的幸福感，使他们在科学发展的同时更加心系百姓幸福。

表 10－1　2016 年中国城市 GDP 情况

城　　市	GDP（亿元）	同比增长（%）
上海	26 688	6.7
北京	24 541	6.7
广州	20 004	8.0
深圳	19 300	9.0
天津	17 800	9.0
重庆	17 010	10.7
苏州	15 400	7.5
武汉	11 756	7.8
成都	11 721	7.5
杭州	11 700	10.0

从微观层面来讲，个人的收入与幸福也未必成正比。“经济生活大调查”（见图 10－7）显示，虽然“收入多少”与“幸福感”基本呈“正相关”，但我们发现：年收入在 30 万元形成一个幸福的拐点。超过 30 万元的家庭随着收入越高，幸福感逐渐下降。年收入在 100 万元以上的高收入群体幸福感低于 8 万～12 万元的家庭。他们当中，感觉到“不幸福”的人群比例几乎与低收入群体（年收入 1 万～3 万元）相当。因此，“钱”不一定是万能的。

2. 影响幸福的因素

目前对于幸福的研究发现，影响幸福的前因变量主要有以下几个方面：人格因素（包括外向性和神经质、自尊、自控等），社会人口因素（年龄、婚姻状况、教育等），情形性因素（工作条件、社会关系、文化

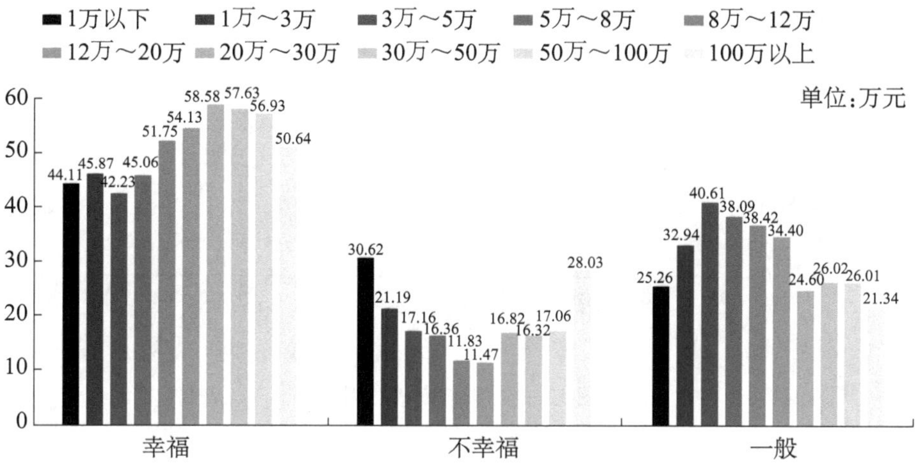

图 10-7 2016 年度对目前生活的感觉（按收入分类）

等），经济因素（收入、失业、通货膨胀等）和体制性因素（不公平的制度、政治权力的分散程度和公民直接参与政治的权利等）。

根据“经济生活大调查”，从整体趋势来看，“收入水平”“社会保障”对幸福感的影响已经不再像 10 年前那么显著，而婚姻情感的影响却在上升（见图 10-8）。“经济生活大调查”发现，有“伴侣的人”比“单身的人”更幸福，最幸福的是“未婚有恋人”的人群。

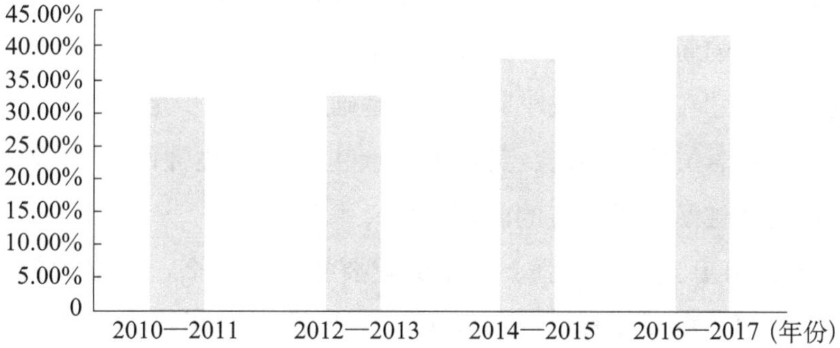

图 10-8 影响幸福的因素——婚姻或情感生活

“经济生活大调查”中对影响幸福的因素进行了排序，排名前 10 位的因素是：健康状况、家庭关系、收入、婚姻情感、兴趣爱好、社会交往、社会保障、教育程度、生态环境、事业成就，如图 10-9 所示。

由此可见，在现实生活当中，幸福是多个变量影响的结果，幸福与这些变量都具有明显相关性。

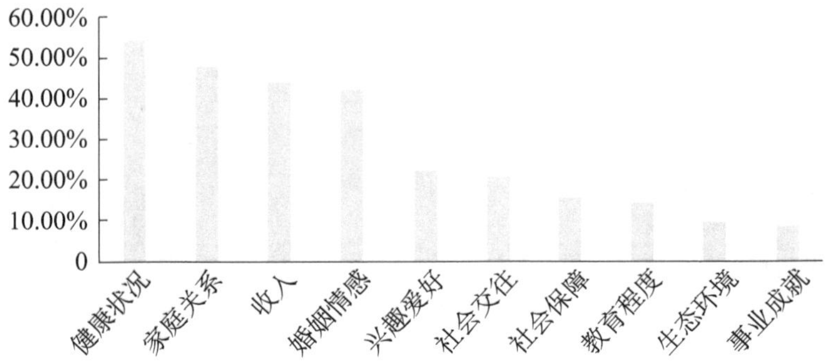

图 10－9　影响幸福的因素

（三）小康社会与幸福社会

小康社会是邓小平在 20 世纪 70 年代末提出的，用他本人的话讲“小康社会，叫作中国式的现代化”。小康社会是中国现代化战略目标的一种通俗的表述，非常契合中国的文化语境。党的十六大报告提出了在 21 世纪前 20 年全面建设小康社会的目标：全面建设惠及十几亿人口的更高水平的小康社会，使经济更加发展、民主更加健全、科教更加进步、文化更加繁荣、社会更加和谐、人民生活更加殷实。党的十七大报告顺应民众对更加美好生活的新期待，对小康社会提出了新的更高的要求。党的十九大报告提出，要“在全面建成小康社会的基础上，分两步走在本世纪中叶建成富强、民主、文明、和谐、美丽的社会主义现代化强国”。小康社会在这个时代已经被赋予了更多的内容与意义。

如果说 GDP 是衡量国强、民富的重要指标，那么，幸福指数则是衡量国稳、民福的重要指标。相对于 GDP，以国民幸福指数作为衡量经济福利的指标，最大的优点在于引导政府的公共政策应当从追求经济总量的增长，转而追求建立并维系一个健康、公平、正义的宏观制度。幸福指数可以勾勒社会心理氛围的风貌，揭示人们需求结构的态势，透视社会运行机制的效能，反映社会整合程度的状况，从而为最急迫的社会问题的解决提供导向和动力。

幸福社会是对小康社会的升级。将民众幸福作为政府的公共政策目标，体现的是以人民为中心的发展思想。在幸福社会建设的探索中，政府可以起主导作用。主要体现在以下几个方面：①促进健康，强化基础，提升基本福利，使居民拥有满足感；②发展经济，惠及民众，提升经济福利，使居民拥有充裕感；③保障民权，阳光行政，提升政治福利，使居民拥有自豪感；④振兴教育，繁荣文化，提升文化福利，使居民拥有充实感；⑤社保到位，守望相助，提升社会福利，使居民拥有优越感；⑥保护环境，涵养资源，提升环境福利，使居民拥有舒适感。

英国哲学家休谟说过，一切人类努力的伟大目标在于获得幸福。发展的终极目标应该是人民的幸福社会与小康社会之间是相互促进、互为补充的。小康目标是中国向更高水平社会迈进的阶段性目标，建设小康社会的过程也是推动民众生活质量全面提升的过程，小康社会的建成必将把幸福社会建设推向一个新的更高的阶段。

（四）构建小康社会升级版需要克服的问题

当前，我国社会建设的重要目标便是构建社会主义小康社会升级版，将幸福生活作为当前小康社会的新目标。但是，在构建小康社会过程中需要克服一些随之而来的问题。

第一，资源利用不充分、环境污染严重。自改革开放以来，我国经济的高速增长都是建立在对自然资源的过度开发的基础上，本质上是一种盲目式的发展模式，在对资源进行掠夺式的开发利用的同时，也造成了对环境的严重破坏与污染以及对资源的严重浪费。当前环境污染已经成为制约我国经济社会进一步快速发展以及人民生活幸福感进一步提升的重要瓶颈。想要实现人民生活幸福，就必须将生态文明建设作为实现小康社会升级版的重要落脚点。

第二，经济结构不合理，发展方式粗放。虽然我国经济取得了巨大的成就，但是必须认识到我国经济发展模式仍停留在粗放的水平上，缺少质量与效益导致这样的发展模式是不可持续的。当前我国经济存在着“高投入、高消耗、高污染、低效益”的问题、产业结构失衡、地区产业结构趋同，这些问题如果不解决，将长期限制我国经济的发展，进而动摇我国全面建成小康社会基础。

第三，贫富差距增大。根据世界银行报告，当前，我国社会的基尼系数已经扩大至0.458，也就是说，占总人口20%的最贫困人口收入或者消费的比重只有4.7%，而占总人口20%的最富裕人口收入或者消费比重高达50%。我国已经成为世界上地区与贫富差距最显著的国家之一。中国社科院研究表明，中国城乡居民收入差距出现全方位扩大。在过去十几年间，我国呈现居民收入的绝对额差距增加了近12倍。同时，我国各行业收入差距也显著增大。此外，由于市场经济体制不完善、机制不健全以及国家政策保护，当前在电力、石化、煤炭、房地产等行业垄断严重，这进一步加大了贫富差距。如果这些问题不解决，势必导致社会阶级对立，导致社会不稳定。

因此，想要全面建成小康社会实现人民生活美好，就必须正确面对我国构建小康社会过程中存在的问题，积极采取应对措施，坚持“五位一体”的战略布局，积极推进供给侧改革，保证建设升级版的小康社会的宏伟目标顺利实现。

第十一章
经济学范式革命：从线性到多元复合

新常态经济呈现出多元主体参与的去中心化、从单一竞争转向协同共生、多中心共治、自我调节的自组织经济形态。由生产型走向消费型，由单纯的生产端变成人人参与的消费端，其目标不再是单一性，而是包含经济、环境、精神等多样化的目标，市场资源配置机制由竞争唯一论走向共生。基于新经济理论，起始于新生活方式变革引领的、在云计算与互联网支撑下的，新要素、新机制、新财富、新目标的经济模式转型的革命正在兴起。

一、新逻辑起点：从自利经济人到自利与利他复合经济人

互联网时代分享经济的兴起，是对西方经济学最具颠覆性的革命，利他理论成为分享经济逻辑的前提。新经济领域要素特性决定了必须在利他中实现自利。在经济新常态中，参与分享要素的人越多，要素自生增值的速度越快。

（一）亚当·斯密经济逻辑：自利中利他

亚当·斯密的自由主义经济思想是以“经济人”为假设前提，以人的

利己本性开展活动，把人类的交换倾向归结为从个人利益出发。亚当·斯密认为，“如果能够刺激他们的利己心，使有利于他，并告诉他们，给他做事，是对他们自己有利的，他要达到目的就容易得多了”。人的本性总是在自爱的引导下追求个人利益最大化，同时也有利他的一面。他说：“无论人们会认为某人怎样自私，这个人的天赋中总是明显地存在着这样一些本性，这些本性使他关心别人的命运。”亚当·斯密所讲的对于个人私利的追求，往往能使他比真正出于本意的情况下更有效地促进社会的利益。亚当·斯密的自由主义经济思想主张通过分工和交换来追求自身利益最大化，在这过程中间接地对他人和社会带来福利，其经济逻辑是自利中利他。

亚当·斯密所讲的“经济人”，是通过对其所处的 18 世纪英国社会现状的分析得出的，特别是通过产业资产阶级对实行自由放任经济政策的需求分析得出的。在亚当·斯密看来，应该建立一个符合自然的秩序，即符合客观规律发展的社会秩序，这就需要排除不当的人为干涉而实行自由竞争和自由放任，从人的利己主义是人的本性，自由放任的合理正确的制度安排。亚当·斯密在研究资本主义经济体系时，以人的本性为出发点，他认为人的本性实际上就是资本主义社会关系中“经济人”的本性，他把一切经济现象看成是出于个人利己主义的“经济人”活动的结果。

自利是人们从事经济活动的根本动力。亚当·斯密认为：“人类几乎随时随地都需要通报的协力，要想仅仅依靠他人的恩惠，那是一定不行。他如果能够刺激他们的利己心，使有利于他，并告诉他们，给他做事，是对他们自己有利的，他要达到目的就容易得多了。不论是谁，如果他要与旁人做买卖，他首先就要这样提议。请给我以我所要的东西吧，同时，你也可以获得你所想要的东西：这句话是交易的通义……我们不说唤起他们利他心的话，而说唤起他们利己之心的话。我们不说自己有需要，而说对他们有利。”人的利己本性成为交换的前提。亚当·斯密认为：“我们每天所需要的食料和饮料，不是出自屠户、酿酒家或烙面师的恩惠，而是出于他们自利的打算。我们不说唤起他们利他心的话，而说唤起他们利己心的话。我们不说自己有需要，而说对他们有利。”按照亚当·斯密的观点，人的经济活动的动力来自自身利益需求的驱使，交换倾向源于人的利己本性，而人与人之间又是互相需要、互相依存的，因此，每个人的利益在交换中既是自己的目的，又是别人的手段。其经济活动必然是在自己的利益中包含了别人的利益，在别人的利益中包含了自己的利益。

亚当·斯密的观点中表现出在自利中利他，先有的利己之心，所产生的行为过程给社会带来了其他额外的利益。亚当·斯密曾说，生活中的人通常既不打算促进公共利益，也不知道自己是在什么程度上促进公共利益……在这场合，像在其他场合一样，受到一只看不见的手的指导，去尽力达到一个并非他本意想要达到的目的，他追求自己的利益，往往使他能比真正处于本意的情况下更有效地促进社会的利益。亚当·斯密认为“经济人”追求自利的经济行为能够促进经济文化的富裕繁荣。他曾指出：“每个人改善自身境况的一致的、经常的、不断的努力是社会财富、国民财富以及私人财富所赖以产生的重大因素。”亚当·斯密把“经济人”的自利行为看成是增进公共福利、形成良好社会秩序的根源。他认为“天性很可能以这种方式来欺骗我们。正是这种蒙骗不断地唤起和保持人类勤劳的动机。正是这种蒙骗，最初促使人类耕种土地，建造房屋，创立城市和国家，在所有的科学和艺术领域中有所发现、有所前进。这些科学和艺术，提高了人类的生活水平，使之更加丰富多彩，完全改变了世界面貌，使自然界的原始森林变成适宜于耕种的平原，把沉睡荒凉的海洋变成新的粮库，变成通达大陆上各个国家的行车大道”。人们在利己本能的激励和推动之下，完成了他原本不会去从事的艰巨工作最终改变了整个世界的面貌。

（二）经济新常态下的经济学逻辑：利他中自利

互联网的兴起，对西方经济学最具有颠覆性革命，利他理论成为新经济的逻辑前提。导致经济学逻辑前提革命的深层原因有三个。

第一，新要素特性决定了必须在利他中实现自利。在分享经济模式中，参与财富增值的有三大新要素：信息市场、社会资本、自然资本等，这三大要素与支撑工业经济的土地、劳动力、（货币）资本相比，具有非排他性的公共产品的特性。参与分享这些要素的人越多，要素自生增值的速度越快。所以参与分享经济的这些非物质要素的增值，遵循的增长规律是边际成本递减规律。

由此决定参与分享经济的人，要想使这些要素积累，必须有一个利他“经济人”，让更多人参与到经济分享中来才能获得有价值的信息市场资源、自然资源、社会资本、精神资本、文化资本资源。

第二，“互联网+”背景下的分享经济，使使用权与所有权实现了分离。互联网创造出的电子信息市场，使过去的独享物质产品变成了可以分享的物质产品。汽车属于“我”的就是“我”的，但“我”可以把使用权让渡出去。使独享的产品变成了可分享的产品。“我”出售一辆汽车的行为，是所有权与使用权一次出让。“我”的利益最大化，是使用权重复出让。必须先让渡利他，才能实现利己。此外，财富增值的模式发生了变化：长期以来被称为公理的自利经济人在分享经济中失灵。利他经济人成为分享经济逻辑的前提。

第三，“经济人”成为市场经济自由竞争的假设前提，但并不意味着人类社会利他行为的消失。经济学的利他包括两种典型：一种是牺牲自己的效用以增进他人或者是社会总体效用；另一种是在增进他人效用的同时，自身效用得到提高或者是福利增加。显然，共享经济的逻辑属于后者，在利他的过程中实现自身效用的增加。“在协同共享机制下，买卖双方都让位于产消者，产权让位于开源共享，所有权让位于访问权”，“从空间延伸和经济利益方面，共享经济扩大了交易主体的可选择空间和福利提升空间”。共享经济依靠互联网技术更深入地分解界定产权，降低交易成本，形成规模效应，减少信息不对称性，以及最大地调动闲置资源，趋近于零的边际成本让这种近乎颠覆自由竞争市场利己前提的行为成为可能。

（三）利他主义的天下观

里夫金曾评论，随着物联网基础设施和相应的协同共享机制的构建，中国向零成本社会的迈进将确保其在第三次工业革命时代中的领袖地位，并且为一个更公平、更可持续、更繁荣的生态文明铺平道路。其实，里夫金所评价的共享经济利他中自利的思想，早已在中国传统儒家利他主义的天下经济观中体现。儒家“仁”的意境由人与人之间推演至人与宇宙万物的内在关系，意味着人与所处的宇宙是一个内在关联体；并且通过“恕”外化为行动，也就是“利他主义”。这种根植于中国人内心的儒家利他主义的天下观，潜移默化地影响着中国人的创新行为。目前，中国的共享经济发展规模及成效并不亚于世界上的发达国家，并且有着引领的趋势。

儒家讲的“财聚则民散，财散则民聚”的义利财富观，是基于财富可持续增长的视角的财富观，是基于农业时代生产财富的要素特性决定的。从财富的可持续增值来看，财富增值的源头是德，“德之本也，财之末也”。根源于天地参与创造的农业财富，必须有与天地相匹配的德行，才能保障财富的持续增长。老子在《道德经》中讲道，大地有不为自生而永生的利他之性。那么要利用大地生财的人，也必须有这样的利他之德，才能源源不断地从自然中活动财富。“天人合一”不是单纯的哲学。儒家与道教的德财观、义利观，并不是纯伦理学，而是在农业经济时代，最大的资本是自然资本。如果说儒家利他经济理论，是基于农业经济时代自然资本的特性决定的，那么分享经济时代，也是同样原理。是因为自然资本、社会资本以新的形态重新进入现代经济，形成利他的经济模式。

二、新要素理论：从单一要素到跨越复合要素

新常态经济突破了传统的经济增长要素理论约束，劳动力、土地以及技术不再是单一地作用于经济增长。由劳动力、土地以及技术延伸出来的要素增加值要远远超过要素本身。新常态经济增长的新动力则来源于要素的智能化整合。要素在物联网等平台下的智能化整合，带有颠覆传统的经济增长模式，形成全新的经济力量，构成分享经济增长新动力。

（一）物质要素的特性与功能

分析经济增长是经济学研究的主要内容。威廉·配第的价值理论为英国古典政治经济学的发展开辟道路。在古典经济增长学派中，亚当·斯密认为劳动分工对提高劳动生产率、促进资本积累和财富增值有着密切关系；大卫·李嘉图从分配角度考察动态经济增长，指出产品要在地租、利润和工资的名义下分配给各个阶级；马尔萨斯则强调人口因素对经济增长的影响；萨伊提出土地、资本与劳动一样，能够为经济带来增长（效用）。随着自由市场经济制度的建立，资本主义生产方式逐渐暴露出了一些社会问题，古典经济理论在争议中得到发展，以索罗和斯旺模型为代表的新古典经济增长理论描述了资本和劳动能够完全相互替代，解释了许多经济现象。在探究经济增长的机制和途径过程中，无论是古典经济增长理论还是新古典经济增长理论，经济学家都从所处的社会经济环境中思考影响经济增长的要素，解释经济现象，这为经济增长理论的进一步发展奠定了良好的基础。

自从亚当·斯密首次提出劳动是创造财富最基本的生产要素后，到目前为止，围绕经济增长的研究所发现的生产要素，足以让我们像门捷列夫那样，列出一个生产要素规律表。通过对不同生产要素性质的研究，不仅可以解释不同生产要素决定的经济增长性质，也可以通过不同生产要素组合来解释在不同国家、不同时期、不同要素组合形成不同增长模式的原因。更重要的是，我们还可以根据经济增长的要求，选择不同的生产要素进行重点培育，按照生产要素的性质进行优化组合，实现生产要素的最优配置。土地、劳动力与资本，显然存在的物质形态不同，土地包含的自然属性的价值最大，劳动力其次，而资本最小。自然属性与生产要素的流动性相关。自然属性越大其流动性越差，在这三大要素中，资本流动性最大，劳动力的流动性次之。在市场定价上，流动性差的要素，市场调节对其配置越弱。由于资本的流动性最强，所以资本是能够进行充分定价的要素。由于劳动力主要局限在一国之内流动，决定了劳动力的均衡价格也局限在一国之内。不同的国家有不同的劳动力的价格。由于土地价格不能在充分竞争中定价，市场竞争不能提高土地使用价值，所以土地成为投机的工具。土地作为一国的财富载体之一，如果价格超出使用需求，成为投机需求时，土地就不是财富的载体，而成为吸收财富的“黑洞”。越是在土地稀缺的国家，越是如此。土地、劳动力与资本三要素在价值形态上，它们具有排他性、竞争性及私人产品的特性。首先，具有排他性。由于它们的存在形态是具有三维实体的存在，决定了其存在的唯一性，这种唯一性特征，决定了A拥有的同时，不能被B拥有的排他性的特征。其次，它们具有量的可分割性和可计量性。这个特征决定了在市场经济中的可交易性。如土地可以按亩、公顷、平方米来计量。劳动力可按小时、天来计量，资本更是如此。最后，物质生产要素的这些自然属性，决定了物质要素可以通过明晰的产权来进行管理，也可以通过产权的变革来实现财富的转移。

（二）现代新增长理论：全要素增长理论

现代增长理论试图回答引致经济长期增长的动力或源泉是什么？在索洛模型的劳动和资本两种生产要素之后，内生增长理论把技术进步内生化的模型可以很好地解释不同国家间的经济增长差异。然而，随着现代经济的发展已经难以用单一要素解释经济增长的原因，更多的是要倾向于全要素共同作用。各要素（如资本和劳动等）投入之外的技术进步（变化）对经济增长贡献的因素，“技术进步”除了技术本身实现突破，还可能是由于市场激励作用、制度诱导以及结构的调整使得技术效益发生变化。蔡昉将全要素生产率总结为通过技术进步或者是生产要素重新组合实现生产效率的提高，主要表现为在生产要素投入之外，通过技术进步、体制优化、组织管理改善等无形要素推动经济增长的作用。

（三）新常态经济增长理论：跨界要素增长理论

新常态经济突破了传统的经济增长要素理论约束，劳动力、土地以及技术不再是单一地作用于经济增长，由劳动力、土地以及技术延伸出来的要素增加值远远超过要素本身，诸如通过产业联动、体制创新等方式，将劳动者、资本、技术和资源要素进行跨界配置，实现生产者与消费者“共赢”。无论是把自己剩余或暂时不用的物品有偿让渡给别人使用的有偿分享，还是双方通过互相交换使用财产的对等分享，涉及的都是诸多要素的组合与重构。跨界要素脱离了传统强调要素的积累、产权的论调，有利于整合业态系统的共享区域，降低了要素推动经济增长的交易成本。要素的成功跨界得益于数据与平台，信息（数据）成为像资本、劳动一样的独立生产要素，“大数据时代”为要素有效跨界提供了便利。

（四）新常态经济增长新动力：要素智能化整合

经济增长离不开动力支持。以“通用技术”突破为标志，工业革命不断提升人类社会的生产能力。蒸汽机的发明与改良，“工厂”成为新的组织形态，也标志着实现技术突破的第一次工业革命的到来。以电气能源为显著特征的第二次工业革命则将人类推向“科学”领域。新常态经济增长的新动力则来源于要素的智能化整合。要素在云计算、互联网以及物联网等新的基础设施和大规模协作下实现智能化，突破传统强调价值链自上而下分工、内部研发单兵作战，实现价值网络的交互与协同以及跨界组合的创新。一个人所掌握的知识、科技、信息等新要素在信息经济时代能够快速地被他人所分享，并且形成规模效应。由要素在物联网等平台下的智能化整合，带有颠覆传统经济增长模式，可以形成全新的经济力量，构成分享经济增长新动力。

三、新资本理论：从单一货币到复合资本

在“互联网+”创造产生的新的资本领域，包含信任等内涵的社会资本通过促进创新进而对经济增长产生促进作用。由社会资本创新所形成的新财富，是一个公共、多元的财富增值模式。

（一）传统经济资本形态：货币资本、人造资本

“资本”是经济学的重要概念，也是最具争议的研究领域。亚当·斯密将资本界定为谋取利益而投入的财产，李嘉图则将资本等同于生产资料，马克思指出资本是能带来剩余价值的价值，是一种以物为媒介的人与人之间的社会关系，并认为资本具有增值性、运动性、价值性、竞争性和权力性。可见，资本作为生产资料以及不断增值的价值而发生作用。传统经济资本形态以货币作为出发点，通过流通环节以增值方式回到自身，也就是处在生产过程中的货币资本作为衡量媒介。以实实在在的货币还是虚拟的货币来衡量货币资本，则是人为的一种设定。在自我构建、自我复制过程中建立货币资本的形态，或者是在人为的设定中对固有的货币资本进行技术改造形成经济形态的评估。传统经济资本形态带有浓重的货币资本身影，实质是人造资本的假定。

工业经济时代，资本控制市场决策机制，并且是以货币资本为主导。分享经济是以信息为媒体，通过建立环境、资源、经济等多元化目标且消费者全面参与的多种资本形态。

（二）“互联网＋”创造的新资本：“社会资本＋自然资本”

“互联网＋”创造的新形态资本：社会资本和自然资本，与工业经济时代的货币资本和人造资本，它们的比较见表 11－1。

表 11－1　不同形态资本比较

特性＼类型	社会资本、自然资本	货币资本、人造资本
资本性质	共有共享资本	独享私有资本
资本增值目标	共享利益最大化	独享利益最大化
资本增值机制	对等、公平	社会财富分配不公

如果积累起来的个人财富不再以货币资本形式在科学技术和分配的物流体系里重新获得利益，那么衡量经济形态的资本形式会在哪个方面实现突破呢？随着通信科技水平的提高，接入互联网的成本下降，以互联网为平台的分享经济通过社会资本创造出异于传统资本形态的经济增值。互联

网平台显著降低了各方沟通成本，直接支撑了大规模协作的形成，向全社会共享能力，从而激发微经济活力，社会网络所形成的信息共享、大众认同促成人们交往中的预期，从而提高参与者的福利水平，整体性提高创新效率。这种由买卖关系向供用关系、所有权交换向网络内特定时间服务的获得之间的交换，正在改变我们对经济理论和时间的定位和思考。张维迎等曾通过中国跨省的信任调查数据论证了信任对经济绩效有显著的正向影响，在“互联网＋”创造产生的新的资本领域，包含信任等内涵的社会资本通过促进创新进而对经济增长产生促进作用。

（三）“社会资本＋增值新机制”：利他与自利互动

与利己主义、物质主义不同，分享经济打破了生活和生产的边界，消费和生产的边界，消费者是生产者，生产者是消费者。消费者被资本捆绑的格局在分享经济下找到了新的出路，垄断也将难以在分享经济时代立足。在一个使用权大于所有权，财产仍然掌握在供应者手里并通过租借、分时共享、定金以及其他临时性安排分时段出租的世界之中，可持续概念越发深入人心，并内嵌于社会生活之中，而不是简单的社会责任行为。由社会资本创新所形成的新财富，是一个公共、多元财富增值模式。生产者与消费者以一种全新的方式捆绑在一起，这种方式是建立在互利基础之上的，离开了分享的一方，另一方的利益便会受损。在未来的竞争中，传统以利己为起点的逻辑思维很难获胜，先利他再利己的模式将占领制高点，在利他过程中实现自我价值的增值，形成利他与自利互动。

四、新财富理论：“生活财富＋生产财富＋健康财富”

生产领域由财富创造，对具有效用和稀缺性资源的掌握，被视为增加财富的有效手段。分享的生活并不会因为财富生产过程而中断自己的生活，双方在分享过程中体验物质和精神的双层财富，这是一个创造财富的过程。生产与生活边界的融合，扭转了只有在生产中才能创造的财富观，将生活变成消费与生产的过程。

（一）传统经济财富形态：生产性财富

生产领域由财富创造，对具有效用和稀缺性资源的掌握，被视为增加财富的有效手段。然而，这里所界定的财富来源于亚当·斯密所追求的物质产品财富。人类文明的演进史，经历了手工劳动到机器劳动的过程，用以增加劳动财富的生产方式发生变化。长期以来，运用生产性财富综合反映一国或地区生产的物质基础和生产水平，投资、产量、折旧、劳动力、技术等习惯性成为反映生产性财富的指标。在一定时期内，一个国家或地区的经济中所生产出的全部最终产品和劳务的价值，对于最终产品和服务的市场价值，用标准的货币来表示财富的多少，这也就是对生产性财富的衡量。尽管人类在劳动过程中提高了对自然资源的利用，但建立在对效用和稀缺性资源界定基础上的财富，也只不过是对生产型财富的延伸。随着发展机制、交易机制以及认知水平及能力的提高与完善，单一价值化的财富形态已经无法适应经济发展的要求，传统经济财富形态必然发生变化。

农业经济时代的财富形态是实物财富，工业经济时代的财富形态是价值化财富（货币财富）。由市场经济决定的价值化财富，在生产领域的财富形态是资本，在消费端国民财富存在的形态是 GDP。私人企业追求资本增值，国家追求 GDP 最大化，就成为现代工业经济财富增长的主要动力与目标。不可否认，就财富创造的机制而言，价值化财富同古代实物财富相比，是一个有利于财富快速增值、快速积累的机制。但是这种单一价值化的财富形态，已经无法适应当今生态经济发展的要求。特别是以 GDP 代表的国民财富形态，不仅不能完整地代表真正意义上的有效国民财富，甚至还会导致国民福利损失的负财富效应。在 GDP 价值形态中，不仅没有把生态自然的财富纳入 GDP 的价值中，由于追求 GDP 最大化导致的生态环境破坏，还为现代社会带来了财富受损的负效应。

（二）新财富生态："生活财富＋生产财富＋健康财富"

分享经济新财富生态是一个公共财富、多元财富的增值模式，它突破传统生产性经济财富形态将可计量性、可分割性、可交换的物品与人类生活所需要的精神、道德与文化等非物质产品结合起来，创造"生活财富＋生产财富"新财富生态。分享经济是对闲置物品利用的最大化，是一种基于现代社会节约消费的环保自觉形成的再消费经济，对于长期以来被社会鼓励的高速消费、奢侈消费文化是一种根本性的矫正。分享的生活并不会因为财富生产过程而中断自己的生活，双方在分享过程中体验物质和精神的双层财富，这是一个创造财富的过程。分享经济在重塑未来社会生活标准的同时，对传统生产型财富也是颠覆性改变。生产与生活边界的融合，扭转了只有在生产中才能创造的财富观，它将生活变成消费与生产的过程。在现行的国民财富标准中，分享经济所创造的生态环境、文化、精神与道德等财富，尚未经过系统的价值化核算，却已在生活实践中创造财富。理解分享经济新财富生态，必须从单一的生产性财富的价值认知体系向生产与生活多元财富体系转变，深化国民福利最大化的认识。

分享经济新财富生态："生活财富＋生产财富"，又融合在生态财富、文化财富以及国民财富最大化等方面。在财富形态上，面临着从单一的价值化财富形态向价值与实体的双元财富形态转变，面临着从传统的财富观向新的财富观转变。分享经济的生态财富观。生态自然是大自然赐给人类最大的财富。生态经济需要我们树立生态自然财富观，因为生态自然将会成为未来财富创造的主要资源。目前兴起的新能源革命，只是当代人类从化合物自然圈回到生态自然圈的开始。养育着万物生灵的生态自然系统，不仅能够提供价值化的新能源、新材料等一系列的绿色产品，而且还是提供给我们健康生活、修身养性、智慧灵感等文化与精神财富的来源。在分享经济的文化财富方面。人类无法直接利用储存在化合物自然圈中的资源，必须借助于工具的力量才能开发利用，由此也形成了工业经济时代对技术创新、知识创新的尊重与追求。由万物生灵与宇宙能量相互作用形成的生态自然系统，不仅是一个物质与能量生产的系统，同时也是一个工业化科学无法解释的包含了生命的情感、智能、价值、文化等多因素的成长系统。我们要和孕育万物生灵的生态自然和谐相处，我们要使生态自然成为我们的财富来源，不仅需要技术，更需要文化。当代人类与生态自然和谐相处中，建设生态经济不仅需要继承工业经济时代的尊重技术、尊重人才的财富观，更需要学会尊重文化、尊重生命的新财富观，这就是文化财富观。分享经济实现国民福利最大化。要使生态自然财富与文化财富纳入现代财富生产系统中，就必须从单一的价值化财富经济体系向价值化与实物化双元财富经济体系转型。实现这个转型的核心问题，就是要推动GDP最大的国民财富生产体系向国民福利最大化的新国民财富体系转型。国民福利的财富既包含价值化的财富形态，也包含实物化的财富系统。国民福利最大并不排除财富价值化的GDP增长，只是要让GDP增长限定在国民福利增进目标的制约下进行。如果说国民福利在生产端表现为有效福利的GDP，那么在消费端则表现为有效的实物财富。

五、新市场模式：智能调节的协同共生

目前正在世界范围内兴起的分享经济，生产者与消费者等市场主体是共生竞争协同发展的关系。以互联网技术为转化平台的分享经济，其市场信用伴随着“互联网+”的主导而发生。互联网下的市场信用在传承实体经济市场信用约束的同时，道德观念与信用意识显得更为谨慎。内在道德与外在规制系统成为分享市场经济新机制、新模式。

（一）市场主体：从单一主体走向跨界复合主体

传统市场经济模式下，终端的市场主体：进入市场的法人主体主要是

企业。在分享经济市场，则是家庭、社区、个人等属于社会和生活领域的主体进入到市场交易中。市场终端在跨界拓展的同时，也在宏观的高端领域，形成了以垂直联系的新复合型主体。

传统经济模式下完成市场交易链条所涉及的市场主体主要是生产者和消费者，以及由市场交易所衍生的供应商、销售商、消费者、市场交易管理者（政府）。根据各自角色的不同，市场主体大致分为供给主体、需求主体和调控主体三类。供给主体的角色通常由企业（国有企业、外资企业、民营企业等）承担，消费主体体现为个人或家庭，调控主体则由市场机制的设定者（通常是政府）承担。受限于成本、产权以及市场惯性，传统经济的市场主体相对单一，处在分工体系明显的市场状态。

（二）市场机制：从竞争市场经济走向共生市场经济

由诸多共生圈组成的市场，共生成为市场机制的最大动力。共生市场也有竞争，但这种竞争是在共生主导下的竞争。利他经济人参与的市场交易，共生成为经济增长的最大动力。主导竞争市场经济的赢者通吃，不适用于分享经济。竞争市场经济与共生市场经济比较见表 11－2。

表 11－2　竞争市场经济与共生市场经济比较

	竞争市场经济	共生市场经济
逻辑起点	自利经济人博弈	利他经济人合作
市场周期	赢者通吃与政府反垄断	共生性发展，形成内部的自我调整机制
政府与市场关系	化解“失灵”问题	自组织程度更高的经济

因市场运行而产生的竞争关系、供求关系、价格波动等内在规律以及市场调控主体的规制行为构成市场机制不可或缺的内容。市场竞争机制能否带来最优的社会福利结果，一直是经济研究者讨论的焦点。传统市场竞争机制是在供给主体之间形成内部单一性竞争，往往是生产商、流通商相互的竞争关系。尽管在经典的经济学理论中，消除垄断行为，在完全竞争的市场上实现社会福利最大化，但处在传统经济下的市场很难达到完全竞争的理想状态，单一性或是垄断问题长期存在。目前正在世界范围内兴起的分享经济，生产者与消费者等市场主体是共生竞争协同发展的关系。互

联网技术的发展、能源环境危机构成分享经济的内在动力，自发形成将个人与家庭闲置物品分享给他人的经济形态，衍生出分享的市场机制，实现社会资源和福利共同分享，走向更加节约能耗、节约社会资源、协同共生的新经济形态。

（三）市场信用：从单一信用走向“互联网+”主导信用

受伦理道德影响，市场主体在市场机制作用下发生市场交易行为带有信用的色彩。良好的市场信用，有助于市场主体之间互信、互助、互利行为的产生。传统经济的市场信用一直受“理性经济人”假定前提的制约，在利己的前提下，市场信用显得非常单一。市场调控主体在倡导市场信用时，供给主体与消费主体之间建立起的信用往往是被动的，且维系着产品交易行为的发生到结束的周期。以互联网技术为转化平台的分享经济，其市场信用伴随着“互联网+”的主导而发生。互联网下的市场信用在传承实体经济市场信用约束的同时，道德观念与信用意识显得更为谨慎。但把分享经济下的市场信用看成是互联网单一的作用，显然没有真正认识到分享经济的本质内涵。由互联网衍生出来的“+”效应才是分享经济市场信用的机理。信用的发生源自内心的自觉性，分享经济的环保意识、精神消费、新生活方式等自觉意识使市场信用更为稳固。

第十二章

中国迈向复合新经济时代新优势

党的十九大报告明确指出，我国经济已由高速增长阶段转向高质量发展阶段，目前正处在转变发展方式、优化经济结构、转换增长动力的攻关期，这标志着我国经济正逐步迈向复合新经济时代。在这个过程中，必须坚持质量第一、效益优先，我们已经实施的一系列改革，如以供给侧结构性改革为主线，推动经济发展质量变革、效率变革、动力变革，提高全要素生产率，增强生态文明建设等，已成为不断增强我国经济创新力和竞争力的坚实基础，加之我国改革开放40年来取得的经济社会快速繁荣的成就及其展示的独特传统文化禀赋与民族智慧，这些都将成为新时代我国经济增长迈向复合型发展的强大优势。

一、中国40年快速增长的秘密：东方智慧

改革开放以来，中国经济保持了连续40年的快速增长，在国际金融危机肆虐全球之时，中国经济却保持了持续健康发展，成为拉动世界经济增长的重要引擎，根本原因在于中国共产党在对发展规律深入把握的基础上，提出了科学的经济发展思想，采取了一系列科学有效的经济战略和经济政策，形成了“中国方案”。

从中国经验来看，烫平经济周期、克服市场失灵，需要具备以下三大条件：一是制度条件。资本主义私有制具有先天缺陷，生产资料的私人占有和社会化大生产之间存在着不可调和的矛盾，建立在资本主义私有制基础上的国家不可能动用太多资源调控市场、弥补市场失灵和提高社会福利、缩小收入差距。中国制度的优越性深深地体现在能够正确处理政府和市场的关系上，使市场在资源配置中起决定性作用，提高资源配置效率；更好地发挥政府作用，烫平经济周期、克服市场失灵、维护社会公平。二是能够对经济走势进行科学判断。对大势的判断和把握，决定了各项经济战略、政策的目标和方向。在国外发展史上，日本和韩国都曾错误地判断经济大势，在经济高增长期结束时未能预见经济从高增长阶段向中增长阶段转换的客观趋势，仍旧采取刺激经济高增长的政策，导致出现了 10 多年甚至更长的低迷期。① 而作为马克思主义科学理论的继承者和发展者的中国共产党，则能够深入把握发展规律，前瞻性地做出我国经济发展进入新常态的重大判断，提出把适应新常态、把握新常态、引领新常态作为贯穿发展全局和全过程的大逻辑，并科学地确定了引领经济发展新常态的重点，为正确制定经济战略和政策、做好各项经济工作确立了基本前提和科学依据。三是实施科学的宏观调控。改革开放 40 年来，中国保持了经济持续平稳较快发展，避免了经济上的大起大落，成功应对了亚洲金融危机、国际金融危机等国际经济危机的冲击，积累了比较丰富的宏观调控经验。

党的十八大以来，习近平同志作为世界上最大马克思主义执政党的领袖和最大社会主义国家的领导人，在立足中国的同时胸怀世界，以东方智慧和全球视野，来观察与分析中国和世界发展所面临的重大矛盾与问题，不仅深化了对共产党执政规律、社会主义建设规律、人类社会发展规律的认识，丰富和发展了中国特色社会主义理论体系，提升了中国的改革发展稳定、内政外交国防、治党治国治军水平，开创了中国特色社会主义事业发展新局面，而且从破解传统现代化困境、跨越“中等收入陷

① 张新泽：《日本经济发展阶段性实证》，《武汉金融》，2003 年第 10 期。

阱”、完善全球治理、探索人类更好的制度等方面提出了解决人类问题的“中国方案”，为推动人类文明发展进步提供了“中国智慧”、留下了“中国印记”。

党的十九大以后，推动经济发展的基本思路进一步完善：①要推动高质量发展。“我国经济发展阶段已由高速增长转向高质量发展阶段”，这和过去关于新常态的判断内涵是一致的、一脉相承的，也是对我国发展实际的一个准确判断。推动高质量发展是全面建设社会主义现代化的内在要求，现代化的本质要求就是发展的质量要高。②要着力攻克三大关口。党的十九大报告指出，“我国经济正处在转变发展方式、优化经济结构、转换增长动力的攻关期”，这清楚地表明了下一步我国经济发展的战略重点。当前，我国经济运行稳中向好，前三季度 GDP 增长 6.9%，比 2017 年回升 0.2 个百分点。但是，稳中向好的基础并不牢固，经济发展还没有过关，也就是说还没有过发展方式、经济结构、增长动力这三大关口，这将是一个比较长期的过程。③要加快建设现代化的经济体系。党的十九大报告对如何建设现代化经济体系做出了部署：坚持“一个方针”，就是质量第一、效率优先；坚持“一条主线”，就是深化供给侧结构性改革；推动“三大变革”，即质量、效率、动力；建设一个“四位协同”的产业体系，即实体经济、科技创新、现代金融、人力资源，因为现代化的产业要求这四者协同，而不要孤军奋战；另外，要建设“三个有”的经济体制，即市场机制要有效、微观主体要有活力、宏观调控要有度。①

可以说，习近平新时代中国特色社会主义思想就是习近平总书记远见卓识和博大胸怀、东方智慧和全球视野的结晶，将深刻而又持续地展现我国经济长足发展的东方智慧。

---

① 孙韶华：《杨伟民详解“两步走”战略 十九大后经济发展思路浮现》，《经济参考报》（网络版），2017 年 10 月 27 日。

二、中国增长阶段与全球长期同步

实践表明，无论在哪一个历史阶段，中国在经济上一直领先于全球。"开元盛世"和"贞观之治"让世人震惊于唐朝的繁华；到了北宋时期，中国的GDP总量大概是265.5亿美元，比世界经济总量的1/5还多，而人均GDP大概为450美元，比当时的西欧国家人均GDP多了400美元；直至晚清，在内忧外患的局面下，中国的GDP仍位居世界第一。[①] 但是，由于当时体制和科技的落后，中国经济在世界上的地位日渐衰落。中华人民共和国成立时还是一个非常落后的国家，经济与最发达的美国相比差别很大。中华人民共和国成立后在不断探索中摸索出了适应中国国情的经济发展方向，经过一连串的经济改革措施，让中国的经济实现了跨越式的发展。我们取得的经济成就让世界为之瞩目，经济发展阶段按特点以及目标来划分，可分为计划经济体制阶段（1949—1978年）、社会主义市场经济体制第一阶段（1979—2021年）和社会主义市场经济体制第二阶段（2022—2049）。自改革开放以来，随着经济的改革，人民的生活水平日益提高，中国的综合国力也快速地增加。在1979—2010年的32年间，中国的经济增长速度达到了9.9%，中国的经济规模已经发展为1978年的20.5倍；中国的对外贸易年增长率提高到了16.3%。而中国2010年的对外贸易总额则提高到了29%，约为727亿美元，是32年前的144倍，同年中国成为世界第二大经济体。[②]

---

① 周新凯、丁姗姗：《中国经济发展阶段分析》，《合作经济与科技》，2016年第13期。

② 林毅夫：《解读中国经济》，北京大学出版社2012年版，第2页。

中国经济在改革开放之后的40年内保持高速增长，习近平总书记在党的十九大大会发言时指出，中国对全球经济增长的贡献率超过30%，将用30年时间取得大国地位的路线图，到2050年左右中国将成为创新、影响力和军力方面的全球领导者。这些提法凸显了中国对世界越来越大的影响力以及这个国家的雄心壮志。中国经过40年的改革开放，其经济总量跃居世界第二，经济增长的成就有目共睹。2016年1月18日，按照国家统计局的统计数据显示，中国GDP在2015年达到67.67万亿元，同比增长6.9%，按人民币和美元的汇率计算，2015年中国GDP总量相当于10.42万亿美元，根据国际货币基金组织的预测，2015年中国GDP占世界比重达15.5%，中国经济的国际影响力日益增长，稳步提高。

长期以来，我国经济发展与全球经济走势一脉相承，并发挥着积极的、不可替代的作用。在世界经济疲软的现状下，中国2015年的对外贸易仍然保持稳定的发展态势，尽管受大宗商品价格重挫和全球贸易显著萎缩的影响，中国对外贸易额出现下降，但对外贸易降幅远低于美、欧、日等主要经济体，中国国际贸易总额超过24万亿元，在全球贸易中的份额超过13%，对全球贸易增长的贡献率超过30%，中国的外贸发展带动了世界经济一体化的进程，对世界经济的稳定发展起到了支撑作用，保障了“后危机时代”世界经贸体系的稳定和繁荣。

与此同时，无论从资源配置还是进出口产量来看，我国对国际社会经济的复苏与发展都起到了至关重要的作用。从资源配置角度来看，2015年中国主要的工业原材料和资源的进口总量持续增长，原油、铁矿石和精矿、矿物肥料和化肥、天然和合成橡胶进口量分别增长8.8%、2.2%、16.6%、15.3%，进口量的增长促进了相关贸易国的就业水平和经济增长。从进口总额来看，2015年中国货物进口总额达到16 820.7亿美元，创造全球直接新增就业人口超过2 000万人，间接就业人口超过6 000万人。另外，中国2015年商品出口总额达到22 765.7亿美元，主要产品出口量持续保持增长，其中，机电产品出口增长0.1%，手机、船舶、灯具等出口分别增长8.5%、13.3%、15%。在国际需求疲软的状态下，中国的主要工业产品的出口保持了相对的高位增长态势，中国出口产品的稳定增长间接带动了全球的经济与就业的复苏与发展。[①]

在“十三五”期间，预计对外直接投资将超过 5 000 亿美元，进口将超过 10 万亿美元，中国经济将继续成为拉动全球经济进一步复苏和实现稳定增长的引擎，并为解决世界范围严重的失业与贫困问题提供重要动力。可以说，中国经济长期以来是世界经济的重要组成部分和主要推动力量，促进了世界经济的繁荣发展，带动了世界经济复苏的步伐，中国经济对全球经济增长的贡献是巨大的。特别是金融危机以来，中国的经济增长已成为维系世界经济稳定的核心支撑及拉动世界经济复苏的主要动力。没有中国经济的增长，世界经济很有可能会陷入整体衰退的泥潭。保持中国经济长期平稳较快的发展，不仅符合中国人民的利益诉求，也是世界经济繁荣稳定的客观要求。中国稳定发展的历程还表明，世界的和平发展并非是“空中楼阁”，中国经验比较好为全球经济提供了在消除贫困、拉动就业、稳定增长上的示范作用，一直以来中国经济的增长与高度发展都与全球经济发展同步前行。

三、中国文化禀赋与复合经济时代契合

经济和文化历来就是密不可分的，然而两者的关系从来没有像现代这样密切。对于当代中国来说，经济变革所造成的社会变化是全方位的，这必然导致社会的精神生活和文化认同的根本性的变化，打破既定的社会观念和价值评价体系。这种变化了的文化结构与文化意识伴随经济变革而产生，反过来又将影响甚至决定未来经济变革的走向与趋势。中国经济学的

① 万相昱、张涛：《中国的经济增长为世界经济作出了重要贡献》，《红旗文摘》，2017 年第 1 期。

文化受到中国文化强烈的影响：一方面，研究中国经济问题的中国经济学不可避免地受制于中国文化的影响。中国的传统文化，特别是儒家、墨家、道家文化，能够为中国经济学提供丰富的文化营养。其精髓成为中国经济学的研究基础。另一方面，现代经济学的核心内容也与中国文化哲学有着明确的渊源关系。① 此外，文化是经济发展的深层推动力，并渗透在经济发展的全过程。无论是物质文化、制度文化还是精神文化，这些对经济发展都有巨大的意义。一个地区从经济发展战略的确定、方针政策的制定、体制机制的创新，到社会成员的价值观、思维方式、经济行为，均会受到一定的文化影响。文化对经济发展有着巨大的支持作用，当然这种支持作用主要是通过文化对经济活动的主体——人的影响来实现的。文化在经济发展进程中提供强大的精神动力和智力支持，作为一种“文化力”发挥出不可替代的作用。我国的经济之所以能取得巨大成就和成果，与 30 年来中国社会的思想解放是紧密相关的。因为“思想大解放”为经济变革准备了深厚的思想文化资源，成为经济变革取得成功和胜利的前提与基础，构成产生巨大经济变革的社会文化背景。

习近平总书记认为：“中华文明绵延数千年，有其独特的价值体系。中华优秀传统文化已经成为中华民族的基因，植根在中国人内心，潜移默化影响着中国人的思想方式和行为方式。”② 一种思想如果不善于从一国优秀的传统文化中汲取营养，就不会有生命力和影响力。中国文化是中华民族创造的，具有悠久的历史和光辉灿烂的文化，它博大精深，泽被东西，充分显示了“炎黄子孙”的无穷智慧和宽广胸怀。从文化构成来看，中国当代文化主要由三大部分组成——以儒家学说为核心的中国传统文化；明代以来吸收的西方古典文化和西方近现代资产阶级文化；五四运动以来传入中国的马克思主义文化。可见，中国文化并不是一个封闭的僵化的文化系统，而是一个充满活力的开放的文化系统，它“是在主体文化的基础上，不断汲取内外多维文化的营养，在开放的融汇中发展。即以本位文化

① 畅会珏：《试论中国经济的几个基本问题》，《江西社会科学》，2001 年第 7 期。
② 《十八大以来重要文献选编》，中央文献出版社 2016 年版，第 5 页。

为基础，大量汲取、融汇异质文化的精华，以对异质文化的开放促进本位文化的开拓。从这个意义上来看，中国文化是一种多维开放的动态结构”。

中国文化的强大生命力，表现在它的同化力和融合力上，成为与复合经济时代最为契合的两大特点。

一是同化力，是指外域文化进入中国后，大多逐步中国化，融入中国文化而成为其中的一部分。在这方面，最有代表性的例子莫过于佛教文化的传入和中国化。佛教开始流传于尼泊尔、印度、巴基斯坦一带，并不是中国本土的文化，在公元1世纪的两汉之际开始传入中国，经过魏晋、隋唐几百年，佛教高僧的东渡，佛教经典的翻译，中土僧人的西行求法，都不能使佛教文化完全征服中国的士大夫。佛教传播的结果，一部分变为中国式的佛教（如禅宗），一部分反而消融于宋明理学之中，成为中国文化的一部分。犹太人遍布全球，而且保持他们自己的宗教信仰和思维方式，而他们来到中国后，便湮没在中国文化的汪洋大海之中。

二是融合力，是指中国文化并非单纯的汉民族文化或黄河流域的文化，而是在汉民族文化的基础上有机地吸收中国境内各民族及不同地域的文化——如楚文化、吴文化、巴蜀文化、西域文化等，形成具有丰富内涵的中华文化。中华各民族文化，例如，历史上的匈奴、鲜卑、羯、氐、羌、契丹等民族的文化，都融汇于中国文化的血脉之中。没有这种融合，也就没有中国文化的博大精深。当然，各地域、各民族文化的融合，也包含“同化”的意义。

经济与文化的关系可以从它们之间的双向互动中体现出来。目前，我国文化禀赋已成为经济发展的重要精神动力与源泉。中国的复合经济将成为中国经济发展的一个显著特点。我国文化禀赋中的同化力、融合力最能说明对目前经济发展的支持，我国经济正在向形态更高级、分工更复杂、结构更合理的阶段演化，经济发展进入新常态，正从高速增长转向中高速增长，经济发展方式正从规模速度型粗放增长转向质量效率型集约增长，经济结构正从增量扩能为主转向调整存量、做优增量并存的深度调整，经济发展动力正从传统增长点转向新的增长点。认识复合经济发展的新常态，并适应其变化，是当前和今后一个时期我国经济发展的大逻辑。

四、大国经济与多元复合效应

所谓大国经济，应具有相应的典型特征，这些特征是需要经过抽象思维加工才能获得的客观现实。库兹涅茨（1965）曾对大国经济的典型特征进行概括，表述为大国经济差异性、资源和市场的规模性，以及由此产生的分工多元性和国内市场为主、国外市场为辅的需求推动模式。[①] 钱纳里和赛尔昆在（1975）分析大国模式时，也涉及一些典型特征，如大国内部市场的主导性、高投入和高储蓄以及经济结构的复杂性等。从宏观视角来看，大国经济的典型特征集中表现在以下几个方面。

第一，市场需求的规模性与内生性。大国人口众多的初始条件，不仅产生人力资本充裕的效应，而且产生市场需求巨大的效应，这既能够促进本国经济发展，也对世界经济发展做出重要贡献。

第二，大国要素禀赋的异质性与适应性。从要素禀赋的特征来看，大国不同区域以及相同区域的要素禀赋都呈现差异性，有利于形成优势互补的产业格局，形成一种能够使不同要素较好地发挥作用的耦合机理。

第三，大国经济结构的多元性与层次性。从经济结构的特征来看，大国不同区域以及相同区域经济呈现多元性，从而形成多层次的结构。大国要素禀赋的异质性和区域差异性，导致不同区域之间和区域内部的产业间分工；要素及产业的空间集聚，导致区域内部的产业分工，不同层次的分工促进分工的深化，与不同层次的要素禀赋相适应，形成多元的经济结构。

① 杨多贵等：《库兹涅茨假说及中国地区差异的实证研究》，《软科学》，2004年第18期。

第四，产业体系的完整性与独立性。大国的巨大市场需求提出了建立相对完整的产业体系的要求，大国的自然资源和人力资源为建立相对完整的产业体系提供了条件。大国不仅要求农业、工业和服务业协调发展，而且在经济起飞初期就建立独立完整的工业体系；大国巨大的市场需求往往难以从国外市场得到满足，因而不可能像小国那样重点发展少数几个产业，需要建立相对独立的内部循环体系。

第五，区域经济的差异性与互补性。大国不同区域的自然资源、人力资本和技术水平的差异，导致了区域经济发展的非均衡性；各个区域的经济发展优势，会使大国区域经济发展能够形成优势互补的格局。

第六，经济发展的稳定性和持续性。大国凭借资源和市场的规模优势形成经济发展的内部循环系统，具有较强的自主发展能力和自我调节功能，可以较好地抵御世界经济波动的冲击，实现稳定和持续发展。

目前中国正处在社会发展的特殊历史条件下，历经一个现代化进程中的战略机遇期，它既是一个矛盾凸显期，又是一个发展跨越期。社会转型具有多元复合的特征：包括从乡村社会向城市社会的转型；从计划经济向市场经济的转型；从农业社会向工业社会、知识经济社会的转型；从封闭社会向开放社会的转型；从立体、科层社会向扁平、网络社会的转型；从产业追随向产业创新的转型；从线性经济到循环经济的转型；从生存文化向发展文化的转型。这八个方面的转型相互渗透、相互交织，形成了多元复合的效应，加快了中国现代化建设的进程，并促进我国社会经济实现跨越式的发展。

党的十八大以来，以习近平同志为核心的党中央洞悉国内外形势，把脉中国经济，以巨大的勇气开启一场浩浩荡荡的经济变革，以超高的智慧谋划出平稳运行的多元复合经济“航线图”，促使经济转型升级，迸发出新的前进动力。与此同时，复合经济发展兼顾长期与短期利益，以往宏观调控往往是与短期调控相比，党的十八大以来的宏观调控强调既要立足当前，更要着眼长远。五年来，宏观调控的外延在时、空两个维度上大大拓展。

与以往相比，宏观调控政策更加重视总量与质量、速度与结构的结合，更加注重经济发展的可持续性。只有推动结构和制度变革，提高潜在增长率，才能推动经济转型升级，形成经济发展的新动力。立足当下，着力强化宏观调控的针对性、有效性，通过预调微调，促使总需求与总供给基本平衡，保持经济运行在合理区间，防范化解各种经济风险。如货币政策方面，根据市场流动性状况的变化，及时运用存款准备金、利率等手段，保障市场流动性合理适度，为稳增长创造良好的金融环境，同时更要守住不发生区域性、系统性风险的底线。

着眼长远，致力于改善中长期供给能力，大力实施创新驱动发展战略，推进供给侧结构性改革，化解过剩产能，加快转型升级步伐，提升经济潜在增长能力，为经济持续健康发展奠定坚实基础。信贷政策上，严控产能过剩行业贷款、引导金融支持“双创”和技术型企业等，通过结构性政策引导信贷资源流向重点领域和薄弱环节，支持我国经济转型升级；财税政策上，加大统筹财政资金和盘活存量资金力度，把资金用在“刀刃”上，着重保民生、补短板；调整优化支出结构，注重推动结构优化，加大对淘汰落后产能的支持力度，推动战略性新兴产业健康发展。总的来看，我国以兼顾经济发展的短期与长期需求，探索出一条展现多元复合效应的大国经济发展之路。

五、生态文明时代与复合经济协调效应

生态文明建设要求调解人与自然的关系，同时兼顾生态变革和社会变革，以科学的发展来替代非科学发展，是对科学发展观在实践上的重要体现，也正是由于科学发展观给予生态文明建设以正确的理论指导，才使前者的发展能够有序稳健进行。生态文明的建设与发展跟一定历史条件下的

经济社会发展必须相协调。当前，我国经济正处在复合经济发展的阶段，该阶段对生态文明建设具有巨大的影响，两者相互依存。

一是建设生态文明是复合经济发展的必然要求。复合经济发展强调在社会经济活动中，人们要掌握好对自然资源的开采度，兼顾环境保护和自身发展的协调性，保持生物资源多样性，力求经济发展中的社会与生态代价最小化。二是建设生态文明是实现复合经济发展的战略要求。一方面，生态文明建设理念与小康社会建设理念相吻合；另一方面，小康社会的建立不仅包含生活水平的提升、经济整体飞速发展，更强调人们精神生活的享受、人文素质的提高，这就需要我们改善现今存在的恶劣环境问题，为人类生活提供一个良好的环境。

党的十八大以来，以习近平同志为核心的党中央站在战略和全局的高度，对生态文明建设和生态环境保护提出一系列新思想、新论断、新要求，为努力建设美丽中国，实现中华民族永续发展，走向社会主义生态文明新时代，指明了前进方向和实现路径。习近平总书记指出，建设生态文明关系人民福祉，关乎民族的未来。他强调，生态环境保护是功在当代、利在千秋的事业。要清醒认识保护生态环境、治理环境污染的紧迫性和艰巨性，清醒认识加强生态文明建设的重要性和必要性，以对人民群众、对子孙后代高度负责的态度和责任，真正下决心把环境污染治理好、把生态环境建设好。这些重要论断，深刻阐释了推进生态文明建设的重大意义，表明了我们党加强生态文明建设的坚定意志和坚强决心。习近平总书记结合新的实践需要，对推进生态文明建设提出了更加丰富、更加系统、更加明确的指导思想和总体要求，深刻回答了生态文明建设的若干重大理论和实践问题。

第一，做出生态文明建设总体部署。习近平总书记指出："走向生态文明新时代，建设美丽中国，是实现中华民族伟大复兴的中国梦的重要内容。"[①] 他在中共中央政治局第六次集体学习时强调，推进生态文明建设，必须树立尊重自然、顺应自然、保护自然的生态文明理念，坚持节

① 《习近平谈治国理政》，外文出版社 2014 年版，第 211 页。

约资源和保护环境的基本国策，坚持节约优先、保护优先、自然恢复为主的方针，着力树立生态观念、完善生态制度、维护生态安全、优化生态环境，形成节约资源和保护环境的空间格局、产业结构、生产方式、生活方式。这是指导生态文明建设的总方向、总要求、总措施。我们必须坚定不移地朝着这个总方向努力，严格按照这个总要求进行部署，抓紧细化实化这个总措施，全面开创生态文明建设新局面。

第二，正确处理经济发展与环境保护的关系。习近平总书记提出“保护生态环境就是保护生产力，改善生态环境就是发展生产力”[①] 的理念，深刻揭示了经济发展与环境保护的辩证关系。实践证明，脱离环境保护搞经济发展是“竭泽而渔”，离开经济发展来抓环境保护是“缘木求鱼”。经济发展决定人们的生活水平，生态环境决定人们的生存条件。要坚持保护优先方针，在保护中发展、在发展中保护。坚持以环境保护优化经济发展，利用好改善环境质量、增进民生福祉的倒逼机制，实行从严从紧的环境政策，把生态环境保护要求传导到经济转型升级上来。

第三，牢固树立生态红线观念。习近平总书记强调，要牢固树立生态红线的观念。在生态环境保护问题上，不能越雷池一步，否则就应该受到惩罚。这是对生态环境保护提出的新的更高要求。要结合贯彻落实《全国主体功能区规划》《国务院关于加强环境保护重点工作的意见》，积极开展研究论证，尽快形成划定并严守生态红线的完整方案，抓好组织实施。

第四，探索环境保护新路。习近平总书记强调，绝不以牺牲环境为代价去换取一时的经济增长。用生态文明的理念来看环境问题，其本质是经济结构、生产方式和消费模式问题，绝不走先污染后治理、牺牲环境换取经济增长的老路，要探索出一条环境保护新路。我们既要借鉴西方发达国家治理污染的经验教训，又要结合我国国情和发展阶段，改革创新，用新理念、新思路、新方法来进行综合治理，发挥体制和制度优势，尽量缩短污染治理进程，以最小的资源环境代价支撑经济社会持续健康发展。

第五，着力解决损害群众健康的突出环境问题。习近平总书记指出，

① 《十八大以来重要文献选编》，中央文献出版社 2014 年版，第 463 页。

环境保护和治理要以解决损害群众健康突出环境问题为重点，坚持预防为主、综合治理，强化水、大气、土壤等污染防治，着力推进重点流域和区域水污染防治，着力推进重点行业和重点区域大气污染治理。我国面临的环境问题比世界上任何国家都要复杂，解决起来的难度比任何国家都要大，任务更加艰巨。我们既要打好攻坚战，取得阶段性成果，逐步改善环境质量，让人民群众看到政府的决心，看到环境问题解决的希望，也要做好打持久战的准备。

第六，完善生态文明建设制度体系。习近平总书记指出，只有实行最严格的制度、最严密的法治，才能为生态文明建设提供最可靠的保障。再也不能简单以国内生产总值增长率来论英雄，要把资源消耗、环境损害、生态效益等体现生态文明建设状况的指标纳入经济社会发展评价体系，增加考核权重，使之成为推进生态文明建设的重要导向和约束。建立责任追究制度，对那些不顾生态环境盲目决策、造成严重后果的人，必须追究其责任，而且应该终身追究。这些要求，催人警醒，意味着我们党将以更大勇气和决心推进生态文明建设。

在党中央的强势推动下，我国的生态文明建设为复合经济发展打下了坚实基础。

第一，节能和新能源发展取得新成绩。2016 年，单位国内生产总值能耗、用水量分别比 2012 年下降 17.9%和 25.3%；2017 年上半年，单位国内生产总值能耗同比下降 3.9%。2016 年末，核电发电装机容量 3 364 万千瓦，比 2012 年增长 167.6%；并网风电 14 747 万千瓦，增长 140.1%；并网太阳能发电 7 631 万千瓦，增长 21.4 倍。

第二，环保治污工作明显加强。2015 年，全国化学需氧量排放量比 2012 年下降 8.3%，氨氮排放量下降 9.3%，二氧化硫排放量下降 12.2%，氮氧化物排放量下降 20.8%。2016 年，在监测的 338 个城市中，空气质量达标的城市占 24.9%，比 2015 年提高 3.3 个百分点；细颗粒物（PM2.5）浓度为 47 微克/立方米，比 2015 年下降 6.0%。2017 年 1～8 月，全国 338 个地级及以上城市 PM2.5 浓度同比下降 2.3%。近岸海域海水水质监测点中，2016 年达到国家一、二类海水水质标准的监测点占

73.4%，比2012年提高4.0个百分点；四类、劣四类海水占16.3%，比2012年下降7.6个百分点。

第三，生态环境治理成效显现。2016年，全国完成造林面积720万公顷，比2012年增长28.7%；新增水土流失治理面积562万公顷，比2012年增长28.6%。2016年末，城市生活垃圾无害化处理率为96.6%，提高11.8个百分点；城市建成区绿地率为36.4%，提高0.7个百分点，城市环境综合治理能力不断提高。

总的来看，生态文明促进经济的复合发展，建设生态文明就是发展生产力，就是促进经济社会全面进步。环境的改善为经济复合发展准备着后劲，为经济效益的提高创造了前提条件。经济复合发展推动生态文明，经济复合发展给环境问题的解决提供了物质手段和力量，为环境质量的改善和治理水平的提高提供了必要的资金和技术，大大推动了生态文明建设。经济复合发展与生态文明之间的相互促进与共同发展，经济复合发展与生态文明的有机结合，不仅可以带来经济效益，而且还可以带来生态效益，从而真正实现经济复合发展与生态文明的相互促进和共同发展。经济复合发展与生态文明之间的相互促进和共同发展的关系，是经济复合发展与生态文明之间关系的核心和本质，也应该是今后经济发展努力追求的目标。

第十三章
多元复合改革：全面激活的经济改革

目前，我国经济正面临速度换挡节点、结构调整节点、动力转换节点，在螺旋式上升的发展历程中进入了一个新状态、新格局、新阶段，站在了新的历史方位上。对此，习近平总书记指出，如果我们继续以往的发展方式，我们会有更高的增长率。但是，在宏观经济政策选择上，我们坚定不移地推进经济结构调整，推进经济转型升级，宁可主动将增长速度降下来一些，也要从根本上解决经济长远发展问题。显而易见，做出新常态的重大战略判断，其旨在通过深刻认识我国经济发展新特点、新要求，下大力气加快转方式、调结构、促改革、惠民生，下大决心通过改革、调整和创新，着力解决制约经济持续健康发展的重大问题，从而推动经济转型升级，走多元复合改革之路，全面激活经济改革，最终使中国经济进入运行更稳健、质量更高、效益更好、更可持续的新的发展阶段。

一、动力转型内涵：从外生增长向内生增长转型

过去 40 年的改革发展，我国的主要目标是解决温饱问题，追求的是速度优先的追赶超越路径，对结构问题关注不够。我国的经济结构总体来看调整进展比较缓慢，投资与消费关系仍然严重失衡，制造业核心竞争力

不强、第三产业比重过低的问题一直没有得到较好的解决。随着我国的经济增长速度从高速向中高速换挡并成为新常态，再加上外需对我国经济的拉动减弱，我国的产业结构、需求结构、区域结构不合理的问题会进一步暴露，前一时期形成并暴露出的部分行业产能过剩解决起来会更加不易。现在我们具有了调整优化结构的庞大物质基础，不应该再次错过这次结构调整的历史机遇。从“外生增长模式”向“内生增长模式”转型，是中国经济实现增长方式转型的根本任务。[①] 当代中国面临增长方式转型的核心问题，就是如何实现从“外源型增长模式”向“内生增长模式”的转型。内生经济增长是依靠经济内在动力来实现经济持续增长，增长速度维持在稳定、持久、较快的状态。内生动力主要包括竞争压力和市场主体对于利润追求的驱动力；内生经济增长是以技术进步和管理创新、制度创新等提升要素效率为主的增长方式。为此，需要从以下五个方面来推进建立“内生增长模式”的系统工程。

第一，以生态经济为目标，实现从“跟从战略”向“原创战略”转型，占领生态经济的制高点。能否启动原始创新机制，是中国经济走向“内生增长模式”不可缺少的因素之一。原创的动力机制内生于新需求与新问题。以新能源和低碳经济为内容的新经济革命，为中国经济增长导入原创机制提供了历史契机。我们必须认识到，在发展生态经济上，中国与西方发达国家处在同一起跑线上。如何推进生态经济发展，是一个世界性的难题，需要原创性动力的持续推进。

第二，以振兴中国内生禀赋的产业为突破口，实现从比较优势向竞争优势转型，打造中国的内生竞争力。

第三，以制度改革为核心，推动寻租竞争向公平竞争转变，完善激励自主创新制度的保障体系。

第四，以内需市场为主导，从外需动力向内需动力转型，实现中国经济增长动力的内生化。拓展启动内需的思路，要把中国内需问题上升到推进中国内生增长动力的高度来认识，把内需问题拓展为深化产业结构、振

---

① 张孝德：《中国经济转型期嵌入内生增长模式的战略思考》，《改革》，2015 年第 4 期。

兴新兴产业的战略问题来对待。

第五，强化中国经济的安全与自主创新意识，从依赖性开放向主体性开放转型，培育内生增长的文化环境。

党的十八大以来，面对错综复杂的国际形势和艰巨繁重的国内改革发展稳定任务，在以习近平同志为核心的党中央的正确领导下，我国按照“五位一体”总体布局和“四个全面”战略布局，创新宏观调控思路和方式，坚持供给和需求管理双侧并重，树立创新、协调、绿色、开放、共享的发展理念，向改革要活力，向创新要动力，使经济发展切实迈向内生增长模式，取得良好进展。

第一，经济结构逐步优化升级。党的十八大以来，我国三次产业比重由 9.5∶45.0∶45.5 优化为 7.1∶46.4∶46.5，第三产业比重提高 1 个百分点，且超过第二产业比重。2015 年前三季度第三产业实现增加值 197 329.4 亿元，对国内生产总值的贡献率高达 55.4%，高于第一产业和第二产业之和。[①]

第二，经济增长获得新的驱动力。新一代技术革命重塑新经济，以“互联网+”“中国制造 2025”等为代表的数字、网络、智能产业茁壮成长。新技术、新模式催生新体系、新业态，基因工程、无人机、超材料等一大批中小企业在国际市场崭露头角。开放、自由、共享、便捷的众创空间正在形成，“大众创业、万众创新”在政府和市场的推动下得以结合与实现。

第三，经济绿色化程度得到显著提升。节能减排作为生态文明建设的重要抓手，党的十八大以来高能耗、高污染、高排放“三高”行业保持较低增速。环境污染、生态破坏、资源浪费等行为得到有效控制，氨氮、二氧化硫、氮氧化物等主要污染物排放增速有序下降。水电、核电、风电等清洁能源同比实现大幅增长，全国单位国内生产总值能耗、重工业用电量、用水量等逐步减少。

① 张曙光、张弛：《少关注经济增长快慢 多给力市场环境改善——2015 年第 3 季度宏观经济分析》，《金融言行》，2015 年第 11 期。

我国经济已由高速增长阶段转向高质量发展阶段，正处在转变发展方式、优化经济结构、转换增长动力的攻关期。党的十九大报告指出，在中高端消费、创新引领、绿色低碳、共享经济、现代供应链、人力资本服务等领域培育新增长点、形成新动能。

二、知识产权制度改革释放科技创新力

知识产权是联结创新与市场之间的桥梁和纽带。知识产权制度是保障创新创业成功的重要制度，是激发创新创业热情、保护创新创业成果的有效支撑。在我国经济发展新常态的条件下，我国不但需要内需的推动，而且还需要科研成果竞相迸发的引领和带动。这在知识经济日新月异发展的今天尤为重要，科技成果的商品化已成为生产力中最强劲的驱动力量，它必然对人们的物质文化需求起到积极、时尚的引领作用。

要实施知识产权战略，完善知识产权法律制度，加强知识产权的创造、运用、保护和管理，加大知识产权执法力度。知识产权制度是开发和利用知识资源的基本制度。我国要大力实施知识产权战略，加强知识产权创造、应用和保护，要进一步激发广大科技工作者和全社会的创新活力。要以增强科技创新能力和产业竞争力为核心，培育自主知识产权，促进知识产权产业化，努力提高知识产权创造、运用、保护和管理能力：一是要推动知识产权创造。强化企业知识产权创造和运用主体地位，引导企业加大创新投入，把创造知识产权作为科技创新的重要目标，把获取知识产权优势作为开拓市场、提升竞争能力的重要手段。努力推动新一代信息技术、节能环保、新能源、生物、高端装备制造、新材料、新能源汽车等战略性新兴产业领域自主知识产权创造，创造一批关键技术、核心技术的自

主知识产权，发展现代产业体系，提高产业核心竞争力。二是要促进知识产权运用。有效促进知识产权转移应用、专利技术产业化、企业商标应用和知识产权综合运用。三是要强化知识产权保护。完善知识产权保护机制，依法惩治和遏制知识产权违法犯罪及侵权行为，加强知识产权保护监督，建立知识产权预警与维权援助机制。四是要加强知识产权宏观管理和企事业单位知识产权管理。五是要健全知识产权服务体系。提高知识产权公共服务能力，发展知识产权服务机构，推进知识产权市场建设。

党的十八大以来，以习近平同志为核心的党中央将创新作为发展的第一动力，将知识产权制度作为激励创新的基本保障和重要支撑，使知识产权对经济社会发展的作用日益凸显，国家知识产权局等五部委印发《关于进一步加强知识产权运用和保护助力创新创业的意见》。五年多来，在党中央的指引下，知识产权政策体系建设空前加强，其巨大推动作用正在显现，各地区、各相关部门深化知识产权领域改革，破除制约知识产权发展的障碍，全面提高知识产权治理能力，推动知识产权事业取得突破性进展，为促进经济提质增效升级提供了有力支撑。

政策体系　利好发展

2014年12月，国务院办公厅转发《深入实施国家知识产权战略行动计划（2014—2020年）》提出，努力建设知识产权强国，为建设创新型国家和全面建成小康社会提供有力支撑；2015年12月，《国务院关于新形势下加快知识产权强国建设的若干意见》印发实施，围绕知识产权强国建设进行了全面部署；2016年3月，国务院知识产权战略实施工作部际联席会议制度建立，国务院分管知识产权工作的领导同志担任联席会议召集人；2016年12月，中央全面深化改革领导小组第三十次会议审议通过了《关于开展知识产权综合管理改革试点总体方案》，并随即由国务院办公厅印发；2017年1月，国务院印发《“十三五”国家知识产权保护和运用规划》，这是知识产权规划首次列入国家重点专项规划。5年来，在党中央的指引下，知识产权政策体系建设空前加强，其巨大的推动作用正在显现，各地区、各相关部门深化知识产权领域改革，破除制约知识产权发展的障碍，全面提高知识产权治理能力，推动知识产权事业取得突破性进展，为促进经济提质增效升级提供了有力支撑。如，2014 年 11 月，集专利、商标、版权行政管理和综合执法职能于一身的上海浦东新区知识产权局成立，在知识产权综合管理改革上迈出了新步伐。2017 年 3 月，四川省首家“三合一”知识产权局——成都市郫都区知识产权局挂牌成立，着力构建与创业创新创造相匹配、与强化公共服务相适应的知识产权综合管理体制。在此之前，苏州市与长沙市已经进行了专利、版权“二合一”的改革试点，收效显著。不断推进的知识产权综合管理改革，对于打通知识产权创造、运用、保护、管理、服务全链条，助推经济发展提质增效和产业结构转型升级具有重要意义。山东省 2016 年中小微企业共办理 302 件专利权质押融资，数量居国内首位，金额达 39.58 亿元；甘肃省则在 2016 年实现了 90 件专利权质押融资，总金额达 12 亿元，超过了“十二五”时期的总和。

三、自然资源产权制度改革释放自然资本增值力

所谓自然资源产权，是指自然资源所有、占有、处分、受益权利的总和，是关于自然资源资产产权主体结构、主体行为、权利指向、利益关系等方面的制度安排。自然资源产权往往具有如下特性：以固定资产产权为主，尤其表现为不动产产权；以物权为主，同时也表现为债权及股权；是有形产权与无形产权的混合；具有突出的空间毗邻性、时间关联性和类别关联性特征；权利束的可分离性，即往往发生自然资源所有权与使用权、收益权的分离，以及所有权与处分权的分离等。自然资源产权按资源种类可分为土地产权（地权）、水资源产权（水权）、矿产资源产权（矿业权、矿权或矿产权）、森林资源产权（林权）和其他资源产权。

自然资源资产产权制度改革是一个重要而复杂的理论和实践问题，在助力自然资本增值方面起着关键性作用，需要重点把握其改革的方向性问题，应坚持主体结构合理、产权边界清晰、产权权能健全、产权流转顺畅、利益格局合理的自然资源资产产权制度改革总体方向。习近平总书记在十八届三中全会说明中明确指出，我国生态环境保护中存在的一些突出问题，一定程度上与体制不健全有关，原因之一是全民所有自然资源资产的所有权人不到位，所有权人权益不落实。要区分所有者权利和监督者权力，按照所有者和管理者分开和一件事由一个部门管理的原则，落实全民所有自然资源资产所有权，建立统一行使全民所有自然资源资产所有权人职责的体制。这就要求自然资源产权体系设置必须正确把握两种职责的关系，同时为体制改革做好铺垫。具体体现在以下几个方面。

一是主体结构合理，要进一步完善由全民或国家所有者和集体所有者共同组成的中国特色自然资源产权主体结构，强调各类产权主体的权利和义务的平等与均衡。二是产权边界清晰，厘清各类自然资源之间、各类产权主体之间的资源产权边界。重点厘清农、林、草资源之间，矿产与土地、水资源之间的产权边界；重点厘清国家和集体资源产权的边界。三是产权权能完整，以强化资源处分或处置权、保障资源收益或受益权为核心，健全资源产权权能。四是产权流转顺畅，以消除资源管理体制和资源配置机制等方面的障碍为突破口，促进资源产权顺畅、有效流转。五是利益格局合理，以切实保障国家利益和集体利益为核心，改进资源利益分配格局，提高资源利益格局的合理性。

总体而言，对于不同经济发展程度和文化背景的国家而言，无论是资源私有产权制度还是公有产权制度的产权相对效率是不同的，对于一些国家来说，产权改革的最优目标是实现多数人的产权，但对于另一些国家而言，也许少数人的产权反而是最优的。从自然资源产权制度的变迁历程中，不难看出，制度改革的方向是要充分发挥市场配置资源的基础性作用。但是，以市场配置资源为制度改革之方向并不等同于自然资源所有权的私有化。由于交易成本的存在，市场配置资源也并不一定就是最有效率的，自然资源所提供的多种服务并不能受到市场的适当调节，因为一个自由化的市场体系不可能产生出最优的资源配置。因此，自然资源配置应是市场配置资源与政府行政管理的有机结合，对各类自然资源的开发利用，必须根据不同的情况，国家对其进行相应的限制或禁止，这也是实现生态文明的内在要求。我国自然资源产权制度改革的目的是非常明确的，即弥补现行自然资源产权制度环境保护功能的缺失，我国自然资源产权制度的终极关怀是实现人与自然的和谐相处，即建立生态文明的和谐社会。①

四、教育体制改革提升人力资本增值力

多年来，我国大力加强人才培养和制度建设，人口素质不断提高，创新能力显著提升，这也为经济的高速增长提供了有力支撑。目前，我国新增劳动力平均受教育年限高于世界平均水平，主要健康指标处于发展中国家前列，科技人力资源总量位居世界第一，但是我国还不是科技人力资源强国，科技人力资源密度、人均产出效率还远落后于发达国家。从科技人力资源密度来看，我国每万名就业人员研发人员数增长较慢，从 2010 年的 15.4 人年/万人上升到 2013 年的 19.3 人年/万人，在国际上仍处于落后水平，发达国家这一指标值普遍是中国的 4 倍以上。从人均产出效率来看，2012 年，我国劳均 GDP（单位劳动力创造的 GDP，以购买力平价计算）为 15 868 美元，列世界第 57 位；农业、工业、服务业部门的劳均 GDP 分别为 4 263.4 美元、23 344.4 美元和 17 942.3 美元，分列第 55 位、55 位和 56 位。② 在适应新常态、加快实施创新发展战略的背景下，现有

① 赵娜：《自然资源产权制度建设有待破题》，《中国环境报》，2014 年 11 月 25 日。
② 科技部：《科技统计报告》2015 年版。

的人才在结构分布、市场匹配、创新能力、创新贡献力等方面还存在较大差距，人才发展激励机制不完善、人才培养和社会需求未能有效衔接等问题还比较突出，提升人力资本的任务十分紧迫，需要立足经济社会发展和实施创新驱动战略的需要，长远谋划，积极应对。实践表明，改革是教育发展的根本动力。

要扎根中国大地，围绕为谁培养人、培养什么样的人、如何培养人等问题持续深化必须综合改革，发展中国特色、世界水平的现代教育，培养社会主义事业建设者和接班人。一要坚持方向引领、立德树人，构建大、中、小幼一体化德育体系，促进学生全面发展；二要紧扣公平和质量，深化管理体制、办学机制、教育教学方法改革，促进学前教育普惠发展、义务教育均衡优质发展、普通高中多样化有特色发展，打好教育扶贫攻坚战，提升民族教育、特殊教育、继续教育水平，为每个学生成长成才创造条件；三要提高职业教育质量，推进高考改革，促进高等教育内涵发展，为建设科教强国、制造强国打牢人才根基；四要加强教师队伍建设，健全投入机制，鼓励社会参与，办好人民满意的教育。对此，2017 年 9 月 24 日，中共中央办公厅、国务院办公厅印发《关于深化教育体制机制改革的意见》，全面部署指导我国教育体制改革，促进人力资本增值。重点完成以下任务。

第一，培养体制改革。推进教育教学内容、方法改革，组织开展教育观念、教学方法大讨论，改革教学内容、教育方法和评价制度。推进高等学校招生考试制度改革，成立国家教育考试指导委员会。创新人才培养模式，开展拔尖创新人才培养模式改革试点。探索构建人才成长立交桥，开展中等职业教育与高等职业教育、继续教育衔接试点，探索建立学习成果认证和“学分银行”制度。

第二，办学体制改革。改革职业教育办学模式，探索政府、行业、企业及社会各方分担职业教育基础能力建设机制。落实高等学校办学自主权，开展大学内部治理结构改革试点。改善民办教育发展环境，清理并纠正歧视民办教育的政策和做法。提高中外合作办学水平，改进中外合作办学审批管理办法，探索建立质量保障制度。

第三，管理体制改革。明确政府发展学前教育职责，探索政府举办和鼓励社会力量办园的措施和制度，研究制定幼儿园规范管理意见。推进义务教育均衡发展，多种途径解决择校问题。改进高等教育管理方式，开展高等学校分类指导、分类管理试点。深化教育行政管理改革，研究制订教育质量基本标准。

第四，保障机制改革。加强教师队伍建设，重点加强农村教师队伍建设，研究制定优秀教师到农村贫困地区从教的具体措施。完善教育投入保障机制，开展建立多渠道筹措教育经费长效机制试点，探索政府收入统筹用于支持教育的办法。加快推进教育信息化，启动国家“金教”工程顶层设计；加强学风和廉政建设，完善以质量和贡献为导向的学术评价机制；加速推进教育出版和高校附属医院改革，深化出版体制改革，实现转企改制，组建中国教育出版集团。

五、文化体制改革催发文化创意活力

党的十八届三中全会以来，文化体制改革攻坚破难、纵深推进，重点任务全面发力，取得重大进展和阶段性成效。截至目前，已完成各类改革任务 167 项，其中，中央深改组工作要点确定的重点改革任务 16 项，一批具有“四梁八柱”性质的重大改革取得突破性进展，改革主体框架基本确立，重点改革支撑作用日益凸显，呈现出良好的发展态势，不断催发文化创意活力。

实践发展永无止境，改革创新亦无穷期，文化体制改革只有进行时，没有完成时。党的十八大提出全面建成小康社会和全面深化改革开放这“两个全面”的要求，给文化体制改革打开了新的天地、注入了新的动力、提出了新的要求。习近平总书记在全国宣传思想工作会议上强调指出，要继续推进文化体制改革，推动文化事业全面繁荣和文化产业快速发展，建设社会主义文化强国。同时，把握好意识形态属性和产业属性、社会效益和经济效益的关系，始终坚持社会主义先进文化的前进方向，始终把社会效益放在首位。这进一步明确了我们加快文化改革发展的基本遵循，必须按照中央全面深化改革的部署和要求，拿出更大的勇气和智慧，推进文化体制机制创新，确立新目标、规划路线图、实施新举措，进一步解放和发展文化生产力，为社会主义文化强国建设打下更加坚实的基础。

第一，完善文化管理体制。创新文化管理体制，是加强和改进党对意识形态工作领导的内在要求，是行政管理体制改革的重要方面，也是深化文化体制改革的重点任务。必须牢牢把握正确方向，建立健全党委领导、政府管理、行业自律、社会监督、企事业单位依法运营的文化管理体制，切实提高文化领域管理效能和服务水平。

第二，建立健全现代文化市场体系。随着社会主义市场经济体制的不断完善，文化繁荣发展也越来越离不开市场，越来越需要发挥市场在文化资源配置中的积极作用。必须加快构建统一开放竞争有序的现代文化市场体系，进一步打破文化市场条块分割、地区封锁、城乡分离的传统格局，完善文化市场准入和退出机制，鼓励各类市场主体公平竞争、优胜劣汰，促进文化资源在全国范围内流动。

第三，构建现代公共文化服务体系。加强公共文化服务是实现人民基本文化权益的主要途径。必须坚持政府主导，按照标准化、均等化的要求，加强文化基础设施建设，完善公共文化服务网络，构建覆盖城乡、结构合理、功能健全、实用高效的公共文化服务体系，让群众广泛享有免费或优惠的基本公共文化服务。

第四，提高文化开放水平。扩大文化领域对外开放，是推动中华文化走出去、提升国家文化软实力的迫切需要，也是吸收各国优秀文明成果、促进文化繁荣发展的必然选择。必须坚持政府主导、企业主体、市场运作、社会参与，统筹用好国际、国内两个市场、两种资源，统筹推进文化交流、文化传播、文化贸易，着力构建全方位、多层次、宽领域的文化对外开放格局，推动中华文化走向世界。

六、市场经济体制改革激活制度机制动力

经济体制改革的核心问题是处理好政府与市场关系。为加快完善社会主义市场经济体制，必须通过科学、适度、有效的宏观调控，更好地发挥政府作用，遵循经济和社会发展规律，创新和完善宏观调控。同时，要立足新的发展理念，创新监管和服务方式，发挥国家发展规划的战略导向作用，健全财政、货币、产业、区域等经济政策协调机制，建立健全重大问题研究、民主决策和政策评估调整机制，善于利用互联网、大数据等手段促进治理能力现代化。目前，我国现阶段经济体制中重大的不完善和关键问题有如下几个方面。

第一，构成市场经济的组织功能不完整。政府和市场关系不协调，涉及政府、企业、社会组织三大组织形态，是现阶段经济体制改革要解决的核心问题。一个有效率、有活力、有秩序的市场经济体系，是要在市场基础上形成政府调节监管、企业平等竞争和社会组织自协调治理的互动关系。当前，在组织体系的格局中，政府职能依然错位，对市场微观干预过多，监管和服务职能不到位；企业改革任重道远，不同类型企业在权利义务、公平竞争、平等使用要素等方面的机制不健全；社会组织在市场经济中应有的作用明显偏弱和缺位，政府职能难以有效转移。

第二，市场体系构成不完善。我国市场体系中商品市场、要素市场、货币市场发展不均衡，市场机制尚未有效发挥基础性作用。目前，我国商品市场发展顺利，功能比较健全，但土地、劳动力、资本、管理、技术等生产要素市场化程度较低，货币市场不完善，利率、汇率市场化尚未实

现，从而导致资源配置失衡、市场主体还不能实现公平竞争，成为基础性的体制瓶颈之一。现阶段体制中的一些突出矛盾，包括城镇化市民化滞后、经济结构与分配结构失衡、资源环境不可持续、自主创新能力不强、政府职能错位等问题，均与市场体系构成不完善、要素市场体系不健全有直接关系。深化经济体制改革，要全面推进生产要素市场改革，重点进行阻碍城镇化与市民化的二元要素结构改革，进一步完善公平竞争的要素市场、货币市场功能。

第三，权利和责任体系缺失。权利和义务完整、权责对等，是市场经济走向完善的基础性要求。当前的问题主要体现在：对市场经济所必然要求的权利平等、机会平等、规则平等建设滞后；收入差距过大，保障体系不完善；公共服务的权责体系不清晰。进一步深化改革，要完善市场经济的权利和责任体系，调节好效率与公平相互促进的关系，深化收入分配、社保、公共服务、市场公益等领域的协调性改革。

全局改革在战略重点上应当突出核心部位，疏通瓶颈部位，主要是围绕改革政府与市场关系，加快行政体制、国资管理体制改革，启动社会自律协调机制改革；围绕加快城镇化、市民化发展，深化要素市场改革，加快形成完善市场机制对结构调整的基础性作用；围绕公平与效率均衡的权利义务体系建设；加快收入分配制度、公共服务、社会保障体系建设；围绕提升可持续发展能力，在自主创新、生态文明和文化软实力建设等方面深化改革。与此同时，尊重市场作用和企业主体地位，全面正确履行政府职能。首先，要进一步简政放权，凡是市场机制可以有效调节的事项以及社会组织可以替代的事项，凡是公民法人在法律范围内能够自主决定的事项，原则上都不应设立行政许可。其次，要进一步深化行政体制改革，政府主要运用经济、法律、技术标准等手段引导调节经济社会活动，集中精力抓好宏观调控、市场监管、社会管理、公共服务和环境保护，减少行政干预。最后，要进一步健全监督机制，通过更充分的政务公开让人民群众更好地监督政府依法行政，政府要主动接受社会公众和新闻舆论的监督。完善绩效管理制度，加强对重大决策部署落实、依法履职尽责和实际效果等方面的考核评估，不断提高政府公信力和执行力。